Volker P. Andelfinger, Till Hänisch, Hans Jürgen Ott (Hrsg.)

Maklerverwaltungsprogramme der Zukunft

Ein Ausblick auf zukünftige IT-Systeme zur Unterstützung von
Versicherungs- und Finanzvertrieben

Volker P. Andelfinger, Till Hänisch, Hans Jürgen Ott
(Herausgeber)

Maklerverwaltungsprogramme der Zukunft

Ein Ausblick auf zukünftige IT-Systeme zur Unterstützung von Versicherungs- und Finanzvertrieben

Bibliografische Information der Deutschen Nationalbibliothek

Die Deutsche Nationalbibliothek verzeichnet diese Publikation
in der Deutschen Nationalbibliografie;
detaillierte bibliografische Daten sind im Internet über
http://dnb.d-nb.de abrufbar.

Umschlagfoto   © Stockxpert

Herstellung   fgb freiburger graphische betriebe GmbH   Freiburg

ISBN 978-3-89952-506-9

„Gehe couragiert vor.

Wenn du Zweifel hast, bleibe ruhig und warte.
Wenn der Zweifel verflogen ist, bewege dich mit Courage vorwärts.
So lange dich Nebel umgeben, bleibe ruhig;
Bleibe ruhig, bis das Sonnenlicht durchscheint
und den Nebel beiseite schiebt –
was mit Sicherheit passieren wird.
Dann handle mit Courage."

Ponca Chief White Eagle (? bis 1914)

Mit diesem Buch über das Maklerverwaltungsprogramm der Zukunft
wollen wir den Nebel lichten.

Volker P. Andelfinger
Prof. Till Hänisch
Prof. Dr. Hans Jürgen Ott

Vorwort

„Das Morgen liegt in unserem Heute"

Martin Luther King

„Maklern gehört die Zukunft, sie werden den größten Zuwachs als Vertriebssegment der Assekuranz haben." Dieser Satz ist aufgrund der Marktprognosen der Beratungshäuser zum allgemeinen Bewusstsein in der Branche geworden. Doch entspricht das auch der Realität? Die Zahl der Versicherer, die dieses Vertriebspotenzial nutzen wollen, nimmt weiter zu. Der Wettbewerb zwischen den Produktanbietern verschärft sich und nimmt teilweise merkwürdige Formen an. Gleichzeitig ist aufseiten der Maklerschaft eine Vielfalt und Heterogenität festzustellen, die die Effizienz dieses Marktsegmentes in manchen Teilen fraglich erscheinen lässt. Über 37.000 Vermittler haben sich bei den IHKs als Makler registrieren lassen. Fragen zur Kompetenz und Professionalität in der Breite drängen sich da auf.

Der Makler ist kein Vertriebsweg. Er ist Sachwalter oder noch klarer, er ist „Einkaufsorgan" und Berater des Kunden. Im industriellen und gewerblichen Geschäft ist er uneingeschränkt akzeptiert. Hier gibt es professionelle große und mittelständische Maklerunternehmen, die ihre Rolle im o.g. Sinne voll wahrnehmen. Sicher, viele kleine Makler beherrschen auch schon heute die Anforderungen, die an sie von Kunden und den rechtlichen Rahmenbedingungen gestellt werden. Aber die Qualifizierung und Professionalisierung in der Breite ist zwingende Voraussetzung, um den Markterfolg und die Bedeutung auch beim mittelständischen und privaten Kunden auf das Niveau zu heben, das der Maklerstand für sich beansprucht.

Die Produktwelt und die Abwicklungs- und Serviceprozesse werden immer komplexer. Für den Kunden werden sie immer unverständlicher. Er braucht einen Betreuer, Navigator und Kommunikator, der ihm die Komplexität reduziert und ihm die Sicherheit emotional gibt, die in den Policen und Vertragsbedingungen dokumentiert sind.

Wie soll das gelingen, wenn die Makler bei ihren Maklerverwaltungsprogrammen (MVP) auf rund 100 unterschiedliche Softwareanbieter zurückgreifen, die alle mit eigenen „Standards" dem Makler „helfen" wollen, und auf der anderen Seite die große Vielzahl der Versicherungsunternehmen mit ihren eigenen IT-Welten den Maklern bisher keine einfachen standardisierten Lösungen für die Kommunikation der Datenmassen bei Abschluss und Verwaltung anbieten? Der weitere Zukunftserfolg der Maklerschaft wird unmittelbar davon abhängen, dass die Branche zusammen mit den Maklern einheitlichere Datenzugänge und Kommunikationsmöglichkeiten schafft, die den Aufwand der täglichen Geschäftsabwicklung erheblich reduzieren und damit dem Makler die Zeit für das Wesentliche seiner Aufgabe gewinnen hilft: Zeit für die Arbeit für und mit dem Kunden.

Dieses Buch gibt einen wichtigen Anstoß zur Optimierung und Neuausrichtung der Prozesse, Kommunikations- und IT-Lösungen im Maklersegment. Was es dazu braucht? Mutiges Vorgehen, Weglassen von kurzfristigen Egoismen und gemeinsame Umsetzung einer Lösung für das gesamte Maklersegment. Denken Sie an Alexander den Großen: Er hat den Gordischen Knoten nicht durch mühevolles Auffieseln gelöst, sondern ihn einfach durchgeschlagen.

Rolf Louis, Vorsitzender des Aufsichtsrates der Deutschen Makler Akademie

Inhaltsverzeichnis

X

Einleitung

Volker P. Andelfinger, Till Hänisch, Hans Jürgen Ott

Der Geist Hemingway´s wabert spürbar durch die Straßen. Ja, Sie werden bald feststellen, dieses Fachbuch ist etwas anders, als Sie gewohnt sind. Hemingway? Natürlich wollen wir uns nicht mit diesem Schreiber-Genie messen. Da müssten wir schon noch etwas verrückter sein, als wir vielleicht im Kapitel über das Maklerdasein im Jahre 2038 auf Sie wirken mögen.

Aber nun ist es schon einmal so, dass einer der Herausgeber einen Teil der Schreibarbeit wegen der erwarteten Ruhe mit in den Urlaub genommen hatte. Und die Gelegenheit, ein paar Tage in Key West auszuprobieren, wie diese Umgebung auf die Kreativität beim Schreiben wirken kann, ließ er sich nicht entgehen. Das Haus Hemingway´s, das er zumindest in der Zeit, die er hier verbracht hat, mit seiner damaligen Frau bewohnt hat, ist zu besichtigen. Auch das Arbeitszimmer. Da steht sie, die Schreibmaschine, auf der „Der alte Mann und das Meer" entstanden sein soll.

Er denkt über dieses Buch nach. Während er im siedend kühlen Pool des Hotels im Stil der 50er Jahre des letzten Jahrhunderts auf einer wohl ebenso alten Luftmatratze liegt. Da hat der alte Mann diesen riesigen Fisch an der Angel, aber im Hafen kommt davon nicht mehr viel an. Hätte er den Fisch nicht im einsamen Kampf Mann gegen Schwertfisch…, also so, wie viele MVP-Hersteller es alleine versuchen, alles Drumherum in ihre Software hinein zu entwickeln, ja, dann. Aber dann hätte Hemingway keinen Stoff für das Buch gehabt. Und wir ja auch nicht.

Fiesta. Dieses Buch von Hemingway hat er nach maximal der Hälfte damals weggelegt. So viel kann man ja gar nicht feiern, ohne eine Alkoholvergiftung zu bekommen. Und die Parallele? Nun, Makler haben nicht viel zu feiern, also eher gleich der Stierkampf mit der Technik. Heterogene Welt, mehrfache Eingabe der Daten, der Aufwand nach den jüngsten gesetzlichen Entwicklungen nochmals deutlich gestiegen und immer wieder die meist unausgesprochene Frage: Welche Technik hilft mir wirklich? Wo geht die Reise hin und wie investiere ich sinnvoll und nicht zu viel z.B. in ein MVP?

Am besten hat ihm ein Buch mit Kurzgeschichten von Hemingway gefallen. Das war nie langweilig und wenn mal eine Geschichte dabei war, die nicht so sein Ding war, na, dann ist er ein paar Seiten weiter zur nächsten Geschichte gesprungen. Das ist aber gar nicht wirklich passiert, es war immer spannend. So machen wir das auch hier in diesem Buch. Allerdings mit dem Unterschied, dass nicht immer Hemingway, oder einer von uns Dreien, schreibt, sondern wir Ihnen hier eine Sammlung von Sichten auf das Maklerverwaltungsprogramm der Zukunft bieten. Sie lesen unsere zentrale, grundlegende Sicht. Wir legen das gedankliche Fundament. Und eine Reihe qualifizierter Autoren, die sich in und um das „Maklerumfeld" tummeln und auskennen, berichten, was sie dazu beitragen möchten, die Arbeit des Maklers zu erleichtern und zu verbessern. Oder welche Ideen sie beisteuern möchten, was vielleicht ganz konkret an Projekten geplant ist. Und was neben der Technik sonst noch wichtig ist, damit die richtige Technik entstehen kann. Zum Beispiel die Sicht der Makler selbst. Schließlich soll doch der Wurm dem Fisch schmecken, nicht dem Angler.

Wir haben alle Mit-Autoren gebeten, ihre Sichtweise durchaus „subjektiv", aber immer neutral vorzutragen. Das bedeutet, hier ist sicherlich auch einiges an Meinung enthalten. Sie als Leser entscheiden, was Sie damit anfangen. Wir filtern nicht, wir lassen alle zu Wort kommen, die uns relevant erschienen und die bereit waren, ein paar Seiten zu schreiben. Und das auch im jeweils eigenen Stil. Spielen Sie Darwin!

Noch ein paar Ausführungen zu MVPs: Der geläufige Begriff „Maklerverwaltungspro- gramm" (MVP) assoziiert vielleicht bei dem einen oder anderen fälschlicherweise, dass Makler „verwaltet" werden; diese IT-Systeme sollen jedoch vielmehr für Maklerunterneh- men und durchaus auch für andere Unternehmensformen des Versicherungs- und Finanz- vertriebs (Agenturen, Ausschließlichkeitsorganisationen, Versicherungsberater) **Ver- triebsprozesse im weitesten Sinne effizient und effektiv unterstützen,** d.h. Daten von Kunden, Produktgebern und vom eigenen Unternehmen verwalten und den kontrollierten Zugriff darauf ermöglichen, Vertriebsprozesse wie Beratung, Regulierung oder einfach nur Kommunikation anstoßen und unterstützen sowie strategische Aufgaben identifizieren und begleiten. Hier hatten wir zunächst darüber nachgedacht, im Folgenden nicht von Makler- verwaltungsprogrammen, sondern von **Financial Services Management Systemen (FSMS)** zu sprechen. Denken Sie einmal kurz über diesen Unterschied schon im Begriff nach. Bemerken Sie, dass der Verwaltungsstaub wie weggeblasen erscheint? Vielleicht provokant, aber das müsste eigentlich sein. Wir wollten aber unseren Autoren die neue Begrifflichkeit nicht vorgeben und damit ihre Kreativität beschneiden. Daher benutzt jeder Autor seinen eigenen Begriff; vielleicht setzen sich in der Zukunft ja geeignete Begriffe durch.

Voraussetzung dafür, dass die Unterstützung auch wirklich gelingt, ist eine sorgfältige **Analyse der Anforderungen** an solche Systeme – die man dann üblicherweise in **Pflich- tenheften** dokumentiert und festlegt. Pflichtenhefte für FSMS sind immer **unternehmens- spezifisch** bzw. sollten dies zumindest sein. In einem solchen Buch wie dem vorliegenden kann naturgemäß nicht auf individuelle „cases" spezieller Unternehmen eingegangen wer- den; dies wäre möglicherweise die Aufgabe einer Unternehmensberatung. Hier sollen vielmehr **typische Herausforderungen** aufgezeigt werden, denen sich Versicherungs- und Finanz-Vertriebe in Deutschland gegenübergestellt sehen und die über Betriebs- Spezifika hinaus für alle diese Unternehmen relevant sind. Wir benötigen durchaus eine gewisse Abstraktion. Und wir müssen wissen, was denn der Anwender tatsächlich will. Diese Herausforderungen durch Entwicklungen des Marktes, der Technik, der rechtlichen Vorgaben und insbesondere auch der Werthaltungen, Einstellungen und Gewohnheiten von Kunden sollen in diesem Buch den Rahmen bilden, an dem sich die Unterstützungs-Funktionalitäten der FSMS orientieren müssen.

Voraussetzung, um über FSMS der Zukunft diskutieren zu können, ist also, diese **Rahmenbedingungen zu kennen**. Dabei ist dies insbesondere in der Versicherungs- und Finanzbranche sehr schwierig, da sich gerade dort die Rahmenbedingungen sehr schnell ändern und auch in Zukunft massiv ändern werden. Nur um eines der vielen Beispiele zu nennen: Im Bereich des Versicherungsrechts (VersVermG, VVG, MiFID/FRUG etc.) werden die Gerichte wohl erst in den nächsten 10 bis 15 Jahren entschieden haben, wie rechtssichere Beratungs-Protokolle aussehen, welche rechtlichen Konsequenzen Dokumentationsverzichts-Passagen in Protokoll-Formularen haben und ob eine IT- bzw. formulargestützte Dokumentation überhaupt rechtswirksam ist. Es ist damit wichtig, die aktuellen Herausforderungen und Rahmenbedingungen zu kennen; es ist aber noch viel wichtiger, die Rahmenbedingungen in der nächsten und mittleren Zukunft abschätzen zu können; FSMS – neue oder vorhandene, die weiterentwickelt werden sollen – werden **jetzt** konzipiert, spezifiziert und entwickelt und müssen **später** im Einsatz korrekt arbeiten und Nutzen generieren.

Winston Churchill wird das Bonmot zugeschrieben: *„Prognosen sind unsicher – vor allem, wenn sie sich auf die Zukunft beziehen"*. Insofern ist die Abschätzung der zukünftigen Rahmenbedingungen für Vermittlerunternehmen naturgemäß fehlerbehaftet. Dennoch zeigen sich bestimmte Trends auch jetzt schon relativ deutlich; diese sollen Inhalt dieses Buches sein. Auf diesen Trends bauen dann Überlegungen zur Architektur und Funktionsweise von FSMS der Zukunft auf – die schließlich in den unterschiedlichen Beiträgen durch andere Autoren vertieft, konkretisiert und fortgeschrieben werden.

Das Maklerdasein im Jahr 2038. Wirklich alles Utopie?

„Wenn eine Idee anfangs nicht absurd klingt, dann hat sie keine Chance!"

Albert Einstein

Zurzeit gibt es über 70 Maklerverwaltungsprogramme. Ein unschöner Zustand, der noch in 30 Jahren die Maklerszene prägt? Eine utopisch klingende Reise ins Jahr 2038 zeigt im folgenden Beitrag, wie der Beratungsalltag dann aussehen könnte. Die Geschichte ist natürlich frei erfunden; jegliche Übereinstimmung mit der Realität in absehbarer Zeit wäre schon erstaunlich.

2009 mag das auf den ersten Blick so wirken. Wir haben über 70 unterschiedliche Maklerverwaltungsprogramme und eher bescheidene Möglichkeiten, diese mit anderen Softwareanwendungen zu verknüpfen, seien es PC-Software oder Weblösungen von Dienstleistern oder Versicherern. Wir sind es heute gewöhnt, auf Inseln zu arbeiten, wir mögen es nicht, können es aber scheinbar nicht ändern.

Oder können wir es doch? Lassen Sie uns in den folgenden Beiträgen die Themen nacheinander aufarbeiten. Diese kleine Reise in die Zukunft ist ein Einstieg in eine Serie von spannenden Ideen über das Maklerverwaltungssystem der Zukunft. Also diese Software der Zukunft – wie immer sie auch funktioniert, wo immer sie auch läuft und wie auch immer sie bezeichnet wird.

Die Herausgeber

Utopia: Das Maklerdasein im Jahr 2038

Volker P. Andelfinger, Prof. Till Hänisch, Prof. Dr. Hans Jürgen Ott

"ELFIRA: Terminübersicht"

"Neun-Uhr-Dreißig Beratung Hausversicherung Datenerfassung mit Jonas Steiler Familie Eckert in Aschaffenburg Hauskauf nach Heirat Dreizehn-Uhr-NullNull Mittagessen mit Jens Vogt bei Grieche in der Uferstraße Repräsentant von Lang Dong International Vorvertragliche Anzeigepflichtverletzung PKV von Kunde Steinmüller Fünfzehn-Uhr-NullNull Beratung Altersvorsorge allein Frederick Huber in Dossenheim Achtzehn-Uhr-Dreißig Golf mit David"

"Mann ELFIRA, klingst Du heute aber künstlich. Bist wohl noch nicht ganz wach?"

Die könnten ruhig noch etwas herumfeilen an der Sprachausgabe dieses, wie nennt man ELFIRA denn noch, Electronic Facility Integrated Ressource Agent Systems, was das auch heißen mag.

Aus der Küche duftet der Kaffee, meine elektrische Zahnbürste hat der Kaffeemaschine bereits mitgeteilt, dass ich mich gerade im Bad frisch mache. Wir schreiben das Jahr 2038. Es ist 7:00 Uhr. Montag. Montage mag ich nicht. Da muss ich mich wieder in dieses dumme Mobil setzen und kann nicht mehr mit meinem neuen Cross-Bike herumgondeln. Früher, als die Mobile noch Auto hießen, da konnte man richtig selbst fahren, Gas geben, wenn man wollte, überholen, auch mal die Geschwindigkeit übertreten und damit die Endorphinproduktion ankurbeln. Heute fährt dieses Ding allein; mein Terminkalender im Anzug sagt ihm, wo ich hin soll und der Abstandsradar und die Traffic Control sagen ihm, wie ich fahren soll. Hmmh – "ich"?

Apropos Anzug: Den sollte ich langsam aus dem Schrank nehmen, damit er sich mit dem Termin- und Aufgabenmanager von ELFIRA synchronisieren kann. Ist schon eine praktische Sache, so ein Anzug. Da ist ein Polymer-Computer eingewebt, den man am Tragekomfort überhaupt nicht spürt. So um die Jahrtausend-Wende herum, als man solche Dinger noch Wearables nannte, da waren das schwere hässliche Klamotten mit allerhand Technik, Rechner, Akkus, Kabel, ein sperriger Datenhelm und außerdem war das eine Dateninsel. Heute synchronisiert sich der Polymer-Computer automatisch über Redbone mit all den anderen Systemen, auf denen Daten von mir gespeichert sind – signiert natürlich und verschlüsselt. Was Redbone ist? Redbone hat schon vor einiger Zeit Bluetooth abgelöst; ist um Dimensionen schneller, sicherer und hat mehr Reichweite. Und das mit der schädlichen Wirkung der Quantenimpulse halte ich für einen Wahlkampf-Trick der Grünen, denen ihr 30% Stimmenanteil immer noch nicht reicht. Die Brötchen lasse ich aber noch vom Bäcker bringen. Hoffentlich kann man die niemals mailen oder gar beamen. Wenn ich mir vorstelle, die zerlegen das Brötchen in einer Höllenmaschine in seine molekularen Bestandteile und basteln es auf meinem Frühstückstisch wieder zusammen. Alles was recht ist!

```
"Anruf von Jonas Klinger"
```

"ELFIRA: Ruf annehmen, Bild"

"Hallo Jonas, was gibt's? Bist ja schon in voller Montur. Hast Du den Fleck auf deinem Anzug schon bemerkt?"

```
"Ja, ich weiß. Deswegen rufe ich ja auch an. Was Du auf Deinem Wand-
Monitor als Fleck siehst, ist, sind Spuren des gestrigen Sushi mit Jens
Vogt von Long Dong, der im Moment in der Gegend ist. Das heiße Fett hat
einige Fasern des Polymer-Computers beschädigt. Ich muss ihn heute Vor-
mittag noch zur Reparatur bringen und kann daher nicht mit zu Familie
Eckert gehen. Kann ich Deinen Terminkalender aktualisieren?"
```

"Ist gebongt. Den Termin schaffe ich auch alleine. Ich treffe übrigens Jens Vogt heute Mittag. Aber beim Griechen – da ist das Fett nicht so heiß. Mach's gut."

"ELFIRA: Telefon Stop. Update Klinger akzeptieren."

Ach ja, ich sollte noch vor dem Termin mit den Eckerts deren Kundenakte aktualisieren.

"ELFIRA: CURSE aufrufen. Kunde Eckert aktualisieren."

Gott sei Dank brauche ich mich darum nicht mehr zu kümmern. Früher – um die Jahrtausend-Wende – musste man noch in seinem Maklerverwaltungsprogramm selbst dafür sorgen, dass die Kundendaten auf dem neusten Stand sind. Heute ist das ganz anders: Erstens habe ich gar kein Maklerverwaltungsprogramm mehr, denn meine Kunden-, Vertrags- und Tarifdaten verwalte ich jetzt über einen Service, den mir die Telekom zur Verfügung stellt.

Bei denen läuft ein System mit gigantischem Speicherplatz, das sie CURSE nennen; ich glaube, das ist abgeleitet aus "Customer Relationship Services". Auf dem System habe ich einen Mandanten konfiguriert, mit dem ich meine sämtlichen Daten verwalten, analysieren und aktuell halten kann. Und dies kann ich über Redbone und das Breitband-Backbone jederzeit und überall tun – mit meinem Anzug, auf dem nur ein Browser läuft.

Und ich habe nicht mehr die Probleme an der Backe wie früher bei den MVPs, dass ich selbst auf Datensicherheit und Datenschutz achten muss, dass ich aktuelle Programmversionen einspielen muss, wobei nachher nichts mehr funktioniert und ich dem IT-Dienstleister dann wieder den Geldbeutel fülle. Wenn ich früher zum Kunden gegangen bin, musste ich vorher alles ausdrucken, weil das Notebook zu unhandlich war und den Kunden mehr abgeschreckt als überzeugt hat. Ich wollte ja anfangs nicht glauben, dass es

6

mit der Vertraulichkeit und Sicherheit der Daten wirklich über diese Service-Lösung klappt, aber die haben mittlerweile ausgereifte asymmetrische Verschlüsselungs- und Signiertechniken, mit denen das kein Problem mehr ist. Nicht mal die Telekom selbst kann auf meine Daten zugreifen.

Dank Redbone ist auch die Zugriffsgeschwindigkeit kein Problem mehr. Wenn ich von meinem Anzug aus die Vertragsdaten auf eine freie Wandfläche des Zimmers projiziere, dann geht das ratzfatz. Und diese neuen kleinen Handbeamer mit Brennstoffzellen sind doch recht leistungsfähig. Die Kamera im Revers meines Anzugs erfasst in Echtzeit meine Fingerbewegungen, wenn ich die Programm-Menüs bediene.

Oh. Bei der ganzen Sinniererei über die gar nicht so guten alten Zeiten hätte ich fast die Zeit vergessen.

"ELFIRA: Garage auf, Mobil starten, na, du weißt schon."

Ja, liebes Mobil, ist ja okay, dass Du die Geschwindigkeitsbegrenzung einhältst, aber du könntest jetzt ruhig überholen. Wieso fährst Du denn an der Autobahn vorbei; hast Du nicht mitbekommen, wo ich hin muss. Gab's Probleme beim Abruf meiner Terminkalender-Daten? Ich kenne den Weg ja gar nicht. So komme ich bestimmt zu spät.

09:32 Uhr. *"Guten Morgen, Herr Eckert. Entschuldigen Sie bitte die Verspätung, aber mein Mobil hatte heute Probleme mit der Navigation. Ich weiß, das klingt wie eine dumme Ausrede, aber es war wirklich so."*

"Kein Problem, Herr Relkam. Ich dachte schon, Sie kämen gar nicht. Eben haben sie in den RSS-News gebracht, dass die Autobahn wegen eines Windbruchs total gesperrt werden musste. Und sie kommen doch über die Autobahn."

Hmm ....

"Glückwunsch übrigens zu Ihrem neuen Haus, Herr Eckert, und nachträglich noch zur Vermählung. Das Haus liegt ja sehr schön. Können wir es dann mal besichtigen, damit mein RFID-Scanner die Gegenstände darin erfasst, damit wir nachher über die Hausratpolice sprechen können. Die Bemessungsgrundlagen für die Brand- und Sturmversicherung hole ich mir vom Finanzamt, wenn Sie mir dafür die Vollmacht geben. Dazu rufen Sie einfach den ACK-Service des Finanzamts auf und bestätigen für mich die Vollmacht mit Ihrem Personal Key."

"Brauchen Sie das unbedingt, Herr Relkam? Nicht, dass ich Ihnen nicht traue ..."

"Ja vertrauen müssen Sie mir schon, Herr Eckert. Sie wissen doch: Als Makler bin ich auf Ihrer Seite. Sonst könnten Sie Ihre Police auch online bei einem Versicherungsunternehmen abschließen. Und wenn ich auf Ihrer Seite sein soll, dann müssen Sie mir schon alles mitteilen, was ich für eine optimale Beratung wissen muss. Als Makler bin ich ja gerade

Hüter und Schützer Ihrer persönlichen Daten. Das ist ja mein eigentlicher Job – neben der Beratung und der Produktauswahl zusammen mit Ihnen. Sie bezahlen mich schließlich auch dafür!"

Manchmal sehne ich mich schon nach den guten alten Zeiten, als ich als junger Makler ein Einkommen noch aus Provisionen bestritten habe. Der Kunde hat mich zwar über höhere Prämien damals auch schon bezahlt, aber er hat's nicht gemerkt. Aber nach dem von der EU durchgeboxten Courtageverbot ging das ja nicht mehr. Nun verdiene ich nur noch, wenn ich meine Kunden überzeugt habe, dass mein Service für sie so wertvoll ist, dass sich also mein Honorar auch rechnet. Aber da kann ich auch auf CURSE bauen, das jede Menge von Funktionen enthält, um die Kundenzufriedenheit zu steigern.

"So, Herr Eckert, schauen wir mal, was Sie an Wertvollem haben. Die Multikom-Anlage ist relativ neu. Das Entertainment-Center ist schon etwas älter – Moment mal: Ist da tatsächlich ein Plattenspieler integriert, wie mir das RFID-Tag sagt?"

"Ja, in diesem Punkt bin ich grenzenloser Nostalgiker. Ich habe sogar eine Platte von Van Halen."

"Ja, die kenne ich auch noch. Da war ich in meiner Jugend Fan davon. Aber kommen wir wieder auf Ihre Hausrat-Police zurück. Ich würde gerne mit Ihnen jetzt mal durchgehen, gegen welche Risiken Sie Ihre Haushaltsgegenstände versichern können und wir schauen dann, bei welchem Versicherer Sie dies tun können. Wie sieht's mit Ihrem Entertainment-Center aus? Wollen Sie die Anlage zum Neuwert oder zum aktuellen Wert versichern?"

30 Minuten später. Ich bin alle relevanten Bedingungen mit Herrn Eckert durchgegangen. Gott sei Dank unterstützt mich da das System COND, das der GDV schon eine Zeit lang online anbietet und das sämtliche Bedingungswerke der Branche – national und international – enthält und mich und den Kunden mittels eines Expertensystems doch relativ schnell durchführt. Wer kann sich das schon merken? Und die Haftung habe ich auch von der Backe, denn das Justizministerium hat dieses System mittlerweile zertifiziert und der Kunde bestätigt mir jeden Schritt durch dieses System.

"So, Herr Eckert, jetzt wollen wir mal sehen, wie die Versicherungsunternehmen auf Ihre Bedingungskonstellation regieren".

Ohne dass Herr Eckert es mitbekommen hat, hat COND die Anforderungen dieses Kunden an CURE weitergegeben. CURE wiederum hat den Kundenbedarf anonymisiert an IBSY weitergeleitet. Das hat gegenüber früher den entscheidenden Vorteil, dass die Daten meines Kunden weder in die Sonderwagnisdatei eingetragen werden, noch sonst jemand Zugriff darauf hat.

Ach ja IBSY; diese Börse hat die Branche total umgekrempelt und einige Versicherer aus dem Markt katapultiert, die sich nicht schnell genug darauf eingestellt haben. In diese Börse stellen Makler Risikoprofile und Versicherungsbedürfnisse ihrer Kunden ein. In einer

Reverse Auction können sich Versicherungsunternehmen dann um die Ausstellung einer Police bewerben, indem sie mir und dem Kunden – wieder online und ruckzuck über CURE und COND-Angebote machen, die ich dann mit dem Kunden durchgehe. Über COND kann ich dann mit dem Kunden zusammen simulieren, wie sich günstigere Prämienangebote auf die abgedeckten Risiken auswirken. Pech für den GDV, dass er gegenüber dem internationalen Kartellamt nicht durchsetzen konnte, dass nur deutsche Anbieter mit COND analysiert werden können. Goobayzon, der Betreiber von IBSY, hat sich mittlerweile an den Zugangsgebühren der Versicherer eine goldene Nase verdient – wobei dieser Zusammenschluss von Google, eBay und Amazon ohnehin auch sonst schon genug verdient. Aber die haben aufgrund ihres Technologie-Vorsprungs in anderen Branchen die Sache schon früh in die Hand genommen.

"So, Herr Eckert, es sieht recht gut aus. Für Ihr Entertainment-Center liegen 2 interessante Angebote vor: Die Frankfurter Bilannzia AG versichert es so, wie Sie es wünschen für 9,90 Euro Jahresprämie. Die Cairo-Insurance Inc. schließt den Plattenspieler aus, verlangt aber nur 4,85 Euro. Können Sie das akzeptieren?"

"Im Prinzip ja, aber ich nehme doch lieber den deutschen Versicherer – da weiß man, was man hat, und die kennt man ja auch aus der Werbung."

"Okay – wie Sie meinen. Die Haushaltsgeräte können wir en bloc versichern; dafür liegen 3 Angebote vor: …"

10:15 Uhr. Herr Eckert hat gut mitgemacht und sich jeweils schnell entschieden – genau so schnell, wie die Daten hin und her übertragen wurden. Mit dem früheren Verfahren, sie nannten es EDI, wäre das nie so schnell gegangen. Bei den heute verwendeten mehrstufigen und kaskadierenden Webservices ist das überhaupt kein Problem mehr. Und es ist für mich haftungssicher, da die Angebote immer vom Versicherer direkt stammen, da jeweils der Kunde entscheidet und da CURE jede Entscheidung mitprotokolliert – und zwar rechtssicher signiert. Tolle Sache für mich als Makler, aber wie gesagt nicht für alle Versicherer.

Zum einen drückt die ausländische Konkurrenz herein, zum anderen mussten die ihre Geschäftsmodelle total ändern. Nichts mehr mit intransparenten Tarifen, Leistungsausschlüssen, Überschussversprechen etc. Die müssen sich jetzt spezialisieren und in ihrer Sparte richtig gut sein. Gut wiederum heißt preislich konkurrenzfähig und das ging nur über eine radikale Umorganisation ihrer Geschäftsprozesse. Nehmen wir die Bilannzia als Beispiel: Deren Policen- und Regulierungs-Sachbearbeiter sitzen in Simbabwe; alle Kommunikationsprozesse in der Policierung und Schadensbearbeitung erfolgen über interne Webservices. Ist ja bei der heutigen Standardisierung der internen Prozesse völlig egal, wo die Sachbearbeiter sitzen. Die Bilannzia hat sich auf Hausrat-Versicherungen spezialisiert und durch eine exzellente Kundenbewertung gute Risiken ins Haus geholt. Dies schlägt sich eben dann in den Tarifen nieder.

"So, Herr Eckert, bitte signieren Sie jetzt mit Ihrem Personalausweis und Ihrer PIN das Beratungsprotokoll und die Policenanträge, Letztere natürlich en bloc."

"Das Haus wäre jetzt versichert. Kann ich sonst noch etwas für Sie tun, Herr Eckert? Sie sprachen doch neulich schon davon, mal Ihre Berufsunfähigkeitsversicherung zu überprüfen."

Hmm, wie war das denn noch mal in diesem Cross-Selling-Seminar? Ach, was soll's. Wollen wir mal den Kunden für heute nicht überfordern.

"Kann ich denn etwas für Sie tun, Herr Relkam?"

"Ja, können Sie schon. Wenn Sie mit meiner Beratung zufrieden waren, dann empfehlen Sie mich doch weiter. Sie haben ja gemerkt, dass ich mich im Sachbereich recht gut auskenne. Und wenn Sie mal an die Berufsunfähigkeitsversicherung gehen wollen: Ich arbeite über unser Maklernetzwerk mit einem absoluten BU-Spezialisten zusammen; wenn Sie wollen, dann komme ich mal mit ihm zusammen zu Ihnen. Dann finden wir auch dort eine für Sie punktgenau konfigurierte Versicherung".

"Ja, das machen wir. Ich rufe Sie dann an, denn da möchte ich meine Frau auch dabei haben. Auf Wiedersehen, Herr Relkam."

"Bis bald dann, Herr Eckert. Grüßen Sie Ihre Frau von mir."

So, bis zum Mittagessen mit dem Lang-Dong-Typ habe ich noch etwas Zeit. Schauen wir mal in CURE den Kundenstamm durch, wen wir mal wieder besuchen könnten. Ich muss nur eine Wand finden – für die Menüsteuerung …

Anforderungen an zukünftige Maklerverwaltungsprogramme

Der Versicherungs- und Finanzmarkt sollte die Funktionalitäten vertriebsunterstützender IT-Systeme bestimmen

„Geh nicht immer auf dem vorgezeichneten Weg, der nur dahin führt, wo andere bereits gegangen sind."

Alexander Graham Bell

IT-Systeme werden unserer Erfahrung nach in der Praxis auf zwei Arten weiterentwickelt:

- **systemgetrieben**: Der Hersteller überlegt sich, welche Zusatzfunktionalitäten sein bisheriges System zukünftig haben soll. Bestimmungsfaktoren dafür sind meist Technologien, die er beherrscht, Mitarbeiterkompetenzen und -interessen oder Funktionalitäten-„Trends".

- **anforderungsgetrieben**: Der Hersteller überlegt sich, wie denn der Markt und die Geschäftsmodelle seiner Zielgruppe zukünftig aussehen, also seiner jetzigen und potenziellen Kunden, und was diese von dem IT-System erwarten oder erhoffen. Also welche Funktionalitäten dafür notwendig sind, dass die Kunden ihre Geschäftsprozesse effizienter und effektiver gestalten und deren Kunden besser bedienen können.

Viele Wege führen nach Rom. Im günstigsten Fall führen beide Wege zum gleichen Ergebnis. Die Wahrscheinlichkeit jedoch, dass die Kunden des IT-System-Herstellers zufrieden sind, ist bei der zweiten Alternative höher. Wie kommt der Hersteller aber zu einer einigermaßen verlässlichen Prognose der zukünftigen Anforderungen seiner Kunden? Auch da gibt es prinzipiell zwei Wege:

- **Moderne expertengestützte Glaskugeln**: Mittels Befragung von Experten und Zukunftsforschern wird, beispielsweise durch Delphi-Technik-Sitzungen, ein zukünftiger Zustand prognostiziert; auf den hin wird dann die Funktionalität des IT-Systems ausgelegt.

- **Evolution**: Aufbauend auf der gegenwärtigen Situation (Status quo) werden Entwicklungstrends gesammelt und damit die gegenwärtige Situation fortgeschrieben. Hinweise auf relevante Trends erhält man aus bisherigen Entwicklungen, aus neuen sozialen, technischen und rechtlichen Gegebenheiten und aus Entwicklungen im Ausland, wo diese sozialen, rechtlichen oder technischen Entwicklungen schon weiter gediehen sind.

Auch hier dürfte wieder die zweite Alternative den größten Erfolg versprechen. In diesem Sinne wollen wir den nachfolgenden Beitrag verstanden wissen: Aus der gegenwärtigen und für die Zukunft sehr wahrscheinlich zu erwartenden Situation der Kunden von IT-System-Herstellern heraus werden Anforderungen an vertriebsunterstützende IT-System in der Versicherungs- und Finanzbranche abgeleitet. Damit einerseits nicht Utopien die Entwicklung leiten und andererseits die Kundenanforderungen die Weiterentwicklung bestimmen und nicht die gegenwärtige IT.

Die Herausgeber

Versicherungs- und Finanzvertrieb in Deutschland: Anforderungen an vertriebsunterstützende IT-Systeme

Hans Jürgen Ott

In diesem Beitrag werden – aufbauend auf dem Status quo Mitte 2009 – Trends im Markt, in der Technik, der Rechtsprechung und beim Kundenverhalten skizziert, die den Rahmen für die zukünftige Arbeit von Vermittlern bilden. Daran muss sich die Funktionalität von vertriebsunterstützenden IT-Systemen (im Folgenden abgekürzt mit VUIS) orientieren.

1 Versicherungs- und Finanz-Produkte

Nach §312c BGB sind **Finanzdienstleistungen** „Bankdienstleistungen sowie Dienstleistungen im Zusammenhang mit einer Kreditgewährung, Versicherung, Altersversorgung von Einzelpersonen, Geldanlage oder Zahlung". Das BGB als eine der ranghöchsten Rechtsnormen in Deutschland, dem sich andere Rechtsnormen unterordnen, unterscheidet also nicht zwischen den beiden Produktkategorien **Finanz(anlage)produkte** und **Versicherungsprodukte**.

Die Unterscheidung dieser beiden Produkt-Klassen ist auch **aus der Sicht von Kunden unzweckmäßig**: Kunden wollen letztlich ihren jetzigen und zukünftigen Lebensstandard sichern; dazu können sie ihr jetziges Vermögen heranziehen sowie ihr Einkommen jetzt und in der Zukunft. Dabei wird i.d.R. in der Berufsphase der Mittelzufluss durch das Einkommen höher sein als der Mittelabfluss zur Finanzierung des Lebensstandards; hinzu kommen in dieser Phase auch außergewöhnliche Zuwendungen wie Erbschaft, Lottogewinn etc. Die **positive Differenz** (Mittelzufluss – Mittelabfluss) in dieser Phase wird dazu verwendet, die aktuelle Fähigkeit zur Einkommenserzielung **abzusichern** (z.B. durch Kranken, Berufsunfähigkeits-, Rechtschutz- oder Haftpflichtversicherung) und vom Rest **Vermögen aufzubauen**, um nach der Berufsphase (also in der Rentenphase) die dortige **negative Differenz** ausgleichen zu können. Dieser Vermögensaufbau kann durch Anlage der verfügbaren Mittel in **typischen Finanzprodukten** wie Aktien, Investmentanteile erfolgen, oder aber auch in **Kapital bildenden Versicherungsformen zur Altersvorsorge** wie Lebens- oder Rentenversicherungen. Auch die Vermögensanlage sollte übrigens abgesichert sein; dies ist aufgrund der Unsicherheit der Wertentwicklung von Anlagen in der Zukunft naturgemäß schwierig, Garantieprodukte sind auch nur innerhalb bestimmter Grenzen sicher. Versicherungs- und Finanzprodukte wirken also Hand in Hand, um den Lebensstandard in der Zukunft finanziell erhalten zu können, und sind auch in gewissem Maße **gegeneinander austauschbar**.

Alle diese Versicherungs- und Finanzprodukte sind durch eine charakteristische Eigenschaft ausgezeichnet: Sie sind **Versprechen** auf eine finanzielle Leistung **in der Zukunft** (im Schadensfall oder in der Rentenphase), die **jetzt** vom Kunden bezahlt werden müssen. Dass diese Versprechen gekauft werden, setzt voraus, dass der Kunde diesen Versprechen – oder denjenigen, die solche Versprechen abgeben, also Versicherungsunternehmen, Finanzinstituten bzw. Vermittlern – **vertraut**. Der Vertrieb von Finanzdienstleistungen muss also in erster Linie **Vertrauen** aufbauen können, um für den Kunden das Kaufrisiko subjektiv zu reduzieren, also das **Risiko, dass die Leistungsversprechen nicht oder nicht in dem erwarteten Maße vom Produktgeber eingehalten werden.**

1.1 Typische Produktcharakteristika von Finanzdienstleistungen

Versicherungs- und Finanzprodukte, also Finanzdienstleistungen, weisen Produktcharakteristika auf, die diese Produkte fundamental von physischen bzw. materiellen Gütern unterscheiden:

- **Dienstleistung**: Die Produkte sind haptisch nicht beurteilbar. Der Kunde erhält beim Abschluss eines Vertrages kein Produkt, mit dem er sensorisch umgehen kann (fühlen, betrachten, bewegen, …). Er muss aber dafür bezahlen – und das, ohne dass emotional ein Kauferlebnis statt findet. Wie aktuelle neurophysiologische Forschungen belegen, wird beim Kaufabschluss (beispielsweise eines Fahrrades) und der damit einhergehenden Vorfreude auf die Produktnutzung vermehrt der Neurotransmitter Dopamin ausgeschüttet (vgl. Henschel 2004); dieses „Glückshormon" provoziert angenehme Emotionen – aber eben kaum bei Finanzdienstleistungen.

- **Produktaversion**: Der Kauf von konventionellen Waren löst Vorfreude aus; die Entscheidung über den Kauf von Finanzdienstleistungsprodukten dagegen rückt vorwiegend negative Situationen (Tod, Krankheit, Unfall, …) in das Bewusstsein und wird als unangenehm erlebt. Auch die Nutzung selbst wird bei konventionellen Produkten als positiv erlebt. Leistungen einer Versicherung werden aber üblicherweise dann fällig, wenn eben die unerfreulichen Ereignisse eintreten. Die Entscheidung selbst ist unangenehm, da sie in weitgehender Unsicherheit und Unkenntnis getroffen wird, aber getroffen werden muss, weil die Folgen einer Nicht-Entscheidung existenzbedrohend sein können. Dieser Zwang zur Entscheidung löst Stress und damit einhergehend negative Emotionen aus, die mit dem Produkt verbunden werden und die das Produkt eigentlich unerwünscht machen.

- **Nutzenpotenzial**: Durch den Abschluss eines Versicherungsvertrages kann ein Versicherungsnehmer höchstens seine Sicherheitsbedürfnisse befriedigen. Andere Bedürfnisse (Prestige, Kontakt- oder Grundbedürfnisse, Selbstverwirklichung) kann er nicht befriedigen; damit kann der Vertragsabschluss auch dahingehend keine Nutzenpotenziale generieren.

- **Komplexität**: Die Produkte sind in Ihren Konsequenzen für den Kunden schwer zu beurteilen. So sind beispielsweise bei einer Berufsunfähigkeitsversicherung die Bedingungen für viele Vermittler schwierig zu beurteilen; der im Lesen solcher Bedingungen ungeübte Kunde resigniert gänzlich. Wenn solche Produkte dann mit anderen zu einem ganzheitlichen Risikoabsicherungs- und Vermögensaufbaukonzept kombiniert werden, hat der Kunde üblicherweise keine realistische Chance, das Gesamt-Produkt in seinen Charakteristika zu verstehen.

- **Leistungsrisiko**: Das Leistungsversprechen eines Finanzdienstleistungsprodukts bezieht sich auf die Zukunft. Voraussetzung für eine Leistung ist aber, dass sich der Wert des Produkts so entwickelt, wie er beim Abschluss dem Kunden prognostiziert wird. Voraussetzung ist auch, dass das Unternehmen, das das Leistungsversprechen abgibt, zukünftig überhaupt noch existiert. Damit ist prinzipiell nicht sicher gestellt, dass der Kunde die Leistung erhält.

- **Bedarfsrisiko**: Auch auf Kundenseite ist die Zukunft schwer prognostizierbar: Kann er seine zukünftigen Bedürfnisse und die einer Familie richtig beurteilen, auf die hin seine Altersversorgung konzipiert werden muss? Dies bewirkt, dass der Nutzen einer zukünftigen Leistung zum Zeitpunkt des Vertragsabschlusses kaum einschätzbar ist.

- **Zahlungsrisiko**: Wird sich sein Einkommen so wie prognostiziert entwickeln, kann er also seine zukünftige finanzielle Situation richtig beurteilen? Möglicherweise kann der Versicherungsnehmer ja in der Zukunft die Beiträge nicht mehr aufbringen. In dem Fall verliert er insbesondere bei gezillmerten Versicherungsprodukten und Finanzanlageprodukten mit hohem Ausgabeaufschlag unter Umständen einen großen Teil des eingesetzten Kapitals.

Diese Charakteristika von Finanzdienstleistungen machen die Wahrscheinlichkeit einer Fehlentscheidung sehr hoch. Das ist den meisten Kunden sehr wohl bewusst; dennoch **müssen** sie sich entscheiden. Damit wird ein **Vertragsabschluss riskant und unerwünscht** – im Gegensatz zu den meisten anderen Produktkategorien im Konsumbereich. Die Kaufaversion bewirkt, dass Finanzdienstleistungen nicht **ge**kauft werden, sondern **ver**kauft werden müssen (wie es bereits Eisner/ Strotz 1961 zum Ausdruck brachten).

1.2 Vertrauen als Erfolgsfaktor im Versicherungs- und Finanzvertrieb

Da der Kunde das Produkt und seine Eigenschaften kaum beurteilen kann und dennoch eine Kaufentscheidung treffen muss, nimmt er als Entscheidungskriterien **andere** als die Produkteigenschaften:

- **Eigenschaften des Produktgebers**: Ist das produktgebende Unternehmen (Versicherungsgesellschaft, Fonds-Initiator etc.) bekannt und vertrauenswürdig? Dies unterstreicht die Bedeutung der **Markenpolitik** bei Produktgebern; starke Marken von Versicherungs-Unternehmen (vgl. Maskus/Schüttler 2004) werden von Kunden bevorzugt.

- **Produkttests**: Testberichte in einschlägigen Internet- oder Print-Publikationen (z.B. Finanztest der Stiftung Warentest) können ebenfalls Grundlage einer Produktentscheidung sein. Wichtige Voraussetzungen dafür sind wiederum, dass

  o der Kunde den Test, seine Voraussetzungen und seine Ergebnisse fachlich **versteht**,

  o die Testkriterien auf seine Bedürfnisse hin **relevant** sind,

- o er **der Testinstitution vertraut**; gerade Rating-Agenturen wird oft unterstellt, dass sie unzuverlässig, nicht unabhängig und hinsichtlich ihrer Bewertungsmethoden intransparent sind (vgl. EU 2006).

- **Vertriebsorgane, Vertriebspersonal**: Viele Kunden orientieren sich bei ihrer Kaufentscheidung an den Personen, die bei der Entscheidung beraten oder Produkte vermitteln können. Ein erfolgreicher Vertrieb

  - o baut dieses Vertrauen auf beim **„ersten Eindruck"**, den ein Vermittler bei der Kontaktaufnahme bzw. beim Erstbesuch hinterlässt. Dieser Eindruck ist positiv, wenn der Vermittler sich „benehmen kann", eine freundliche, offene und vertrauenserweckende Art hat, wenn er Kompetenz vermittelt, wenn er von seiner Persönlichkeit affin zum Kunden ist. Hier liegen seit langem bereits genügend Erkenntnisse zu Erfolgsfaktoren des persönlichen Verkaufs vor (vgl. z.B. Levitt 1965).

  - o stabilisiert dieses Vertrauen durch **eine durchgehend hohe Leistungsqualität**; Preis-Leistungs-Verhältnis, Service und Empfehlungen sind daher auch ausschlaggebende Kaufargumente (vgl. Billerbeck 2009, S. 30). Da diese Qualität schlecht durch die Produktnutzung vermittelt werden kann, muss sie in erster Linie durch begleitende **Service-Leistungen** und durch die **Qualität kundenorientierter Verwaltungsprozesse** (Abschlussformalitäten, Regulierung, Zahlung) vermittelt werden; diese sind – im Gegensatz zum eigentlichen Produkt – wesentlich besser vom Kunden beurteilbar.

Service als Erfolgsfaktor

Kundenservice ist für Versicherungs- und Finanzvertriebe ein kritischer Erfolgsfaktor und für deren wirtschaftliche Zukunft entscheidend (vgl. Ott 2008):

- **Wettbewerbsvorteil bei homogenen Produkten**: Versicherungs- und Finanzprodukte sind in den Augen von Kunden homogene Produkte. Durch Service kann sich eine Agentur oder ein Maklerbetrieb ein Alleinstellungsmerkmal schaffen, eine **Unique Selling Position (USP)**, die das Unternehmen vom Wettbewerb abhebt.

- **Wettbewerbsvorteil bei komplexen Produkten**: Versicherungs- und Finanzprodukte sind komplexe und für den Kunden schwer durchschaubare Produkte, deren Qualität und damit das Preis-Leistungs-Verhältnis er nicht beurteilen kann. Sehr wohl beurteilen kann ein Kunde aber den Service, der ihm vom Vermittler entgegen gebracht wird. Die Servicequalitäts-Anmutung wird auf das Produkt übertragen; von einem guten Service wird auf ein gutes Produkt geschlossen.

- **Service-Anspruchsniveau**: Kunden erwarten heutzutage, dass ihnen Service entgegen gebracht wird, was eine Studie zur Erwartungshaltung von Versicherungskunden, erstellt von der Universität St. Gallen und dem „IBM Institute for Business Value", klar zeigt. Wird dieses Anspruchsniveau nicht erreicht, dann kann dieses Manko durch noch so gute Produkte nicht aufgefangen werden (vgl. IBM 2008).

- **Empfehlungsanreiz**: Empfehlungen stellen die derzeit tragfähigste Basis für Neugeschäft dar (vgl. Billerbeck 2009, S. 31). Empfehlungen sind glaubwürdig, preiswert und effektiv. Empfehlungen werden nur gegeben, wenn der Kunde zufrieden ist, was bei den Produkten erst bei Fälligkeit bzw. Regulierung, bei Services jedoch sofort bewirkt werden kann.

- **Reduktion des Haftungsrisikos**: Haftungsrisiken sind in der Versicherungs- und Finanzvermittlung nicht auszuschließen; auch bei kompetenter und sorgfältiger Beratung und Vermittlung können Fehler vorkommen, die zu Schadenersatzansprüchen des Kunden gegenüber dem Vertriebsunternehmen führen können. Bei zufriedenen Kunden ist die Wahrscheinlichkeit gering, dass diese versuchen, gerichtlich ihre Schadenersatzansprüche geltend zu machen. Vielmehr werden sie versuchen, sich mit dem Unternehmen gütlich zu einigen, um weiterhin von den Services profitieren zu können.

- **Rechtfertigung für offen zu legende Kosten**: Versicherer müssen die in die Prämie einkalkulierten sowie sonstige Kosten von Lebens-, Berufsunfähigkeits- und Kranken-voll-Versicherungen in einem Produktinformations-Blatt besonders ausweisen (siehe 3.2b). Auch Finanzdienstleister müssen dem Kunden die Kosten wie Ausgabeaufschläge, Verwaltungskosten etc. explizit angeben. Dies setzt Vermittler unter Argumentationsdruck; eine vierstellige Provisions-Summe für einen Besuch beim Kunden mit dessen anschließender Unterschrift weckt Begehrlichkeiten bei Kunden, an dieser Provision teilzuhaben. Beim derzeit noch gültigen Provisionsabgabeverbot ist dies rechtswidrig. Und der Versuch, die Abschlusskosten mit eigenen Kostenstrukturen zu legitimieren (vgl. IVF 2009), ist problematisch: Kein Rechtsanwalt, Arzt oder Notar diskutiert über Gebührensätze, die nicht von ihm festgelegt werden; Vermittler, die so argumentieren, setzen sich selbst unnötig unter Rechtfertigungsdruck. Besser ist es, Kosten mit Services zu argumentieren, die dem Kunden wertvoll sind; dann ist er auch bereit, die Kosten zu tragen.

- **Kundenbindung**: Service ist ein wirksames Mittel, um Kunden zu binden und dadurch Cross- und Up-Selling-Effekte zu bewirken (vgl. CapGemini 2008).

- **Strategische Zukunftsoption**: Durch Services kann sich ein Versicherungs- und Finanzvertrieb als Qualitätsführer profilieren. Qualitätsführer sprechen Kunden an, die sich bewusst sind, dass hohe Qualität einen hohen Preis hat; diese Kunden sind auch bereit, den Preis zu bezahlen. Damit kann sich ein Vertriebsunternehmen einem ruinösen Preiswettbewerb entziehen. Dies gelingt aber nur, wenn die durch den Kunden wahrgenommene Qualität entsprechend hoch ist, was im Versicherungs- und Finanzbereich (siehe oben) nur über Services möglich ist. Qualitätsführer haben überdurchschnittlich viele A-Kunden und eine hohe Umsatzrentabilität.

Jedem Kunden ein Maximum an Service-Leistungen zu bieten, würde ein Vertriebsunternehmen wirtschaftlich überfordern. Die Voraussetzung für ein effektives und effizientes Service-Management ist daher eine geeignete **Kundenbewertung**: Gute Kunden, von denen das Unternehmen über Provisionen, Empfehlungen oder Ansatzpotenzial in hohem Maße profitiert (A-Kunden) erhalten ein hohes Service-Niveau, schlechte Kunden (C-Kunden), deren Deckungsbeitrag negativ ist, erhalten wenig Services. „Normale" Kunden (B-Kunden) erhalten die Standard-Services. Damit ist ein **Kundenwert-Management**, in dem konkret festgelegt wird, was für ein Unternehmen „gute" Kunden sind, ein wichtiger Bestandteil der Unternehmenspolitik.

1.3 Produktbezogene Anforderungen an vertriebsunterstützende IT-Systeme

Die Notwendigkeit zum Aufbau und zur Stabilisierung von Vertrauen stellt sehr hohe Anforderungen an den Vertrieb von Finanzdienstleistungen – und damit an vertriebsunterstützende IT-Systeme:

- **Kompetenz beim Erstkontakt:** Sie müssen dem Vertriebspersonal beim Erstkontakt (am Telefon, beim ersten Besuch) zu einem positiven „ersten Eindruck" verhelfen, indem sie eine Fülle an Informationen für den Vermittler bereit halten, mit denen er gegenüber dem Kunden Kompetenz ausstrahlen kann, d.h. sie müssen

  - helfen, den angesprochenen Interessenten möglichst umfassend **vorzuqualifizieren**, d.h. möglichst viele korrekte und aktuelle verkaufsrelevante Informationen vorhalten und für den Erstkontakt aufbereiten.

  - **Produkt- und Unternehmensinformationen** vorhalten: Produkte, Bedingungen, Tarife, Produktbewertungen oder Testberichte. Diese Anforderung ist schwer zu erfüllen: Da Finanzdienstleistungsprodukte weitgehend gegenseitig austauschbar sind, müssen Informationen über die gesamte Finanzdienstleistungs-Produktpalette vorgehalten werden. Eine ganzheitliche Beratung erfordert darüber hinaus noch Informationen über weitere „akzessorische" Produkte; so werden beispielsweise häufig Immobilienkredite bei dem Verkauf von Finanzanlage-Produkten mitverkauft, über die dann ebenfalls Produktinformationen vorgehalten werden müssen. Sehr schwer zu erfüllen ist diese Anforderung bei nicht-öffentlichen Produkten wie beispielsweise geschlossenen Fonds, wo die entscheidenden Informationen wie Image und Vorgeschichte des Initiators, Anlagestrategien, Persönlichkeit des Fondsmanagers etc. kaum objektivierbar sind.

  - den **Erstkontakt vorbereiten** helfen durch Checklisten (vgl. Arndt 2006) oder Kontakt-Workflows.

- **Kompetenz bei der Erstberatung**: Die IT-Systeme müssen das Vertriebspersonal bei der Erfassung des Kundenbedarfs und der Konzeption einer kundenadäquaten Versicherungs- und Finanzlösung unterstützen durch

  - **Erfassung aller Kundendaten**, die für eine Beratung oder Vermittlung der gesamten Finanzdienstleistungspalette relevant sein können.

  - **Analyse der Bedarfssituation**.

  - **Produktkonfiguratoren** für kundenindividuelle Deckungs- und Anlagekonzepte.

  - **Simulation** der Auswirkungen unterschiedlicher Bedarfssituationen, Wertentwicklungen etc. auf Deckungs- und Anlagekonzepte.

- o Vorhaltung von **Wissen** über typische Kundenreaktionen aus Erkenntnissen der Verkaufspsychologie (z.B. Einwandsbehandlung, Argumentationsmuster).

- o **Dokumentation** der Beratungssituation, um dem Kunden die Beratungssituation und die Gründe für die Produktkonzeption sowie seine Entscheidung zu verdeutlichen.

- **Service-Management:** Die IT-Systeme müssen

  - o ein **permanentes Kundenmonitoring** unterstützen, um Veränderungen in den Kundenbedürfnissen zu erkennen und um die Zufriedenheit mit den Services abzufragen.

  - o durch **Personalisierungs**-Funktionen ermöglichen, dass einem Kunden individuell auf ihn zugeschnittene Services angeboten werden können, abgestimmt auf seine spezielle Situation (Bedürfnisse, finanzielle Situation, Beruf etc.).

  - o durch **Kundenwertermittlung** die **Service-Optimierung** unterstützen. Die Service-Leistungen gegenüber Kunden müssen sich aus ökonomischen Gründen am Wert des Kunden für das Unternehmen orientieren. Dazu wiederum muss dieser Kundenwert ermittelt werden, wofür inzwischen eine umfangreiche Methodik zur Kundenwertberechnung zur Verfügung steht (vgl. Günter/Helm 2003).

- **Prozessoptimierung:** IT-Systeme müssen kundenorientierte Verwaltungsprozesse effizient und zuverlässig machen. Sie müssen Abschlussformalitäten, Zahlungsvorgänge, Regulierungsprozesse und auch „irreguläre" Prozesse wie Reklamationsbearbeitung und Informations-Kampagnen so weit wie möglich automatisieren. Und dies nicht nur aus ökonomischen Gründen, sondern auch um Fehler zu vermeiden, die dann wieder die Zufriedenheit des Kunden beeinträchtigen und Vertrauen zerstören.

Aus dieser Aufzählung von Anforderungen wird deutlich, dass es bei vertriebsunterstützenden IT-Systemen primär darum geht, **umfassendes Wissen über den Kunden** zu erfassen, zu speichern, daraus neues Wissen zu generieren und dem Vertrieb zu präsentieren. Das Wissen über den Kunden stellt das **wichtigste Betriebskapital** eines Vertriebsunternehmens dar. Wenn ein Vertriebsunternehmen dieses Wissen konsequent pflegt, anreichert und aktualisiert, dann hat es damit eine Grundlage, um den Kunden fest an das Unternehmen zu binden (vgl. Ott/Hubschneider 2009): Das Unternehmen weiß dann durch seine Vertrauensposition Dinge über den Kunden, die er möglichst niemand anderem zukommen lassen will. Diese „**informatorische Machtstellung**" gegenüber dem Kunden kann dann über Empfehlungen sowie Cross- und Up-Selling-Maßnahmen nutzbringend für das Unternehmen und den Kunden umgesetzt werden.

2 Formen des Versicherungs- und Finanzvertriebs

Neben Produktcharakteristika prägen insbesondere Vertriebsformen die Anforderungen an vertriebsunterstützende IT-Systeme.

2.1 Akteure auf dem Markt für Versicherungs- und Finanzprodukte

Versicherungs- und Finanzprodukte können prinzipiell über zwei Wege vertrieben werden:

- **Direkter Vertrieb**: Hier kauft der Kunde die Produkte direkt beim Anbieter. Dies kann erfolgen

  - in einer **stationären Niederlassung** des Produktanbieters, also beispielsweise in einer Bankfiliale oder einem Büro eines Versicherungs-Mitarbeiters;

  - durch angestellte **Außendienst-Mitarbeiter** des Produktgebers im persönlichen Verkauf;

  - über das **Internet**, d.h. der Kunde schließt online einen Vertrag ab.

  Bei seinem Kauf kann sich der Kunde durch **Berater** unterstützen lassen. Dies kann ein „**Versicherungsberater**" nach § 34e GewO sein, der nach § 59 Abs. 4 VVG Kunden „bei der Vereinbarung, Änderung oder Prüfung von Versicherungsverträgen oder bei der Wahrnehmung von Ansprüchen aus Versicherungsverträgen im Versicherungsfall berät oder gegenüber dem Versicherer außergerichtlich vertritt, **ohne von einem Versicherer einen wirtschaftlichen Vorteil zu erhalten oder in anderer Weise von ihm abhängig zu sein**." Somit erhält ein Berater die Vergütung seiner Leistungen („Beraterhonorar") vom Kunden selbst und nicht vom Produktgeber. Der Begriff des „**Finanzberaters**" ist gesetzlich nicht definiert; der „**Anlageberater**" dagegen ist in § 1 Abs. 1a Satz 2 KWG definiert und gibt „persönliche Empfehlungen an Kunden oder deren Vertreter, die sich auf Geschäfte mit bestimmten Finanzinstrumenten beziehen ...."

- **Indirekter Vertrieb**: Hier werden die Produkte durch **Intermediäre** verkauft, die zwischen Produktanbieter und Kunde vermitteln („**Vermittler**"). Das VVG sieht bei Versicherungen folgende Vermittlerarten vor:

  - „**Versicherungsvertreter**" werden nach § 59 Abs. 2 VVG von einem Versicherer (oder einem weiteren Versicherungsvertreter) „damit betraut, gewerbsmäßig Versicherungsverträge zu vermitteln oder abzuschließen". Sie werden daher auch vom Versicherer durch **Abschluss- und/oder Bestandsprovisionen** vergütet. Versicherungsvertreter werden auch als „**Agenten**" (des Versicherers) bezeichnet; Ein Vertreter mehrerer Versicherer wird als „**Mehrfachagent**" bezeichnet. Ein Agent sowie ein Mehrfachagent, bei dessen Versicherern die Versicherungsprodukte nicht in Konkurrenz stehen (Konzernvertreter, „unechter Mehrfachagent"), wird nach §

34d Abs. 4 GewO als „**gebundener Vermittler**" bezeichnet, wenn das bzw. die die Versicherungsunternehmen für ihn die uneingeschränkte Haftung aus seiner Vermittlertätigkeit übernehmen. Der überwiegende Teil der gebundenen Vermittler sind **nebenberufliche Vermittler** (vgl. o.V. 2009).

o **Versicherungsmakler**" übernehmen nach § 59 Abs. 3 VVG gewerbsmäßig für den Kunden „die Vermittlung oder den Abschluss von Versicherungsverträgen, ohne von einem Versicherer oder von einem Versicherungsvertreter damit betraut zu sein". Ein Makler ist „**treuhänderischer Sachwalter**" des Kunden, so sieht es das "Sachwalterurteil" des BGH vom 22.05.1985; Az.: IVa ZR 190/83. Traditionell wird ein Versicherungsmakler dennoch durch **Provisionszahlungen von Versicherern** („**Courtage**") vergütet; insofern steht er zwischen dem Versicherungsberater (der vom Kunden vergütet wird) und dem Vertreter (der vom Versicherer beauftragt wird). Wenn ein Versicherungsvertreter gegenüber dem Versicherungsnehmer den Anschein erweckt, nicht von einem Versicherer beauftragt zu sein („**Pseudomakler**"), wird dieser übrigens nach § 59 Abs. 3 VVG auch als Makler betrachtet.

	Versicherungs-berater	Versicherungs-makler	Versicherungs-vertreter
beauftragt durch	Versicherungs-nehmer	Versicherungs-nehmer	Versicherer
vergütet durch	Versicherungs-nehmer	Versicherer	Versicherer

Tabelle 1: Wesensunterschiede der Vertriebs-Akteure

§ 34d Abs. 1 GewO lässt es allerdings zu, dass im Firmengeschäft auch **Makler gegen Honorar beraten** dürfen; sie dürfen **Unternehmen** und – seit dem Dritten Mittelstandsentlastungsgesetz vom 17.3.2009 – auch **deren Beschäftigte** „bei der Vereinbarung, Änderung oder Prüfung von Versicherungsverträgen gegen gesondertes Entgelt rechtlich beraten".

o Eine Sonderrolle nehmen **produktakzessorische Vermittler** nach § 34d Abs. 3 GewO und **Annexvertriebe** nach § 34d Abs. 9 GewO ein. Bei diesen Vermittlertypen stellt die Vermittlung von Versicherungs- und Finanzprodukten nicht den Kern ihrer eigentlichen Geschäftstätigkeit dar: Produktakzessorische Vermittler bieten Versicherungen als Ergänzung der im Rahmen ihrer Haupttätigkeit gelieferten Waren oder Dienstleistungen an; ein Beispiel dafür sind Autohäuser, die Kfz-Versicherungen mit anbieten. Bei Annexvertrieben ist die Versicherung eine Zusatzleistung zur Lieferung einer Ware oder der Erbringung einer Dienstleistung, die das Risiko eines Defekts, eines Verlusts oder einer Beschädigung im Zusammenhang mit der Kernleistung abdeckt; ein Beispiel dafür ist die Reiserücktrittsversicherung, die durch ein Reisebüro vermittelt wird.

o Eine Sonderrolle nehmen auch **Tippgeber** ein, die gemäß VersVermG keine Vermittler sind (vgl. Reiff 2007, S. 6) und daher auch nicht in § 34 GewO auftauchen.

Die Tätigkeit eines „Tippgebers" ist nach der Gesetzesbegründung darauf beschränkt, Möglichkeiten zum Abschluss von Versicherungsverträgen namhaft zu machen oder Kontakte zu einem potentiellen Versicherungsnehmer oder Versicherungsunternehmen herzustellen und daher auch lediglich Kontaktdetails weiter zu geben. Eine Beratung zu einem bestimmten Produkt darf nicht stattfinden.

o Im **Finanzbereich** wird der Begriff des Maklers – neben den auch für Versicherungsmakler konstituierenden Bestimmungen des BGB (§§ 652 ff. BGB: Maklervertrag; §§ 93 ff. HGB: Handelsmakler) – über § 34c der Gewerbeordnung zwar nicht definiert, aber in Abs. 2 bestimmten Tätigkeiten wie dem „Abschluss von Verträgen über den Erwerb von Anteilscheinen einer Kapitalanlagegesellschaft oder Investmentaktiengesellschaft ..., von sonstigen öffentlich angebotenen Vermögensanlagen, ..." zugeordnet (vgl. zu alternativen Vermittler-Begriffen im Finanzbereich auch Fiala 2006).

Von diesen Akteuren sind zum Beginn des Jahres 2009 gebundene Vertreter die weitaus größte Gruppe, gefolgt von Maklern:

Vermittlertyp		Anzahl
Gebundene Vertreter § 34d Abs. 4 GewO		171.352
Andere Vermittler und Berater		75.784
davon:	Versicherungsmakler § 34d Abs. 1 GewO	39.882
	Versicherungsvertreter § 34d Abs. 1 GewO	22.108
	Produktakzessorische Vermittler und Makler § 34d Abs. 3 GewO	2.676
	Versicherungsberater § 34e GewO	167
Summe		247.136

Tabelle 2: Registrierte Vermittler in der Bundesrepublik (Stand: 10.06.2009). Quelle: DIHK

Für die nächste Zukunft erwartet man in der Tendenz eine **höhere Akzeptanz der ungebundenen Vertriebsakteure**; insbesondere bei Gewerbekunden genießt der Vertrieb über Makler eine hohe Akzeptanz (vgl. Müller/Müller-Peters 2008, S. 150ff). Auch wird erwartet, dass der Direktvertrieb ohne Intermediäre (über Internet, telefonisch) zunimmt, was wiederum die Akzeptanz von **Versicherungsberatern** erhöhen wird.

2.2 Vertriebsunternehmen

Die Akteure auf dem Markt für Versicherungs- und Finanzprodukte handeln üblicherweise nicht als Person, sondern im Namen und im Auftrag eines **Unternehmens** – wobei dieses Unternehmen durchaus auch eine Einzelfirma oder Ein-Personen-Kapitalgesellschaft sein und nur aus dem Vermittler bestehen kann. Zunehmend sind auch Kooperationsformen rechtlich selbständiger Unternehmen anzutreffen.

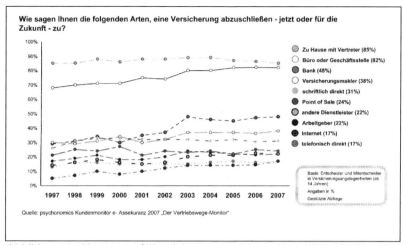

Abbildung 1: Akteure auf Versicherungsmärkten (aus Müller/Müller-Peters 2008, S. 146).

2.2.1 Einzelunternehmen

Die Mehrheit der Vermittlerunternehmen weist eine Betriebsgröße unter fünf hauptberuflichen Mitarbeitern auf (vgl. bvk 2009). Bei **Agenturen**, also Unternehmen gebundener Vermittler, gibt es viele „Einzelkämpferagenturen" mit einer sehr geringen Beschäftigtenzahl. Dies senkt zwar die Personalkosten, bindet aber die Arbeitskraft des Agenturinhabers durch nicht umsatzbezogene Tätigkeiten. **Maklerunternehmen** sind ebenfalls vorwiegend kleine bis mittelständische Unternehmen mit wenigen Mitarbeitern (CHARTA 2008, S. 227).

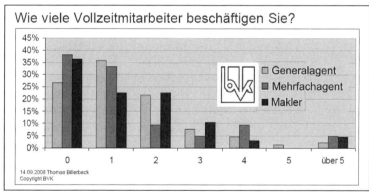

Abbildung 2: Größe von Vermittlerbetrieben (nach Billerbeck 2008, S. 35).

Die **wirtschaftliche Situation** eines Vertriebsunternehmens lässt sich wie folgt beschreiben:

- **Einnahmen** werden hauptsächlich durch **Provisions- bzw. Courtageeinnahmen** erwirtschaftet (vgl. Kohlhaas et.al. 2008): Umsatzbezogene Vergütungen, die den Großteil der Umsatzerlöse darstellen, sind Abschlussprovisionen, Bestands- und Betreuungsprovision, Bonifikationen beim Erreichen bzw. Staffelprovisionen bei Übererfüllung von Produktionszielen oder Reduktion der Stornoquote. Nichtumsatzbezogene Vergütungen sind Gewinnbeteiligung (orientiert an kundenbezogenen Deckungsbeiträgen = Prämieneinnahmen – Kosten – Schadensleistungen), Stornobekämpfungsprämien und Cross-Selling-Prämien. Letztere orientieren sich an der Zahl der Verträge pro Kunde. Diese Umsatzerlöse reduzieren sich durch Stornohaftung, bei der Provisionen wieder zurückgezahlt werden müssen. Der Bericht des GdV 2006 schätzt die durchschnittlichen Einnahmen pro Vermittler auf ca. 57.166 Euro pro Jahr, wobei diese Zahl für die hauptberuflichen Vermittler nach oben korrigiert werden muss (vgl. Billerbeck 2009).

Hinzu kommen auf der Einnahmenseite vor allem bei Agenturen **Zuschüsse und Garantien** der Produktgeber, die einen relativ großen Anteil an den Gesamteinnahmen bilden. Diese Einnahmenteile sind aber keine echten ordentlichen Erträge, sondern sind entweder Zuschüsse, die Produktgeber nach eigenen Vorstellungen vergeben und auch wieder streichen können, oder gar Verbindlichkeiten, die zwar momentan zur Verbesserung der Liquidität beitragen, jedoch langfristig zur finanziellen Belastung bzw. zur Abhängigkeit vom Produktgeber führen können.

Es wird geschätzt, dass die Vermittlerunternehmen in Deutschland im Jahr auf ca. 10 Mrd. Euro an Provisionseinnahmen kommen; dies wären im Durchschnitt 43.000 Euro pro Vermittler, wobei diese Zahl durch die nebenberuflichen Vermittler nach unten verzerrt wird. Der Vermittlerverband bvk schätzt, dass 60 Prozent seiner Verbandsmitglieder Jahreseinkommen von weniger als 75.000 Euro erzielen (vgl. o.V. 2009).

- **Betriebsausgaben**: Der größte Teil der Betriebsausgaben entfällt auf Personalkosten (vgl. bvk 2009, Billerbeck 2009), wobei dort der größte Teil nicht für Außendienst-, sondern für Innendienstkräfte aufgewandt wird. Einen großen Ausgabenblock stellt „Büro/Verwaltung" dar; dieser Posten umfasst auch die Unternehmens-IT, die bei gebundenen Vermittlern allerdings vom Produktgeber gestellt wird. Der bvk (Billerbeck 2009) schätzt, dass etwa drei Viertel der Einnahmen durch Betriebsausgaben abgedeckt werden.

Vermittlerbetriebe, die der Größenklasse mit den geringsten Einnahmen bis 80.000 € zuzuordnen sind, weisen das schlechteste Betriebsergebnis auf (vgl. bvk 2009). Die Vermittler dieser Größenklasse haben teilweise höhere Betriebsausgaben als Betriebe mit höheren Gesamteinnahmen, wobei die Gesamteinnahmen dort nur 25,4 % der durchschnittlichen Gesamteinnahmen aller Betriebe erreichen. Der bvk vermutet daher, dass mit zunehmender Agenturgröße Synergieeffekte erzielt werden können.

2.2.2 Kooperationsformen von Unternehmen im Finanzdienstleistungsmarkt

Viele, vor allem kleine Unternehmen im Markt für Versicherungs- und Finanzprodukte schließen sich Kooperationsformen an, um dadurch Synergie-Effekte zu erzielen.

a) Haftungsdächer

Wenn ein Vermittler Finanzprodukte vermitteln bzw. über solche Produkte beraten will, so ist das – mit Ausnahmen; siehe 4.1 – nach § 34c GewO nur dann zulässig, wenn er über eine Lizenz als Finanzdienstleistungsinstitut nach § 32 KWG verfügt. Die Alternative besteht darin, sich einem Unternehmen anzuschließen, das nach § 32 KWG diese Zulassung hat und als so genanntes "**Haftungsdach**" den Kunden des Vermittlers gegenüber die Haftung übernimmt. Eine Bindung an das Haftungsdach muss nach § 2 Abs. 10 Satz 1 KWG ausschließlich sein; alle Umsätze im Wertpapierbereich müssen dann aber über das Haftungsdach abgewickelt werden.

Die Vorteile eines Haftungsdaches liegen in der **Schutzfunktion**; mit dem Beitritt zu einem Haftungsdach wird ein ungebundener Vermittler aber zum **gebundenen Vermittler**, der gegenüber dem Haftungsdach auch weisungsgebunden ist und nur die vom Haftungsdach angebotenen Produkte vermitteln darf. Je nach Vertragsgestaltung gehen bei einer Trennung vom Haftungsdach auch die Kundenbestände auf dieses über. Das Haftungsdach verlangt eine Vergütung, die erheblich sein kann (vgl. Müller 2008). Die Berufshaftpflicht-Versicherung eines Maklers könnte möglicherweise die Leistung mit Hinweis darauf ablehnen, dass der Maklerstatus verlassen wurde.

b) Maklerpools

Maklerpools dienen nicht primär der Haftungsübernahme, sondern bieten ihren Mitgliedern **operative Servicedienstleistungen** an. Sie reichen Anträge ihrer Vertriebspartner beim Produktgeber ein und erhalten von diesem die Courtage – aber nur ein Teil wird an die Makler weitergegeben. Im Gegenzug bieten Pools kostenlose Leistungen für die angeschlossenen Makler. Nach Beenken (2009) arbeiten 81 Prozent der Maklerunternehmen mit **Maklerpools** zusammen. Im Einzelnen bieten sie den Maklern folgende Leistungen an:

* **Unterstützung bei administrativen Prozessen** wie Backoffice (z.B. gemeinsame Nutzung von Bürogeräten, Telefondienst/Call-Center, Prüfung von Anträgen, Abwicklung der Policierung und Regulierung), Verkaufsvorbereitung (Leadgenerierung, Informationsunterlagen für Kunden etc.), Marktforschung.

* **IT-Anbindung** durch Stellung einer Vertriebsunterstützungs-Software (einschließlich Funktionen wie Vergleichs- und Depot-Check-Software) mit eigenem Aktualisierungsdienst bzw. Ermöglichung eines Web-Zugangs zu einer mandantenfähigen Software auf dem Server des Pools.

- Verschaffung eines **Zugangs zu bestimmten Versicherern**, bei denen Kleinmakler aus Gründen der Kostenoptimierung keine Courtagezusage erhalten. Damit kann der Forderung genügt werden, dass ein Makler seiner Produktempfehlung eine hinreichende Anzahl von Produktgebern zugrunde legen muss (siehe 3.1).

- **Deckungskonzepte** und **Anlageprodukte** für spezielle Zielgruppen bzw. spezielle Märkte.

- Erlangung höherer Courtagen über die **bessere Verhandlungsposition** eines Pools gegenüber einem Produktgeber durch Erhöhung und Stabilisierung der Nachfrage nach Produkten.

- **Hilfe bei der Produktauswahl** durch Produktanalysen und -vergleiche, Prüfung von Ratings, Pool-Software.

- **Weiterbildung** durch Roadshows (evtl. in Kooperation mit Produktpartnern), Schulungen, Weiterbildungssoftware oder Kooperation mit privaten oder öffentlichen Bildungseinrichtungen.

- **Marketingunterstützung**: Newsletter, Mailings, Adressgewinnung, Werbemittel, Unterstützung bei Messen, Websitepflege, CRM-Tools etc. (vgl. Brunotte 2008) sowie Image-Transfer des Pools auf den Vermittler durch eigene Markenführung des Pools.

- Manche Pools bieten auch ein **Haftungsdach** nach § 32 KWG (siehe a) an.

Die meisten Makler arbeiten mit **mehreren Pools** zusammen und wickeln **nicht das gesamte Geschäft** darüber ab. Makler arbeiten durchschnittlich mit 2,7 Pools zusammen (Beenken 2009). Der durchschnittliche Anteil der Pool-Umsätze an den Gesamtumsätzen beträgt lediglich 15 Prozent. Allerdings ist dieser Anteil bei kleineren Maklerunternehmen größer; sie erzielen fast die Hälfte ihrer Umsätze über die Poolanbindung. Der Anschluss an Maklerpools bringt jedoch auch **Nachteile**: Makler verlieren ihre Eigenständigkeit, verlieren Profil im Markt, müssen (je nach Pool-Vertrag) Bestandsrechte an den Pool abgeben und müssen sich einer fremden Produkt- und Geschäftspolitik unterordnen.

Sonderformen von Pools sind

- **Maklerverbünde**: Sie finanzieren sich über Aufnahmegebühren und laufende Mitgliedsbeiträge. Zusätzlich erhalten einige Verbünde Verwaltungskosten-Zuschüsse oder Boni von Produktgebern.

- **Dachvertriebe**: Pools können eigene Vertriebsorganisationen gründen, um Vermittlern ohne Erlaubnis den Vertriebseinstieg zu ermöglichen. Damit werden angeschlossene Makler zu gebundenen Vermittlern des Vertriebs.

2.3 Vertriebsformbezogene Anforderungen an vertriebsunterstützende IT-Systeme

Ein vertriebsunterstützendes IT-System sollte **in der Führung des Makler- oder Vertreter-Unternehmens unterstützen.** Da gebundene Vermittler unentgeltlich von ihren Produktgebern mit Software versorgt werden müssen, ist diese Funktion hauptsächlich für (echte) Mehrfachagenten, Makler- bzw. Beraterunternehmen relevant. Allerdings erfüllt auch bei gebundenen Vermittlern die zur Verfügung gestellte Software nicht immer die Anforderungen (vgl. etwa die Marktübersicht in Softguide 2009), so dass viele Agenturen zusätzliche Software benutzen müssen, die die Lücken abdeckt. Auch die vom Makler-Pool zur Verfügung gestellte Software erfüllt nicht alle Anforderungen, so dass Makler diese meist durch Office-Anwendungen ergänzen (vgl. dvb 2009).

Die **betriebswirtschaftliche Situation** vieler Vermittlerunternehmen erfordert zum einen, betriebswirtschaftliche Risiken möglichst frühzeitig zu erkennen und andererseits, die betriebswirtschaftlichen Situation zu optimieren:

- Die frühzeitige **Erkennung** von Risiken erfordert, dass die Software einen **Zugriff auf die Daten des Rechnungswesens** erlaubt, entweder indem sie eine eigene Rechnungswesen-Komponente (mindestens eine Einnahmen-Ausgaben-Rechnung) enthält oder eine Schnittstelle zum verwendeten FiBu-System mit entsprechender Reporting-Funktion bzw. dem System des Steuerberaters anbietet.

- Die **Optimierung** der betriebswirtschaftlichen Situation kann an den Ausgaben und an den Einnahmen ansetzen:

  o Die Optimierung der **Einnahmenseite** erfordert, dass ein **Provisionsabrechnungssystem** existiert, mit dem die Provisions- bzw. Courtageansprüche festgestellt und mit den Produktgebern abgestimmt werden können.

  o Die Optimierung der **Ausgabenseite** setzt sinnvollerweise zunächst am größten Ausgabenblock an: Den Personalkosten. Hier gilt es, **Rationalisierungspotenziale** und Möglichkeiten der **Optimierung der Geschäftsprozesse** zu erkennen und zu nutzen. Eine Rationalisierung sollte, wenn der Vertrieb nicht darunter leiden soll, primär im Innendienst ansetzen. Hier sollten vor allem die nicht direkt produktiven Arbeiten systemseitig übernommen bzw. unterstützt werden wie „Suchen" durch Dokumenten-Management-Systeme, „Erkennen" durch Data-Mining- bzw. Business-Intelligence-Funktionen, „Zusammenstellen" durch Reportingfunktionen auf der Basis von Datenbanken und Content-Management-Systemen oder „Abstimmen" durch Workflow-Management- und Termin- bzw. Aufgabenverwaltungsfunktionen. Wie der Kostenblock „IT-Kosten" durch moderne Software-Architekturen wie SOA oder SaaS optimiert werden kann, findet man an anderer Stelle in diesem Buch.

3 Aufgaben und Pflichten der Vertriebsakteure

Versicherungs- und Finanzprodukte sind (sieht man von einer Anlage in Edelmetallen ab) **immateriell**, daher besteht die primäre Tätigkeit des Versicherungs- und Finanzvertriebs in dem Einholen und Verarbeiten von **Informationen** sowie in der Weiterleitung von Informationen an Kunden. Informationen sind solche Daten, Aussagen oder Feststellungen, die für den Empfänger (z.B. den Kunden) **neu und relevant** sind und damit sein **Wissen und seine Entscheidungsfähigkeit erhöhen** (vgl. Ott 1992). Da **Vertriebsprozesse also immer Informationsprozesse** sind, orientieren sich auch die Pflichten für Vertriebsakteure daran.

3.1 Gesetzliche Pflichten

Der Gesetzgeber geht (ob zutreffend oder nicht) bei der Versicherungs- und Finanzvermittlung von einem mündigen und verständigen Kunden aus, der für sich selbst optimal entscheiden kann, wenn er nur genügend informiert ist. Diese Information soll dem Kunden in **Textform** sowie durch ergänzende **Beratung** zur Verfügung gestellt werden. Dabei benötigt der Kunde für eine richtige Produktentscheidung

- **Produktinformationen**, d.h. Informationen darüber, welche Produkte existieren, die seinen Bedarf **prinzipiell** abdecken können, also beispielsweise Versicherungsbedingungen und Prämienhöhe eines Versicherungsprodukts oder Effektivverzinsung eines Anlageprodukts.

- **Produkteignungs-Informationen**, d.h. Informationen darüber, **wie bzw. ob** diese Produkte seinen jetzigen bzw. zukünftigen Bedarf abdecken können, also beispielsweise ob die Bedingungen für ihn relevant sind, ob die Prämienhöhe für ihn leistbar ist und ob es bessere Anlageformen mit höherer Effektivverzinsung gäbe. Diese Informationspflicht impliziert, dass dem Kunden seine Bedürfnisse bzw. sein Bedarf bewusst ist, was nicht der Fall sein muss. Daher muss zwingend vor diesen Informationen der **Bedarf des Kunden festgestellt und dem Kunden verdeutlicht** werden.

- **Vermittlerinformationen**, d.h. Informationen über seine **Person** und das **Unternehmen**, in dessen Namen er auftritt, den **Status** (also Vertreter, Makler oder Berater) und seine **Vergütung** (Provision, Courtage, Honorar) für die Beratung oder Vermittlung. Diese Informationen sind notwendig, um die **Motive des Beraters oder Vermittlers** und damit mögliche **Interessenkonflikte** zwischen einer an den Bedürfnissen des Kunden orientierten bzw. einer an den Provisionseinkünften des Vermittlers orientierten Empfehlung zu erkennen. § 31 WpHG fordert für Wertpapierdienstleister sogar explizit, „die allgemeine Art und Herkunft der Interessenkonflikte eindeutig darzulegen". Dass in der Vergütung tatsächlich Konfliktpotenzial liegen kann, liegt am derzeitig üblichen **Provisionssystem**, das beim Kunden den Eindruck erwecken kann, Beratung koste nichts. Tatsächlich sind aber die Vermittlerprovisionen **bereits in die Prämien einkalkuliert.**

Kostenlose Beratung durch Vermittler ?

Versicherungen	Beitrag (in € p.a.)	Lfd. Provision (in % p.a.)	Lfd. Provision (in € p.a.)	Abschluss-Provision
Privathaftpflicht	170	10 – 25 %	17 – 43	100 %
Hundehaftpflicht	130	10 – 25 %	13 – 33	100 %
Hausrat	340	10 – 25 %	34 – 85	100 %
Wohngebäude	480	10 – 25 %	48 – 120	100 %
Kfz	1.000	6 – 12 %	60 – 120	
Rechtsschutz	460	8 – 15 %	37 – 29	100 %
Unfall	700	15 – 40 %	60 – 160	150 %
Berufsunfähigkeit	1.000	2 – 5 % der Gesamtbeitragssumme		
Risiko-Leben	500	2 – 5 % der Gesamtbeitragssumme		
Kapital-Leben/Renten		2 – 5 % der Gesamtbeitragssumme		
Private Kranken	5.300	6 – 12 Monatsbeiträge		

Abbildung 3: Provisionssätze ausgewählter Versicherungen (vgl. BVVB 2008).

Für die Akteure im **Versicherungsbereich** sieht das VVG im Einzelnen als spezielle **Pflichten** vor:

- **Vertreter und Makler** haben nach § 61 VVG **Beratungs- und Dokumentationspflichten** dem Versicherungsnehmer gegenüber, soweit hierfür Anlass besteht. Dieser Anlass kann in der Schwierigkeit liegen, die angebotene Versicherung zu beurteilen. Der Versicherungsnehmer ist nach seinen Wünschen und Bedürfnissen zu **befragen** und begründet zu **beraten**. Beratungssituation, Wünsche und Bedürfnisse des Versicherungsnehmers sowie die Ratschläge des Maklers und die Gründe dafür sind zu **dokumentieren** („**Vermittlerprotokoll**"). Nach § 62 VVG ist diese Dokumentation dem Versicherungsnehmer „vor dem Abschluss des Vertrags klar und verständlich in Textform zu übermitteln"; dies kann in Papierform oder auch auf elektronischen Datenträgern (CD-ROM, USB-Stick) erfolgen.

- Ein **Makler** hat darüber hinaus nach § 60 VVG die Pflicht, seinem Rat eine „hinreichende Zahl von auf dem Markt angebotenen Versicherungsverträgen und von Versicherern zu Grunde zu legen". Im anderen Fall muss er den Versicherungsnehmer ausdrücklich auf eine eingeschränkte Versicherer- und Vertragsauswahl hinweisen, die Namen seiner Produktgeber benennen und (nach § 62 VVG) dies als Dokumentation dem Versicherungsnehmer übermitteln, bevor er seine Tätigkeit als Makler aufnimmt.

- Der **Versicherungsvertreter** hat dem Versicherungsnehmer ebenfalls vor Aufnahme seiner Vermittlungstätigkeit mitzuteilen, für welche Versicherer er seine Tätigkeit ausübt und ob er für diese ausschließlich tätig ist.

- Für **Finanzvermittler** definiert das WpHG (§§ 31 ff) **Wohlverhaltenspflichten**, die die dem Kunden zu liefernden Informationen konkretisieren. § 31 Abs. 3 WpHG verpflichtet Wertpapierdienstleistungsunternehmen dazu, „Kunden **rechtzeitig** und **in verständlicher Form** Informationen zur Verfügung zu stellen, … damit die Kunden … die **Art** und die **Risiken** der … Finanzinstrumente oder Wertpapierdienstleistungen **verstehen** und auf dieser Grundlage **ihre Anlageentscheidungen treffen** können". Anlageberater müssen „den Wissensstand des Kunden und seine Anlageziele feststellen und mit möglichen Anlageprodukten abgleichen. Die Eigenschaften und Risiken der empfohlenen Anlage (insbesondere Wirtschaftlichkeit der Anlage und Bonität des Kapitalsuchenden) müssen **vollständig, richtig und verständlich** erklärt werden". Dabei ist der Anlageberater „nicht nur zur Tatsachenmitteilung, sondern **auch zur Bewertung** der Tatsachen verpflichtet" (vgl. Habschick/Evers2008, S. 47).

3.2 Informationspflichten im Detail

Am Beispiel der Vermittlung eines Versicherungsproduktes soll dargestellt werden, wie sich der Gesetzgeber die Konkretisierung und Umsetzung der Informationspflichten vorstellt; diese Informationspflichten teilen sich Produktgeber und Vermittler, wobei aber über die anlassbezogene Beratungspflicht nach § 6 VVG letztlich alle Informationen über den Vermittler laufen müssen. Die Informationspflichten von Finanzvermittlern, die im Wesentlichen in den §§ 31ff WpHG (in der neuen Fassung) definiert sind, werden dort in ähnlicher Weise konkretisiert (vgl. Habschick/Evers2008, S. 53ff):

a) Erstkontakt: Information über den Vermittler

Nach § 11 VersVermV müssen Versicherungsvermittler (nicht: Annexvertriebe) beim ersten Kontakt folgende Angaben **klar und verständlich** in **Textform** mitzuteilen; diese sollen dem späteren Kunden Informationen **über den Vermittler** liefern:

- **Name**, **Firma**, betriebliche **Anschrift**,

- **Status** nach § 34 GewO (Makler, Vertreter, Berater; siehe 2.1.),

- Eintrag im **Vermittlerregister** nach § 34d Abs. 7 GewO (siehe 4.2), Registrierungsnummer und wie sich diese Eintragung überprüfen lässt, Anschrift, Telefonnummer sowie die Internetadresse der registerführenden Stelle,

- **Beteiligungen** von über 10 Prozent an Versicherungsunternehmen bzw. Beteiligungen von über 10 Prozent von Versicherungsunternehmen an dem Vermittlerunternehmen,

- die Anschrift der **Schlichtungsstelle**, die bei Streitigkeiten zwischen Versicherungsvermittlern bzw. Versicherungsberatern und Versicherungsnehmern angerufen werden kann.

Diese Informationen dürfen **mündlich** übermittelt werden, wenn der Versicherungsnehmer dies wünscht; sie sind unverzüglich nach Vertragsschluss dem Versicherungsnehmer in Textform zur Verfügung zu stellen. Für Pflichtversicherungen (z.B. Kfz-Versicherung) gelten Ausnahmen.

b) Vermittlung: Informationen über Produkte und ihre Eignung

Im Rahmen einer Vermittlung muss ein Vermittler dem Kunden Informationen zur Verfügung stellen, die er zur Entscheidung **für ein bestimmtes Produkt** benötigt.

Auszuhändigende Informationen

Dem Kunden sind eine Vielzahl von Informationen **rechtzeitig vor Antragstellung** in Textform auszuhändigen. Diese Informationen sind sehr detailliert in der VVG-Informationspflichtenverordnung (VVG-InfoV) beschrieben:

- **Informationspflichten bei allen Versicherungszweigen** (§ 1): Informationen über den **Versicherer** bzw. seine Niederlassung (Handelsregisternummer, ladungsfähige Anschrift, Hauptgeschäftstätigkeit, Einlagensicherungssysteme), allgemeine **Versicherungsbedingungen** einschließlich der Tarifbestimmungen, Angaben über die wesentlichen Merkmale der **Versicherungsleistung** (Art, Umfang und Fälligkeit der Leistung, Prämie einschließlich aller Steuern und sonstigen Preisbestandteile, gegebenenfalls zusätzlich anfallende Kosten), Zahlungsweise der **Prämien**, spezielle **Risiken** bei Finanzdienstleistungen wie beispielsweise Gewinnbeteiligungen, Angaben über den Beginn der Versicherung und des Versicherungsschutzes sowie die Dauer der **Vertragsbindung**, **Widerrufsbedingungen**, Beschwerde- und Rechtsbehelfsverfahren und zuständige **Aufsichtsbehörde**.

- **Zusätzliche Informationspflichten bei Lebens-, Berufsunfähigkeits-, Unfall- und Krankenversicherungen** (§§ 2 und 3): Angaben zur Höhe der in die Prämie einkalkulierten **Abschluss- und Vertriebskosten**, Angaben über die **Überschussermittlung** und Überschussbeteiligung und über die **Rückkaufswerte** sowie Hinweise auf die Möglichkeiten zur **Beitragsbegrenzung** und **Umwandlung** in eine beitragsfreie Versicherung. Kosten-Angaben haben in **Euro** zu erfolgen. **Modellrechnungen** sind mit vorgegebenen unterschiedlichen Zinssätzen darzustellen. Speziell die **Betriebskosten** sind ein wichtiger Hinweis darauf, welcher Anteil an der gezahlten Prämie nicht für die eigentliche Risikoabdeckung selbst, sondern für Abschluss- und Verwaltungskosten **des Versicherungsunternehmens** bezahlt werden muss. Im Durchschnitt über alle Versicherer beträgt die Betriebskostenquote (Betriebskosten in Prozent der verdienten Bruttoprämien) über 30 Prozent, wobei einzelne Versicherer weit darunter liegende Quoten aufweisen (z.B. ca. 16 %), also für den Kunden wirtschaftlich günstiger sind (vgl. CHARTA 2008, S. 234).

In einem speziellen **Produktinformationsblatt** (§ 4) sind gegenüber **Privatkunden** diejenigen produktbezogenen Informationen zusammen zu fassen, die für den Abschluss oder die Erfüllung des Versicherungsvertrages von besonderer Bedeutung sind. Insbesondere sind dies Angaben zur Art des angebotenen Versicherungsvertrages, zum versicherten Risiko und den ausgeschlossenen Risiken, zur Höhe und Fälligkeit der Prämie sowie zu den Folgen unterbliebener oder verspäteter Zahlung, Hinweise auf zu beachtende Obliegenheiten und die Rechtsfolgen ihrer Nichtbeachtung sowie Hinweise zu den Möglichkeiten einer Beendigung des Vertrages. Nimmt der Versicherer mit dem Versicherungsneh-mer **telefonischen Kontakt** auf, so gelten nach § 5 besondere Informationspflichten.

Die Forderung des Gesetzgebers, die Informationen **vor** der Antragstellung auszuhändi-gen, wird im **Antragsmodell** so ausgefüllt, dass die Informationen dem Kunden mit den Antragsunterlagen zur Verfügung gestellt werden. Beim **Policenmodell** erhält der Kunde die Informationen zusammen mit der Police, der er innerhalb von vierzehn Tagen wider-sprechen kann (vgl. Sandkühler 2009).

Beratung

Das seit dem 1.1.2008 gültige Versicherungsvertragsgesetz (VVG) legt in § 6 explizit eine **Beratungspflicht** fest, d.h. dem Versicherungsnehmer sind diese Informationen nicht nur auszuhändigen, sondern er muss beraten werden, wenn ein **Anlass** dafür besteht (für Großrisiken sind Ausnahmefälle festgelegt). Dieser Anlass ist gegeben, wenn der Versi-cherungsnehmer **Schwierigkeiten** hat, eine angebotene Versicherung zu beurteilen, auch wenn dem Versicherungsnehmer die genannten Informationen vorliegen – wovon abgese-hen von wenigen Ausnahmefällen immer auszugehen ist, was aktuelle Untersuchungen eindrucksvoll belegen (vgl. Müller/Müller-Peters 2008, S. 155).

Dabei ist der Versicherungsnehmer nach seinen Wünschen und Bedürfnissen zu **befra-gen** und – unter Berücksichtigung eines angemessenen Verhältnisses zwischen Bera-tungsaufwand und der Prämienhöhe – zu **beraten.** Für jeden zu einer bestimmten Versi-cherung erteilten Rat sind die **Gründe** anzugeben. Ein Vermittler hat diese Beratung unter Berücksichtigung der Komplexität des angebotenen Versicherungsvertrags zu **dokumen-tieren**. Der erteilte Rat, also die Produktempfehlung, und die Gründe hierfür sind dem Kunden klar und verständlich **vor dem Abschluss** des Vertrags in Textform zu **übermit-teln** – es sei denn wiederum, der Versicherungsnehmer wünscht dies in mündlicher Form. In diesem Fall sind die Angaben unverzüglich nach Vertragsschluss in Textform zu über-mitteln. Nach dem seit 1.7.2008 gültigen Rechtsdienstleistungsgesetz (RDG) sind übri-gens **Rechtsdienstleistungen** im Zusammenhang mit der Beratung und Vermittlung, also Beratung in Angelegenheiten des Versicherungs- und Finanzrechts, auch von Nicht-Anwälten generell zulässig, sofern sie Nebenleistungen sind, die zur Haupttätigkeit, also der Vermittlung, gehören.

Nach § 6 Abs. 3 VVG kann der Versicherungsnehmer auf die Beratung und Dokumentati-on durch eine gesonderte schriftliche Erklärung verzichten **(Beratungs- und Dokumenta-tionsverzicht**), in der er vom Versicherer ausdrücklich darauf hingewiesen wird, dass sich ein Verzicht nachteilig auf seine Möglichkeit auswirken kann, gegen den Versicherer einen Schadensersatzanspruch geltend zu machen.

c) Vertragslaufzeit: Aktualisierung von Informationen

Nach § 6 Abs. 4 VVG besteht eine **Beratungspflicht auch nach Vertragsschluss** wäh-rend der Dauer des Versicherungsverhältnisses, soweit für den Versicherer bzw. den Vermittler ein Anlass für eine Nachfrage und Beratung des Versicherungsnehmers erkennbar ist. Der Versicherungsnehmer kann im Einzelfall wieder auf eine Beratung durch schriftliche Erklärung verzichten.

§ 6 VVG-InfoV legt Informationspflichten während der Laufzeit des Vertrages im Detail fest. Insbesondere sind dies **Änderungen** beim Versicherer (z.B. Identität oder ladungsfähige Anschrift) und in den Vertragsgrundlagen (z.B. Rechnungsgrundlagen, Versicherungsbedingungen, Tarifbestimmungen) sowie alljährlich eine Information über den Stand der **Überschussbeteiligung**. Bei der privaten Krankenversicherung muss der Versicherer bei jeder Prämienerhöhung auf die **Möglichkeit des Tarifwechsels** hinweisen. Bei Versicherten, die das 60. Lebensjahr vollendet haben, ist der Versicherungsnehmer **auf günstigere Tarife hinzuweisen**.

Für **Makler** bestehen nach dem **Sachwalterurteil** des BGH vom 22.05.1985 noch **weitergehende Pflichten**: Er hat von sich aus **laufend** Risiken des Kunden zu untersuchen und zu prüfen, ihn aufzuklären und ihn auch laufend über die wichtigsten Zwischen- und Endergebnisse seiner Vermittlungstätigkeit zu unterrichten. Er hat den Kunden insbesondere auch bei der **Regulierung** von Versicherungsleistungen zu unterstützen. Entsteht bei einem Kunden ein Schaden durch einen der vermittelten Verträge, so trifft den Makler bei Verletzung dieser Pflichten die Beweislast dafür, dass der Schaden auch bei vertragsgerechter Erfüllung seiner Aufklärungs- und Beratungspflichten eingetreten wäre.

Ein **typischer Beratungsprozess** orientiert sich demnach an folgender Übersicht:

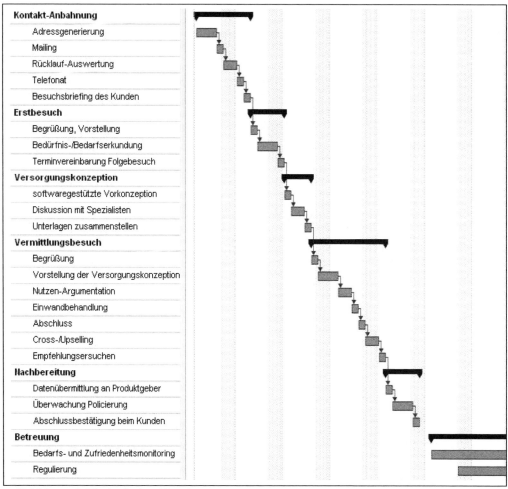

Abbildung 4: Ein typischer Beratungsprozess

3.3 Informationspflichten-bezogene Anforderungen an vertriebsunter-stützende IT-Systeme

Aus den dargestellten Informationspflichten ergeben sich folgende Anforderungen:

- **Fallbezogene Zusammenstellung von Informationen**: Informationen zu den vom Gesetzgeber geforderten Publikationen (z.B. Impressum, Produktinformationsblatt) sowie von PR-Publikationen (Internet-Auftritt oder Firmen-Flyer) können aus Inhalten eines Content-Management-Systems zusammengestellt werden. Durch eine dadurch ermöglichte weitgehend automatisierte Zusammenstellung können Produkt- und Vermittlerinformationen ohne Medienbrüche, nicht-redundant und daher konsistent gehalten werden; der Erstellungsaufwand wird minimiert.

- **Unterstützung des Beratungsprozesses**: Unterstützung benötigt der Vermittler bei

  o der Erfassung der **Bedürfnisse** (Bedürfnisse, Wünsche, Lebensziele, Risikopräferenzen),

  o der momentanen und für die Zukunft zu erwartenden finanziellen, gesundheitlichen, beruflichen und privaten **Situation** des Versicherungsnehmers,

  o der Zusammenstellung von Versicherungs- und Finanzprodukten zu einem umfassenden **Risikoabsicherungs- und Anlagekonzept** (Vergleichsrechner, Analysesoftware, Depotcheck, Deckungslücken-Analysesoftware etc.),

  o der **Dokumentation** der Beratungssituation sowie der empfohlenen Produkte. Die Dokumentation ist haftungsrelevant; dafür sind neue Technologien in Sicht: Nur handschriftliche Protokolle dürften vor Gericht zukünftig Bestand haben. **Stift-Hardware** scannt die handschriftlichen Notizen während des Schreibens und übergibt sie der Beratungssoftware, die wiederum die Dokumentation ausdruckt; diese wird dann vom Kunden digital signiert.

Einen sehr detaillierten Anforderungskatalog für Beratungssoftware in der Altersvorsorgeberatung findet man in Drols (2008).

- **Erkennung von Beratungserfordernissen während der Vertragslaufzeit**: Durch laufendes Kundenmonitoring – unterstützt durch Workflow-, Termin- oder Aufgabenverwaltungs-Funktionen – kann man neben der Zufriedenheit auch Änderungen in den Lebensumständen (z.B. Heirat, Geburt eines Kindes, Hauskauf) abfragen. Durch Analyse der Daten mit Hilfe von Data-Mining- und Personalisierungsfunktionen kann man Beratungsbedarfe aufdecken.

Viele dieser Informationen (z.B. Produktinformationen und Informationen über die Produktgeber) können **in der Agentur bzw. im Maklerbetrieb** nicht aktuell gehalten werden; der Aktualisierungsaufwand wäre wirtschaftlich nicht darstellbar. Vertriebsunterstützende IT-Systeme müssen für diese Informationen Möglichkeiten (z.B. über Schnittstellen oder Web-Services) aufweisen, Informationen direkt bei Produktgebern abzufragen und an die Kunden – geeignet und fallbezogen aggregiert und dargestellt – „durchzureichen".

4 Vermittleraufsicht

Um sicher zu stellen, dass die Akteure im Markt für Versicherungs- und Finanzprodukte ihre Pflichten auch erfüllen, hat der Gesetzgeber eine Reihe von **aufsichtsrechtlichen Verfahren und Institutionen** vorgesehen, die sich von der erstmaligen Gewerbeerlaubnis bis zur laufenden Aufsicht erstrecken.

4.1 Gewerbeerlaubnis

Damit diese Akteure **ihr Gewerbe ausüben** dürfen, müssen sie nachweisen, dass sie dazu in der Lage sind:

- Ein **Versicherungsvermittler** muss nach § 34d GewO nachweisen kann, dass er

  o gewerberechtlich **zuverlässig** ist; dies kann durch einen Auszug aus dem Gewerbezentralregister nachgewiesen werden.

  o in **geordneten Vermögensverhältnissen** lebt; dies kann durch einen Auszug aus dem Schuldnerverzeichnis nachgewiesen werden.

  o die zur Vermittlung notwendige **Sachkunde** besitzt. Dies ist durch eine Sachkundeprüfung bei der IHK zu belegen; in der VersVermV sind die zu prüfenden Inhalte festgelegt und auch die Ausnahmen von dieser Pflicht (beispielsweise einschlägige Studienabschlüsse).

  o über eine **Berufshaftpflichtversicherung** in ausreichender Höhe verfügt, die eventuelle Haftungsansprüche seiner Kunden abdeckt. Nach VersVermV, Stand 1.1.2009, beträgt sie mindestens 1,8 Mio. € pro Jahr und 1,13 Mio. € pro Schadensfall.

  Für diese **Erlaubnispflicht** hat der Gesetzgeber allerdings **Ausnahmen** vorgesehen: **Gebundene Vermittler** müssen diese Nachweise nicht erbringen; für ihr Handeln haftet das Versicherungsunternehmen, das – an Stelle der IHK – allerdings seinerseits Zuverlässigkeit, geordnete Vermögensverhältnisse und Sachkunde überprüfen muss (dies verlangt übrigens auch § 80 Abs. 2 VAG). **Produktakzessorische Vermittler** können sich von der Erlaubnispflicht befreien lassen; **Annexvertriebe** sind ganz von der Erlaubnispflicht ausgenommen.

- Auch **Finanzvermittler und -berater**, die gewerbsmäßig Empfehlungen zum Kauf oder Verkauf von Finanzdienstleistungsinstrumenten an Einzelkunden abgeben, benötigen eine Erlaubnis; welche Erlaubnis zu beantragen ist, hängt davon ab, welche Finanzinstrumente Gegenstand der Beratung sind:

  o Berater, die nur hinsichtlich des Kaufs oder Verkaufs von **Investmentfondsanteilen** Empfehlungen abgeben, müssen nach § 34c GewO beim örtlichen Gewerbeamt eine Gewerbeerlaubnis beantragen. Auch Honorarberater, die nicht vermittelnd tätig sind, müssen eine Erlaubnis beantragen.

o Wer über den Kauf bzw. Verkauf von **sonstigen Finanzinstrumenten** wie Aktien, Zertifikaten, Geldmarktinstrumenten, Devisen oder sonstigen Wertpapieren gewerbsmäßig berät, muss bei der BaFin gem. § 32 Abs. 1 i. V. m. § 1 Abs. 1a KWG einen Erlaubnisantrag als Finanzdienstleistungsinstitut stellen.

Auch dort lässt der Gesetzgeber eine Reihe von **Ausnahmen** zu für gebundene Vermittler (§ 2 Abs. 10 KWG i.V.m. § 34c Abs. 5 GewO), für den Ausschließlichkeitsvertrieb von Investmentfondsanteilen sowie für die Vermittlung von Anteilen an geschlossenen Fonds, Krediten und Bausparverträgen.

4.2 Registerpflicht

Versicherungsvermittler sind nach § 34d, Abs. 7 GewO verpflichtet, sich unverzüglich nach Aufnahme ihrer Tätigkeit in ein **Vermittlerregister** (vgl. DIHK 2009) nach § 11a Abs. 1 GewO eintragen zu lassen; dieses Register wird durch die Industrie- und Handelskammern geführt. Dies gilt auch für gebundene Vermittler und produktakzessorische Vermittler; lediglich Annexvertriebe sind ausgenommen. In diesem Vermittlerregister ist nach § 5 VersVermV neben Adressangaben insbesondere der Status des Vermittlers anzugeben.

Auch für „**Vermittler von Finanzinstrumenten**" gilt nach § 32 Abs. 5 KWG eine Pflicht zur Registrierung im Register der BaFin. Für die gebundenen Vermittler existiert ein spezielles Register, das allerdings von den haftenden Unternehmen selbst geführt wird, über das die BaFin allerdings Aufsicht führt.

4.3 Laufende Aufsicht

In der Bundesrepublik existiert keine einheitliche Aufsichtsbehörde, die alle Akteure auf Versicherungs- und Finanzmärkten kontrolliert.

- Bei **Versicherungsvermittlern** und **Versicherungsberatern** kann nach § 15 VersVermV die zuständige IHK aus besonderem Anlass eine **außerordentlichen Prüfung** durch einen geeigneten Prüfer anordnen – auf Kosten des Geprüften. Geprüft wird, ob die sich aus den §§ 12 und 14 VersVermV ergebenden Pflichten (siehe 3.) erfüllt werden. Der Prüfer wird dabei von der IHK bestimmt. Gemäß § 29 GewO haben Vermittler und Berater der IHK auf Verlangen die für die Überwachung des Geschäftsbetriebs erforderlichen mündlichen und schriftlichen **Auskünfte** unentgeltlich zu erteilen. Gebundene und produktakzessorische Vermittler sind nur einer allgemeinen Gewerbeaufsicht nach § 35 GewO unterworfen.

- **Finanzberater und -vermittler** unterliegen grundsätzlich der Aufsicht der BaFin (vgl. BaFin 2009). Diese reagiert auf Beschwerden von Verbrauchern und kontrolliert auch durch Sonderprüfungen, ob die „Wohlverhaltensregeln" nach den §§ 31ff WpHG (siehe 3.1.) eingehalten werden. Daneben sind diese Akteure auch der laufenden Gewerbeaufsicht nach §§ 29 und 35 GewO unterworfen.

4.4 Aufsicht durch Produktgeber

Die BaFin hat bereits in der Vergangenheit durch Vorgaben für das **Risikomanagement** der Produktgeber dafür gesorgt, dass diese die Erfüllung der Pflichten ihrer Vertriebsorgane kontrollieren. So geht das BaFin-Rundschreiben 9/2007 (VA) „Hinweise zur Anwendung der §§ 80 ff VAG und § 34d Gewerbeordnung (Versicherungsvermittlerrecht)" davon aus, dass die Zusammenarbeit mit Vermittlern mit erheblichen Risiken für Produktgeber verbunden ist (vgl. BaFin 2009). Um diese Risiken zu minimieren, müssen die Versicherungsunternehmen von ihren Vertretern und kooperierenden Maklern u. a. ein Führungszeugnis, eine AVAD-Auskunft (vgl. AVAD 2009), einen Auszug aus dem Schuldnerverzeichnis und einen Qualifikationsnachweis einholen, um deren Zuverlässigkeit einschätzen und eventuelle Maßnahmen wie beispielsweise eine Beendigung der Zusammenarbeit treffen zu können. Auch eine laufende Aufsicht über die Vermittler mit Aktualisierung der Zuverlässigkeitsnachweise wird gefordert.

Zur Steuerung und Kontrolle dieser Risiken sind „geeignete" **Kontrollinstrumente** einzurichten, die eine frühzeitige Erkennung ermöglichen. Im BaFin-Rundschreiben 3/2009 (**MaRisk VA**) werden „aufsichtsrechtliche Mindestanforderungen an das Risikomanagement" von Versicherern und „Finanzkonglomeraten" formuliert und damit die **Kontrollinstrumente konkretisiert**, die im Rundschreiben 9/2007 nur angesprochen werden. Im Finanzbereich findet man mit dem Rundschreiben 05/2007 „Mindestanforderungen an das Risikomanagement (**MaRisk BA**)" ähnliche Vorgaben für Kreditinstitute. Das Rundschreiben 3/2009 legt die §§ 64a und 104s VAG verbindlich aus; es fordert ein „Risikomanagementsystem zur Verbesserung des Schutzes der Versicherungsnehmer" (vgl. BaFin 2009a). Risikomanagement im Sinne dieses Rundschreibens umfasst die unternehmensweite Festlegung einer angemessenen **Risikostrategie**, adäquate **aufbau- und ablauforganisatorische Regelungen**, die Einrichtung eines internen **Steuerungs- und Kontrollsystems**, die Etablierung einer internen **Revision** und die Einrichtung von internen Kontrollen.

Wenn ein Produktgeber dieses Risikomanagement vernachlässigt, dann treffen ihn aufsichtsrechtliche Konsequenzen bis hin zur Untersagung des Geschäftsbetriebes. Insofern sind also Produktgeber gezwungen, die Qualität und Zuverlässigkeit ihrer Vertriebsorgane laufend zu kontrollieren – und dabei nicht nur der gebundenen, sondern auch der Makler, mit denen sie kooperieren.

4.5 Aufsichtsrechtliche Anforderungen an vertriebsunterstützende IT-Systeme

Aufsichtsrechtliche Anforderungen ergeben sich an vertriebsunterstützende IT-Systeme aus der **Auskunftspflicht gegenüber den Aufsichtsinstitutionen** BaFin, IHK, Gewerbeamt und Produktgeber. Diese Auskünfte können sich auf die aktuelle Situation beziehen; in der Regel werden sie sich aber auf (z. B. haftungsrechtlich relevante) Situationen aus der Vergangenheit beziehen. Wichtig ist also in diesem Zusammenhang eine **Archivierungs- und Reporting-Funktion** für Daten, wie sie auch beispielsweise von Richtlinien wie der GdPdU (vgl. Leipp 2008) gefordert werden. Idealerweise integrieren vertriebsunterstützende IT-Systeme die Anforderungen dieser Richtlinien mit den Anforderungen aus dem Vertriebsgeschäft selbst.

5 Versicherungs- und Finanzvertrieb der Zukunft

Die bisherige Darstellung der Akteure und Strukturen im Versicherungs- und Finanzvertrieb zeigt den Status-Quo zum Zeitpunkt der Drucklegung dieses Buches, also Mitte 2009. Vertriebsunterstützende IT hat sich aber in ihrer Architektur und ihren Funktionalitäten maßgeblich an den für die Zukunft zu erwartenden Verhältnissen auszurichten.

5.1 Herausforderungen für Vermittlerbetriebe

Deutsche Vermittler und Vermittlerbetriebe sehen sich aktuell Herausforderungen gegenüber, die im historischen Vergleich ohne Beispiel sind:

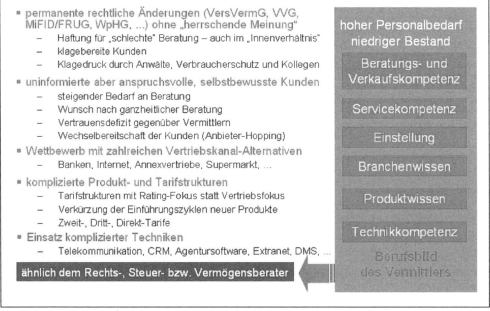

Abbildung 5: Herausforderungen an Vermittlerbetriebe

Rechtsunsicherheit verstärkt Haftungsrisiken

Vermittlerbetriebe sehen sich nicht nur aktuell einer komplexen Rechtslage ausgesetzt, sondern müssen sich auch auf **kontinuierliche Änderungen in der Rechtslage in der Zukunft** einstellen. Dies führt zu einer Rechtsunsicherheit im Handeln; damit steigt die Wahrscheinlichkeit, schadenersatzträchtige und damit vielleicht sogar existenzkritische Fehler zu machen, indem rechtliche Bestimmungen nicht beachtet werden. Bereits jetzt, so schätzt man, sind bereits mehr als 10 Prozent der Vermittler wegen eines Beratungsfehlers in Haftung genommen worden (vgl. Abb. 6).

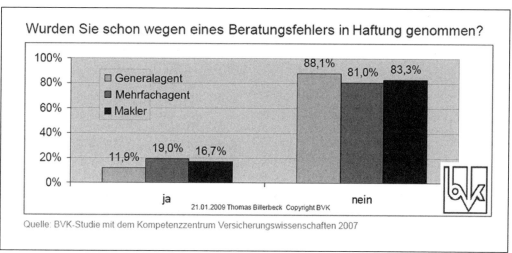

Abbildung 6: Haftungsquote deutscher Vermittler (nach Billerbeck 2009, S. 20)

So stützen sich beispielsweise viele dokumentationsunwillige bzw. -unfähige Vermittler im Moment noch auf die Bestimmung des § 61 Abs. 2 VVG, nach der der Versicherungsnehmer „auf die Beratung oder die Dokumentation durch eine gesonderte schriftliche Erklärung verzichten" kann („**Dokumentationsverzicht**"); sie lassen den Versicherungsnehmer eine entsprechende Option in einem vorgefertigten Dokumentationsformular ankreuzen und dann dieses Formular unterschreiben. Damit sehen sie die Gefahr gebannt, dass ein falsch beratener Kunde Schadenersatz nach § 63 VVG fordern kann. Es ist jedoch bereits abzusehen, dass die Gerichte es zukünftig nicht akzeptieren werden, wenn ein Vermittler seinen Kunden gewohnheitsmäßig diesen Dokumentationsverzicht empfiehlt, da dies dem Geist des VVG eindeutig widerspricht (vgl. dazu Fiala 2005).

Mancher Vermittler mag nun der Ansicht sein, für solche Unwägbarkeiten in der rechtlichen Beurteilung seines Tuns würde ja schließlich seine **Berufs- bzw. Vermögensschaden-Haftpflichtversicherung** (VSH) einspringen, die er nach § 34d GewO abgeschlossen haben muss (siehe 4.1.). Wenn ihm allerdings der VSH-Versicherer nachweist, dass er die (komplexen und sich ständig ändernden) rechtlichen Bestimmungen hätte kennen müssen, dann kann sich der VSH-Versicherer möglicherweise seiner Leistungspflicht wegen vorsätzlichem oder zumindest fahrlässigem Verhalten des Vermittlers entziehen (vgl. Fiala 2005a).

Mancher Außendienstmitarbeiter eines Versicherers mag sich dieses Risikos aus der permanenten Rechtsunsicherheit deshalb nicht ausgesetzt sehen, da er ja nicht eigenständig, sondern nur im Auftrag seines Unternehmens handelt. Dies trifft im Außenverhältnis – also gegenüber klagewilligen Kunden – zwar zu; hier ist der Anspruchsgegner des klagewilligen Kunden nicht der Agent, sondern das Unternehmen, in dessen Namen er handelt. Ein Agent ist aber selbstverständlich nicht dagegen geschützt, dass sein Arbeitgeber im **Innenverhältnis** – trotz Haftungsfreistellung – Regressansprüche ihm gegenüber durchsetzen kann (vgl. Fiala 2006).

Die Wahrscheinlichkeit von Beratungs- und Vermittlungsfehlern wird also mit der permanenten Rechtsunsicherheit zunehmen. Gleichzeitig nimmt die Wahrscheinlichkeit in Zukunft zu, dass ein solcher Fehler dann auch **tatsächlich** zu Schadenersatzansprüchen durch die Kunden führt. Folgende Gründe könnten dafür verantwortlich sein:

- Die Zahl an **Absolventen juristischer Fakultäten** wächst kontinuierlich (vgl. ISA 2009). Ein sehr hoher Anteil dieser Juristen ist von der Arbeitslosigkeit bedroht. In dieser Situation wählen viele Juristen den Schwerpunkt ihrer beruflichen Tätigkeit im Versicherungsrecht (vgl. Lehmann et. al. 2007, S. 15). Zum einen gewinnt Versicherungsrecht in der Rechtspraxis immer mehr Bedeutung, was beispielsweise aus der Einführung der entsprechenden Fachanwaltsbezeichnung erkennbar ist. Zum anderen werden dem spezialisierten Juristen damit attraktive Betätigungsfelder in Anwaltschaft wie Unternehmen eröffnet, was dann den Druck auf unzufriedene Kunden von Vermittlern erhöht, Schadenersatzklagen einzureichen.

- **Verbraucherschutz-Institutionen** bemühen sich verstärkt, über Fehlverhalten von Vermittlern und Versicherern aufzuklären und unzufriedene Kunden zu Beschwerden und dann auch zu Schadenersatzklagen zu ermuntern. Nimmt man Beschwerden beim Ombudsmann für Versicherungen als Indikator für die Beschwerde- und auch Klagebereitschaft, so sieht man deutlich, dass nach Einführung der EU-Versicherungsvermittlerrichtlinie die Anzahl der Beschwerden sprunghaft zugenommen hat und auf diesem hohen Niveau verbleibt.

Beschwerdestatistik	OMBUDSMANN für Versicherungen				
2004-2008	2004	2005	2006	2007	2008
eingegangen	10.588	10.888	18.451	17.592	18.837
beendet	10.299	11.274	17.038	16.889	18.801

Abbildung 7: Beschwerdestatistik des Ombudsmanns (aus Ombudsmann 2009).

Misstrauische wechselbereite Kunden

Die wachsende Aufklärungsarbeit der Verbraucherschutzorganisationen und die dadurch provozierten Medienberichte machen Kunden **misstrauisch**; dieses Misstrauen wird noch dadurch verstärkt, dass sie sich ihrer **Inkompetenz** in Versicherungs- und Finanzfragen immer mehr bewusst und dadurch verunsichert werden (vgl. Müller/Müller-Peters 2008, S. 155). Wie stark dieses Misstrauen gegenüber Vermittlern ist, lässt sich deutlich an Studien zum Berufsprestige ablesen, wo Versicherungsvertreter grundsätzlich einen der letzten Plätze einnehmen (vgl. Rastätter 2008, S. 149).

Dieses Misstrauen wird sich – trotz neuem verbraucherfreundlichem Versicherungs- und Finanzrecht – zunächst noch **verstärken**, da früheres verbraucherfeindliches Fehlverhalten von Vermittlern an heutigen Ansprüchen gemessen und damit erst offenbar gemacht wird. Erst langfristig wird sich das neue Berufsbild des seriösen und kompetenten Vermittlers durchsetzen, das die heutige Gesetzeslage erzwingt (sieht man von Ausnahmen wie der „Alte-Hasen-Regelung" ab).

Gleichzeitig werden sich Kunden ihres **Bedarfes** an Absicherung und Anlage immer deutlicher bewusst. Dieses Spannungsverhältnis zwischen zunehmendem Bedarf an Beratung und schwindendem Vertrauen macht die Reaktion der Kunden immer unkalkulierbarer, was zu größerer **Wechselbereitschaft** und zu **verstärkter Umdeckung** von Risiken führt (und die Stornoquoten nach oben treibt).

Der zunehmende **wirtschaftliche Druck auf die Vermittlerbetriebe**, der beispielsweise in den Betriebsvergleichen des bvk der letzten Jahre deutlich zum Ausdruck kommt (vgl. Billerbeck 2008), führt in den letzten Jahren verstärkt zum Bestreben von Vermittlern, die Kompetenz und Seriosität von Kollegen aus anderen Unternehmen bei deren Kunden in Zweifel zu ziehen (**„Kain-und-Abel"**), um eine Umdeckung in den eigenen Bestand zu erreichen (vgl. Barth 2009).

Vertriebskanal-Alternativen

In ihrem Bemühen, Absatzzahlen zu erhöhen, bedienen Produktgeber zunehmend Vertriebskanal-Alternativen am Vermittler vorbei („Multi-Channel-Vertrieb"; vgl. Dedert 2008). Waren Banken schon traditionell die Konkurrenz von Vertretern und Maklern, so kommen jetzt zunehmend Annexvertriebe, Supermarktketten, Verbände wie der ADAC und hauptsächlich das Internet hinzu – und nehmen den traditionellen Vertriebsunternehmen Umsatzpotenzial weg.

Komplexe Produkt- und Tarifstrukturen

Ebenfalls im Bemühen, Absatzzahlen zu erhöhen, kommen Produktgeber den Kunden mit **individuellen, maßgeschneiderten und dennoch von der Prämie her günstigen Angeboten** entgegen. Damit diese Produkte rentabel sind, dadurch die Solvabilität des Unternehmens gewährleistet wird und dadurch wiederum positive Ratings der Produkte erreicht werden, sind die Aktuare der Produktgeber gezwungen, sehr erklärungsbedürftige Bedingungen mit vielen Ausschluss-Sachverhalten zu konstruieren. Dies macht es dem Vermittler sehr schwer, seinen Kunden verlässliche Produktaussagen zu geben und Produkte unterschiedlicher Anbieter zu vergleichen.

Mit dieser Produktvariabilität verbunden sind **kürzere Produktzyklen**. „Die Produktentwicklungs-Prozesse müssen schneller werden. Für Lebensversicherungen und SHUK-Produkte soll die Entwicklungsdauer deutlich unter der heutigen liegen. Für den Vertrieb bleibt zu hoffen, dass die neuen Produkte in eine funktionierende und komfortable Beratungsumgebung integriert werden, die Schulungen im Vier-Wochen-Rhythmus überflüssig macht" (vgl. o.V. 2007).

Technikeinsatz

Vermittlerbetriebe werden, um effektiv und effizient arbeiten zu können, ihre Arbeitsprozesse optimieren müssen:

- Ein wichtiges Mittel zur **Effizienzsteigerung** ist die **Automatisierung**, d. h. die Übernahme von Teilprozessen durch IT-Systeme. Das Bemühen der Produktgeber-Unternehmen, Prozesse zu **industrialisieren** (vgl. A.T. Kearney 2008, Accenture 2009) wird auch auf die Vertriebe dieser Unternehmen durchschlagen und dort Arbeitsprozesse verschlanken und konsolidieren.

- Ein wichtiges Mittel zur **Steigerung der Effektivität** vertrieblicher Maßnahmen sind CRM- bzw. BRM-Funktionalitäten der eingesetzten IT-Systeme (vgl. Ott 2009). Mit Hilfe von **Customer-Relationship-Management-(CRM)-**Funktionalitäten kann die Kundenkommunikation verbessert, Kunden gebunden, Kundenwerte erhöht bzw. verlorene Kunden rückgewonnen werden (siehe auch den Beitrag von Köhler in diesem Buch). **Business Relationship Management (BRM)**, die nächste Stufe dieser Bemühungen, weitet CRM-Prinzipien und -techniken auf andere Interessengruppen (Stakeholder wie Produktgeber, Staat, Mitarbeiter etc.) aus, mit denen das Unternehmen kooperiert.

Die Bemühungen um Effektivität und Effizienz im Vertrieb machen gleichzeitig immer **anspruchsvollere und komplexere IT-Systeme** notwendig. Komplexere IT-Systeme verlangen jedoch vom Benutzer und vom Betreiber eine höhere Technik-**Kompetenz**, die **Bereitschaft**, mit diesen Systemen auch zu arbeiten und diese Arbeitsweisen (bei neuen Releases oder neuen Benutzeroberflächen) auch permanent anzupassen und zu verändern. Aus dem Change Management kennt man die **„resistance to change"** (vgl. Baker 2007), die Widerstände gegen Reorganisationsmaßnahmen, die die Bereitschaft zu diesem verstärkten Technikeinsatz behindern.

Mitarbeiterpotenzial

Um die genannten Herausforderungen meistern zu können, benötigen Vermittlerbetriebe entsprechendes Personal, dessen **Kompetenzprofil** weit über das hinausgeht, was der Gesetzgeber (z.B. in § 1 Abs. 2 sowie in der Anlage 1 zu § 1 Abs. 3 Satz 2 VersVermV) als Sachkunde festlegt. Vermittler müssen in Themen beraten, die eigentlich klassische Domänen von Rechtsanwälten, Steuerberatern, Vermögensberatern, Unternehmensberatern, Medizinern (bei Krankenversicherungen) oder gar Psychologen (als Konsequenz der Vertrauensposition) sind. Neben der versicherungsbetrieblichen und -vertrieblichen Fachkompetenz ist insbesondere Service-Kompetenz und Technik-Kompetenz sowie eine „unternehmerische Einstellung" (Eigenständigkeit, unternehmerisches Denken, permanente Lernbereitschaft) zu erwarten, wie sie auch in der Zukunftswerkstatt Versicherung 2010 (vgl. BWV 2004) skizziert wird.

Mitarbeiter, die dieses Kompetenzprofil aufweisen, sind in der Versicherungs- und Finanz-branche **rar** – nicht zuletzt bedingt durch die hohe Anzahl an nebenberuflichen gebunde-nen Vermittlern (siehe 2.1.), die dieses Kompetenzprofil nicht aufweisen können. Die Branche ist daher darauf angewiesen, dass sich **hochbegabte Schulabgänger** für den Vermittlerberuf begeistern lassen (was angesichts des schlechten Berufsimages allein schon schwierig ist; vgl. Höllger/Barschewski 2008); dies setzt **attraktive berufsqualifi-zierende Bildungsgänge** voraus. Hochbegabte Schulabgänger findet man in Abiturien-ten, die einen vertriebsorientierter akkreditierten Studiengang mit hohem Imagewert des Studienabschlusses suchen, der ihnen alle Optionen offen hält. Entsprechende Studien-angebote sind noch rar (vgl. Billerbeck 2009, S. 16; einen solchen vertriebsorientierten Studiengang mit deutschem akkreditierten Hochschulabschluss bietet beispielsweise die Duale Hochschule Baden-Württemberg in Heidenheim an).

5.2 Entwicklungen im Ausland

Die jetzige Situation in der Branche und die daraus hervorgehenden Herausforderungen sind maßgeblich durch die neue Gesetzeslage in der Folge der Umsetzung der EU-Versicherungsvermittlerrichtlinie sowie der MiFID (vgl. Böhlen/Kan 2008) entstanden. Die-se Richtlinien wurden in **anderen Ländern** zügiger umgesetzt bzw. durch dortige national-staatliche Gesetze bereits vorweggenommen. So wurde in Großbritannien bereits im Jahr 2000 und in den Niederlanden im Jahr 2006 ein einheitlicher Rechtsrahmen für die Ver-mittlung von Finanzdienstleistungen sowie zentralisierte Aufsichtsinstitutionen geschaffen (vgl. Habschick/Evers 2008, S. 128ff) mit dem klaren Ziel, den Verbraucherschutz zu ver-bessern; in Finnland ist 2005 und in Dänemark 2006 ein Verbot von Provisionszahlungen in Kraft getreten (vgl. Richter/Schiller 2008, S. 3). Die Vermutung kann nun getroffen wer-den, dass sich die Markt- und Branchenentwicklung in Deutschland an der im Ausland be-reits erfolgten Entwicklung orientiert.

Im Einzelnen lassen sich in den anderen Ländern folgende Entwicklungstrends erkennen:

- **Steigende Allgemeinbildung bei Kunden** in Versicherungs- und Finanzfragen. In Großbritannien ist die Förderung der Finanzbildung eine zentrale Zielsetzung der Fi-nanzaufsicht und dort auch institutionell verankert (vgl. Habschick/Evers 2008, S. 130, 131, 137).

- **Steigende Transparenz**: Die Länder, die bereits seit längerem ihr Vermittlerrecht an-gepasst haben, setzen auf eine aktive und umfassende Bereitstellung von Informatio-nen und Dokumentationen an die Kunden (vgl. Habschick/Evers 2008, S. 136). Auch dort müssen Vermittler ihre Kunden vor Vertragsabschluss über anfallende Kosten und Provisionen aufklären.

- **Intensivere Beratung**: In jedem dieser Länder gibt es einen Trend zu intensiverer Be-ratung, und zwar selbst in Ländern, in denen es bereits üblich ist, beraten zu werden – ganz gleich, ob von Vertretern, Maklern oder Bankangestellten (vgl. Dedert 2008, S. 348). Insofern sehen Habschick/Evers (2008, S. 136) auch eine steigende Bedeutung von Maklern; insbesondere in Großbritannien wird der unabhängige Finanzberater als vorherrschender Vermittlertyp in der Zukunft erwartet (S. 130).

- **Höhere Qualifikationserfordernisse** für Vermittler: Die Qualifikationserfordernisse werden in Großbritannien – wie auch in den Niederlanden – nicht nur in fachlicher Hinsicht und abhängig von der Komplexität der vermittelten Produkte kontrolliert; dort müssen Produktgeber zudem noch Ethik- und Verhaltensregeln bei der Rekrutierung der Vermittler prüfen.

- **Änderung der Vergütungssysteme:** Während in den Niederlanden die Bestandsprovisionen zu Lasten der Abschlussprovisionen aufgewertet werden, geht Finnland mit der **Abschaffung der Maklercourtage** noch weiter. Insgesamt sehen Habschick/Evers (2008, S. 135) einen Trend zur Honorarberatung, deren Akzeptanz steigen wird (S. 130, 132). Gestützt wird diese Prognose durch die Sektoruntersuchung der EU (EU 2007), die – zwar nur im Industriegeschäft – beim gegenwärtig praktizierten Provisions- bzw. Courtagesystem erhebliche Interessenkonflikte zwischen kundenorientierter Beratungsqualität und Einkommens-Motiven der Vermittler sieht.

- **Ausdünnung**: In Finnland hat die **Abschaffung der Maklercourtage** zu einem **Rückgang der Maklerzahl** um die Hälfte geführt (Dedert 2008, S. 348) – wobei aber das Marktvolumen konstant geblieben ist, d.h. sich die Umsätze der aus dem Markt ausgestiegenen Makler auf die verbliebenen verteilt hat. Die verbleibenden Vermittler sehen demzufolge auch die Reform des Vermittlerrechts in ihren Ländern nicht negativ, sondern als eine starke Verbesserung an (vgl. Habschick/Evers 2008, S. 129).

6 Fazit: Vertriebsunterstützende IT-Systeme als Hüter des Grals

Vertriebsunterstützende IT-Systeme, ob sie nun bei Makler- oder Beraterunternehmen selbst beschafft oder ob sie Agenturen zur Verfügung gestellt werden, müssen helfen, das eigentliche Betriebskapital eines Vermittlerunternehmens zu hüten und zu vermehren (siehe auch 1.3.): **Das Wissen über Kunden und Produkte sowie das Wissen darüber, wie beide zueinander geführt werden können**. Da die Vermittlung von Versicherungs- und Finanzprodukten reine Informationsprozesse sind, erfordert das Hüten dieses Grals „Wissen"

- die konsequente und einfache **Erfassung** des Wissens und **Ablage** im System. Aus CRM- und Wissensmanagement-Projekten hat man die Erfahrung gewonnen, dass Vorbehalte der Mitarbeiter, ihr Wissen im System anderen zur Verfügung zu stellen und damit Machtpositionen aufzugeben, diese Projekte scheitern lässt (vgl. Ott 2009). Es muss also den am Wissensaufbau beteiligten Akteuren einfach gemacht werden und sie müssen durch entsprechende Anreizsysteme motiviert werden, ihr Wissen über Kunden und Produkte in das System einzubringen. Ein differenziertes **Rechtemanagement** ist dazu die technische Voraussetzung. Informationen von Produktgebern müssen über Schnittstellen bzw. über Webservices zwar nicht physisch in das System übertragen, aber verfügbar gemacht werden. Externe Informationen (z.B. aus dem Internet) müssen intelligent in das System integrierbar sein (durch Suchfunktionen, Link-Bibliotheken oder Caching-Funktionen).

- die **Verwaltung** des Wissens. Dazu gehört zunächst, dass dieses Wissen (durch Dublettenprüfung, Adressqualifizierung oder Trigger zur Integritätsprüfung) **korrekt und** (durch Kundenmonitoring bzw. Aktualisierungs-Cronjobs) **aktuell** gehalten wird. Dazu gehört auch, dass aus vorhandenem Wissen (durch Data-Mining- bzw. Business-Intelligence-Funktionen) **neues Wissen generiert** wird.

- die **Verfügbarmachung** des Wissens für eigene Zwecke sowie für Externe: Kunden, Öffentlichkeit, Produktgeber, Aufsichtsinstitutionen. Dazu gehören Selektionsfunktionen (wie Filter und Suchfunktionen) sowie Aggregationsfunktionen (wie Reports, Statistiken oder Zusammenstellungen wie ein Produktinformationsblatt). Dazu gehört auch die Möglichkeit, diese Reports auf geeigneten Medien (Print, WWW, USB-Stick oder CD-ROM) personalisiert auszugeben.

Die Fülle an Haftungsrisiken, der Vermittler heute und zukünftig ausgesetzt sind, verlangt die **Unterstützung zuverlässiger Arbeitsprozesse im Vermittlerbetrieb.** Automatisierung von Teilprozessen und dabei insbesondere Vermeidung von Medienbrüchen verringert neben dem Aufwand insbesondere die Fehlerwahrscheinlichkeit; notwendig ist beispielsweise eine automatische Übergabe von Daten aus der Kundendatenbank in den Vergleichsrechner, von dort in die Policierungssoftware, von dort zum Produktgeber und zurück sowie anschließend in ein Kundenanschreiben und in die Provisionsberechnung. Fehler, die dennoch passieren, werden dann nicht haftungsrelevant, wenn der Kunde mit dem Vermittler zufrieden ist und wenn er ihm vertraut.

Literatur

Accenture (2009): Industrialisierung hat für europäische Versicherer Top-Priorität. http://www.accenture.com/Countries/Germany/About_Accenture/Newsroom/News_R eleases/2006/IndustrPriorit%C3%A4t.htm. Abfrage 2.4.2009.

Arndt P. (2006): Überlegen Sie noch – oder haben Sie schon Ihre persönlichen Checklisten? http://www.erfolgreiche-selbstorganisation.de/archives/25. Stand 8. Dezember 2006.

A.T. Kearney (2008): Geschäftsmodell Versicherung – was kommt nach der Industrialisierung? http://www.atkearney.de/content/misc/wrapper.php/id/50365/area/bankenvers/name/ pdf_eb_17_versicherung_d_net_1219831290e984.pdf. Abfrage 2.4.2009

AVAD (2009): Informationsblatt über den AVAD-Auskunftsverkehr. http://www.avad.de/avadinfo.htm; Abfrage 1.4.2009.

BaFin (2009): Rundschreiben 9/2007 (VA)- Hinweise zur Anwendung der §§ 80 ff VAG und § 34d Gewerbeordnung (Versicherungsvermittlerrecht). http://www.bafin.de/cln_116/nn_721290/SharedDocs/Veroeffentlichungen/ DE/Service/Rundschreiben/2007/rs__0709__va.html? __nnn=true; Abfrage 1.4.2009

BaFin (2009): Die Bundesanstalt für Finanzdienstleistungsaufsicht stellt sich vor. http://www.bafin.de/cln_109/SharedDocs/Downloads/DE/Service/Broschueren/flyer_ _bafin,templateId=raw,property=publicationFile.pdf/flyer_bafin.pdf. Abfrage 30.3.2009.

BaFin (2009a): Rundschreiben 3/2009 (VA) – Aufsichtsrechtliche Mindestanforderungen an das Risikomanagement (MaRisk VA). http://www.bafin.de/cln_109/nn_721290/SharedDocs/ Veroeffentlichugen/DE/Service/Rundschreiben/2009/rs__0903__marisk__va.html? __nnn=true; Abfrage 1.4.2009.

Baker S.L. (2007): Managing Resistance to Change. Graduate School of Library and Information Science. University of Illinois at Urbana-Champaign. 2007.

Barth R. W. (2009): Unterlagen zur Vorlesung „Haftungsrisiken in der Altersvorsorgeberatung„ an der DHBW Heidenheim am 13.05.2009.

BVVB (2008): Risikosituation und Versicherungsbedarf nach Lebensphasen. Studie des Bundesverbandes der Versicherungsberater (BVVB) vom 22.02.2008. http://www.durstin-kollegen.de/ docs/Privathaushalt%20Risikosituation%20 und%20Einsparpotential.pdf. Abfrage 24.3.2009.

Beenken M. (2009): Welche Bedeutung Maklerpools erlangt haben. In: Versicherungsjournal-Newsletter vom 13.3.2009.

Billerbeck T. (2008): Präsentation beim Treffen der Referenten für Betriebswirtschaft des Bundesverbandes Deutscher Versicherungskaufleute e.V. (BVK) am 18. September 2008.

Billerbeck T. (2009): Präsentation zum 10. Tag der Versicherungswirtschaft. http://berlin-brandenburg.bvk.de/wp-content/uploads/2009/03/ihk-berlin-02-03-20091.pdf. Abfrage 2.4.2009.

Böhlen A.v., Kan J. (2008): MiFID-Kompendium. Praktischer Leitfaden für Finanzdienstleister. Berlin: Springer 2008.

Brost H., Neske R., Wrabetz W. (Hrsg.) (2008): Vertriebsteuerung in der Finanzdienstleistungsindustrie. Frankfurt: Frankfurt School Verlag 2008.

Brunotte S. (2008): Professionelles Marketing inklusive. In: Versicherungsjournal-Newsletter, 21.4.2008.

bvk: Die wirtschaftliche Lage der Vermittler. http://www.bvk.de/print/42, Abfrage 01.04.2009

BWV (2004): Zukunftswerkstatt Versicherung. Die Versicherungswirtschaft im Jahr 2010. Ein Szenario aus dem Jahr 2004. http://www.lernpark.de/fileadmin/bwv-verband/dateien/ Zukunftswerkstatt.pdf, Abfrage: 14.1.2005.

CapGemini (2008): World Insurance Report 2008. 29.01.2008. http://www.capgemini.com/resources/thought_leadership/world_insurance_report_20 08. Abfrage 20.3.2009.

Drols W. (2008): Beratungssoftware für Finanzdienstleister. In: Brost et.al. (2008), S. 547ff.

dvb (2009): dvb-Makler-Audit 2009. Berlin: Deutsche Versicherungsbörse.

Dedert B. (2008): Multi-Channel-Strategien in der Versicherungsbranche. In: Brost et.al. (2008), S.343ff.

DIHK (2009): Versicherungsvermittlerregister. http://www.vermittlerregister.info. Abfrage 3.4.2009.

Eisner R., Strotz R.H.: Flight Insurance and the Theory of Choice. In: Journal of Political Economy, 69, 1961, S. 366ff.

EU (2006): Die Rating-Agenturen. Mitteilung der Kommission über Rating-Agenturen (2006/C 59/02). Amtsblatt L 59/02 vom 11.03.2006. http://europa.eu/scadplus/leg/de/lvb/l33227.htm. Abfrage 20.3.2009.

EU (2007): Business insurance sector inquiry. Inquiry into the European business insurance sector pursuant to Article 17 of Regulation 1/2003, Interim report, January 2007.

Fiala J. (2005): Anmerkungen zur Haftung des Versicherungsmaklers. In: http://www.fiala.de/rechtsanwalt/medien/haftung/anmerkungen-zur-haftung-des-versicherungsmaklers.html. Abfrage 28.3.2009.

Fiala J (2005a):bAV: Echte Versicherungsmakler müssen rechtlich beraten. In: http://www.fiala.de/rechtsanwalt/medien/altersvorsorge-bav/bav-echte-versicherungsmakler-muessen-rechtlich-beraten.html. Abfrage 28.3.2009.

Fiala J. (2006): Vertriebs- und Vermittlerrecht: Was sind Abschlussvermittlung, Anlageberatung, Finanzportfoliverwaltung, Finanzplanung, Anlagevermittlung und Prospekthaftung? In: http://www.fiala.de/rechtsanwalt/medien/berufsrecht/vertriebs-und-vermittlerrecht-was-sind-abschlussvermittlunganlageberatung-finanzportfoliverwaltung-finanzplanung-anlagevermittlung-und-prospekthaftung.html. Abfrage 28.3.2009.

Günter B., Helm S. (2003): Kundenwert. Wiesbaden: Gabler 2003.

Habschick M., Evers J. (2008): Anforderungen an Finanzvermittler – mehr Qualität, bessere Entscheidungen. Studie im Auftrag des Bundesministeriums für Ernährung, Landwirtschaft und Verbraucherschutz. Hamburg: 2008.

Henschel H. (2004): Beyond Behavioral Finance – Neurophysiologie des Anlegerverhaltens. GAIP Frankfurt, 3. März 2004. http://www.gaip.de/news/20040303Pres.pdf. Abfrage 25.3.2009.

Höllger T., Barschewski C. (2008): Traumberuf Versicherungsvermittler! Rekrutierungsstudie Versicherungsaußendienst. psychonomics-Studie 2008. http://www.psychonomics.de/trade/productview/189. Abfrage 2.4.2009.

IBM (2008): Vertrauenswürdigkeit: ausbaufähig. Versicherungsstudie der Universität St. Gallen und der Unternehmensberatung von IBM. Pressemitteilung. http://www-05.ibm.com/de/ versicherungen/ pi_studie_vertrauen.html. Abfrage 23.3.2009.

ISA (2009): Informationssystem Studienwahl und Arbeitsmarkt (ISA) an der Universität Duisburg-Essen. http://www.uni-duisburg-essen.de/isa/fg_wirtschaft_recht/rechts-wiss_hs_frm.htm. Abfrage 4.4.2009.

IVF (2009): Kosten-Leistungs-Rechner des Instituts für Vorsorge und Finanzplanung. http://www.institut-vorsorge.de. Abfrage 23.3.2009.

Kohlhaas J., Lang F., Doerfner O.: Der Erfolgsfaktor Vergütung als Bindeglied zwischen Vertriebs- und Umsatzzielen. In: Brost et.al. (2008), S.507ff.

Lehmann D. et. al. (2007): Arbeitsmarkt Kompakt 2007: Juristen. Studie der Bundesagentur für Arbeit 2007. http://www.arbeitsagentur.de/zentraler-Content/Veroeffentlichungen/AM-Kompakt-Info/AM-Kompakt-Juristen-AN.pdf. Abfrage 4.4.3009.

Leipp R. (2008): Die digitale Betriebsprüfung: Grundlagen – GDPdU – Datenarchivierung. Saarbrücken: VDM Verlag Dr. Müller 2008.

Levitt, T. (1965): Industrial Purchasing Behavior: A Study of Communications Effects, Boston 1965.

Maskus M., Schüttler K. (2004): Praktischer Einsatz des Strategic Brand Managemet Process (SBMP) am Beispiel der Allianz. In: Wirtz B.W., Göttgens O. (Hrsg.): Integriertes Marken- und Kundenwertmanagement. Wiesbaden: Gabler 2004.

Müller M. (2008): Haftungsdach. Mit Frug im Frust. In: PERFORMANCE 5, 2008, S. 93ff.

Müller C., Müller-Peters H.: Der deutsche Versicherungsvertrieb – Status Quo und Perspektiven. In: Brost et.al. (2008), S. 143ff.

Ombudsmann (2009): Beschwerdestatistik. http://www.versicherungsombudsmann.de/ Navigationsbaum/ZahlenUndFakten/Statistiken/ index.html; Abfrage 1.4.2009.

Ott H. J. (1992): Informationsmanagement. In: wisu das wirtschaftsstudium, 20, 6, 1992, S. 476ff.

Ott H. J. (2008): 123 Service-Argumente für Versicherungs- und Finanzvertriebe. http://www.dhbw-heidenheim.de/service. Abfrage 23.3.2009.

Ott H. J. (2009): Business Relationship Management: Die nächste Stufe des CRM". In wisu das wirtschaftsstudium, 3, 2009, S. 347ff.

Ott H. J., Hubschneider M. (2009): Kundenbindung. Planegg: Haufe 2009.

o.V. (2007): Kürzere Produktentwicklungsprozesse. http://www.versicherungsjournal.de/mehr.php? Nummer=94829., Abfrage: 05.11.2007.

o.V. (2009): 234 000 Vermittler. In: Versicherungsvertrieb, 5, Februar 2009, S. 3f.

Rastetter D. (2008): Zum Lächeln verpflichtet: Emotionsarbeit im Dienstleistungsbereich. Frankfurt: Campus 2008.

Reiff P.: Das Gesetz zur Neuregelung des Versicherungsvermittlerrechts. Karlsruhe: VVW-Verlag 2007.

Richter A., Schiller J. (2008): Entlohnung und Regulierung unabhängiger Versicherungsvermittler. Discussion Paper 2008-13, Ludwig-Maximilians-Universität München, Fakultät für Betriebswirtschaft, November 2008. http://epub.ub.uni-muenchen.de/7524/1/Richter-Schiller_WP_2008-13.pdf. Abfrage: 2.4.2009.

Sandkühler L. (2009): Antragsmodell. http://www.deutsche-versicherungsboerse.de/verswiki/ index.php/Antragsmodell. Abfrage 4.4.2009.

Softguide (2009): Aktuelle Marktübersicht – Versicherungssoftware, Software für Versicherungsagenturen und Versicherungsmakler. http://www.softguide.de/software/versicherung.htm. Abfrage: 3.4.2009.

Das Maklerverwaltungsprogramm aus der Sicht des Maklers

„Erfahrung ist fast immer eine Parodie auf die Idee."

Johann Wolfgang von Goethe

Die Anwender werden meistens nicht gefragt. Software wird hergestellt und zum Kauf angeboten. Dabei könnte man im Vorfeld von den Anwendern so viel lernen. Als Softwarehersteller sollte man die Geschäftsprozesse und die Wünsche und Bedürfnisse des Anwenders kennen. Das gilt selbstverständlich auch für die übrigen Geschäftspartner, z.B. die Versicherer, wie wir in diesem Buch an anderer Stelle erfahren.

Eine typische Anwendersicht eines typischen Maklers, aus der MVP-Hersteller lernen können, wird im folgenden Beitrag vorgestellt. Wünsche und Bedürfnisse muss ein Makler zunächst bei seinen Kunden erfragen und ermitteln. Das ist durchaus eine übertragbare Anforderung auf MVP-Hersteller.

Die Herausgeber

Das Maklerverwaltungsprogramm der Zukunft

Michael Salzburg

Das erste Maklerverwaltungsprogramm (MVP), mit dem ich in Kontakt kam, wurde Anfang der achtziger Jahre in der Mehrfachagentur meines Vaters eingeführt. Zusammen mit fünf Computerarbeitsplätzen kostete die Einführung 80.000,- DM. Das Programm war in Basic geschrieben und bot nur eine aus heutiger Sicht rudimentäre Datenhaltung. Immerhin war schon das Einpflegen von Vertragsdaten einer Gesellschaft mittels Bändern möglich, was allerdings das ganze Wochenende dauerte. Die Zuordnung einer fünfstelligen internen Ordnungsnummer war ein langwieriges EDV-Projekt, weil die fünf Stellen nicht zur Verfügung standen und von zwei anderen Datenfeldern abgeschnitten werden mussten. Nach einem Jahr Testphase wurde das Programm entnervt wieder abgeschafft und man kehrte zur alten Bearbeitungsweise zurück – Akten und Karteikarten.

Diese Bearbeitungsweise gibt es in einigen Maklerbüros auch heute noch, aber natürlich immer seltener und in nicht sehr langer Zeit wird sie ausgestorben sein. Heute ist ein MVP – in unterschiedlichster Ausprägung – Dreh- und Angelpunkt der meisten Maklerbetriebe.

Ursprünglich waren MVP nur Datensammelinstrumente, mit denen der Makler wie mit seinem Aktenschrank arbeitete – Daten hineinschrieb und wieder herausholte. Das ist auch heute zum großen Teil noch so, aber es findet hier ein Umdenken statt, weg von der reinen Datenhaltung, hin zur Unterstützung der gesamten Arbeitsabläufe in einem Maklerbetrieb. Das MVP der Zukunft wird prozessorientiert sein und den Makler in die Lage versetzen, seine betrieblichen Abläufe so zu modellieren, umzusetzen und zu kontrollieren, wie es für ihn optimal ist.

1 Anpassungsmöglichkeiten

Die elementare Funktion des MVP ist die Datenhaltung. Selbst, wenn man unterstellt, dass in Zukunft Vertragsdaten nicht mehr beim Makler vorgehalten, sondern on demand von den Gesellschaften bezogen werden, werden immer Informationen zu Kunden und Dritten beim Makler (oder bei einem Dienstleister des Maklers) verarbeitet werden.

Schwäche der heute üblichen Programme ist ihre mangelnde Flexibilität. Softwarehersteller haben eine bestimmte Vorstellung, welche Daten in welcher Struktur gespeichert werden sollten. Sie definieren Feldnamen, -formate, -längen etc. und legen fest, in welcher Anordnung diese Datenfelder in Ein- und Ausgabemasken erscheinen. So lange die Anwender damit zufrieden sind, gibt es keine Probleme; jeder weiß, wo welche Daten sich befinden. Wenn etwas geändert werden muss, erfolgt das zentral beim Softwarehersteller. Datenaustausch und -migration sind möglich etc.

In der Regel taucht beim Anwender aber schnell der Wunsch auf, weitere Informationen aufzunehmen, z.B. einen neuen Leistungsbaustein in einem Versicherungsprodukt oder

Feldinhalte zu verändern oder freie Texte hinzufügen zu können oder Masken zu verändern... Softwarehersteller reagieren auf solche Ansinnen, indem sie entweder Änderungen durch den Anwender nicht ermöglichen, sondern allenfalls nach Vorschlag und Prüfung selbst umsetzen, oder dem Anwender (in beschränktem Umfang) Möglichkeiten einräumen, Anpassungen selbst vorzunehmen. Beide Varianten haben ihre Nachteile:

- Erstere führt dazu, dass Anpassungen erst mit zeitlicher Verzögerung umgesetzt werden und auf individuelle Bedürfnisse einzelner Anwender oft nicht eingegangen werden kann.

- Die Zweite führt dazu, dass der Anwender Änderungen, die er selbst vorgenommen hat, weiter pflegen muss.

Gerade die zweite Alternative bringt eine Reihe von Nachteilen. Beispiel: Der Anwender vertreibt ein Versicherungsprodukt mit einem Leistungsmerkmal, das er gerne in den Vertragsdaten abbilden möchte, das MVP bietet diese Möglichkeit aber standardmäßig nicht. Der Anwender definiert ein neues Feld, welches er befüllt. Später führt der Softwareanbieter selbst eine Möglichkeit ein, den Leistungsbaustein zu erfassen. Die Folge ist, dass die Erfassungsmöglichkeit jetzt doppelt vorhanden ist. Der Anwender muss im Grunde die von ihm geschaffene Möglichkeit entfernen und die Daten manuell übertragen, sonst läuft er Gefahr, bei Selektionen nicht alle oder Verträge doppelt zu erfassen.

Sofern er eigene Felder einführt, die für die Berechnung einer Prämie relevant sind und Daten, z.B. über den GDV-Datensatz, einlesen möchte, wird es regelmäßig zu Falschberechnungen der Prämie kommen, weil mangels Übereinstimmung der prämienrelevante Faktor über den Datensatz zusätzlich eingelesen wird.

Eine eventuelle Migration in andere Programme, z.B. beim Wechsel des Anbieters, wird durch frei definierte eigene Datenbankfelder ebenfalls erschwert.

Trotz dieser Nachteile wird sich die „Friss oder stirb"- Philosophie nicht halten können. Die Maklerbetriebe und ihre Informationsbedürfnisse sind so individuell, dass das MVP daran angepasst werden können muss.

Die Herausforderung an das MVP der Zukunft liegt also darin, dem Anwender Anpassungsmöglichkeiten so intelligent zur Verfügung zu stellen, dass eine spätere Anpassung einfach möglich ist und auch bei erfassten Daten eine Umwandlung oder Überführung in andere Strukturen.

2 Dokumentenmanagement

MVPs brauchen ein Dokumentenmanagementsystem. Auch wenn der Trend eher zum Austausch strukturierter Daten geht, bleibt es bei einer enormen Menge an Dokumenten, die nicht nur bearbeitet, sondern auch gespeichert werden müssen. Die Ablage in Papierform ist ein Anachronismus, der hohe Kosten verursacht, die Arbeitsabläufe verkompliziert und verschwinden wird, soweit nicht rechtlich zwingend erforderlich.

Nicht nur Dokumente zu Geschäftsvorfällen müssen gespeichert werden; eine der größten Herausforderungen im Maklerbetrieb ist es, die Unmenge an Informationen, die täglich hereinkommen, zu bewältigen. Trifft eine Information ein, muss geprüft werden, ob sie relevant ist, ggf. für welche Mitarbeiter, ob sie redundant ist, ob sie vorhandene Informationen ergänzt oder ersetzt, sie muss aufgearbeitet werden und sie muss zu guter Letzt so archiviert werden, dass sie schnell zur Verfügung steht, wenn Sie gesucht wird. Auch hier sollte das MVP helfen, indem Wissensmanagement über das Dokumentenverwaltungssystem betrieben wird.

Mindestanforderungen an ein Dokumentenmanagementsystem sind

- Beliebig viele Ebenen der Dokumenteneinteilung müssen vorhanden sein,

- Möglichkeit, eine manuelle Verschlagwortung durchzuführen,

- Volltextsuche, auch bei pdf-Dateien etc.,

- Möglichkeit, Mehrfachbezüge herzustellen (das Dokument wird mehreren Ordnungskriterien zugeordnet, z.B. Kunde + Vertrag + Schaden, dabei nur einmal physisch abgespeichert).

3 Datenaustausch

Makler erfassen Daten in den unterschiedlichsten Programmen: Direkt im MVP, in der Tarifsoftware der Versicherer, in Vergleichsprogrammen, in Beratungstools, in Word- oder Exceldateien, in elektronischen Formularen etc. Am Ende sollen diese Daten immer im MVP abgespeichert sein und weiterverarbeitet werden können. Der Idealzustand wäre dabei, dass Daten zwischen den Anwendungen beliebig ausgetauscht werden können. Beispiel: Der Makler übergibt Kundendaten aus seinem MVP an eine Vergleichssoftware, gibt dort weitere Daten ein, berechnet ein Angebot, spielt die neuen Daten zurück in das MVP, übergibt den komplettierten Datensatz aus dem MVP an den Versicherer, erhält den Datensatz ergänzt um Versicherungsscheinnummer etc. vom Versicherer zurückgespielt in das MVP.

So werden Doppeleingaben und Medienbrüche vermieden, Fehlerquellen durch manuelles Übertragen von Daten eliminiert und der Prozess vom Kundenkontakt bis zur Policierung erheblich beschleunigt.

Das MVP der Zukunft wird Schnittstellen insbesondere für Vergleichs- und Analysesoftware haben. Der Versand von Deckungsnoten etc. wird nur noch elektronisch als strukturierter Datensatz, möglicherweise auf Basis der BiPRO-Normen erfolgen. Um die Datensicherheit zu gewährleisten, werden diese Daten über gesicherte Verbindungen versandt. Ich gehe davon aus, dass man hierzu das GDV-Branchennetz für Vermittler öffnen wird.

Für die Abfrage von Daten von den Hostrechnern der Versicherer ist derzeit meist noch ein Login in das jeweilige Extranet erforderlich. Da alle Versicherer andere Login-Verfahren und unterschiedliche Navigationsstrukturen verwenden, ist dieses Verfahren für den Makler, der mit einer Vielzahl von Versicherern zusammenarbeitet (und auch nach dem neuen VVG zusammenarbeiten muss), extrem umständlich. Das MVP der Zukunft wird daher diese Verfahren automatisieren. Es wird möglich sein, aus dem MVP heraus die gewünschte Information zum Kunden, Vertrag oder Geschäftsvorfall über Deeplink vom Großrechner des Versicherers abzurufen und in die entsprechende Maske des MVP zu übertragen.

4 Workflowmanagement

Im Maklerbüro werden hohe Anforderungen an Qualität und Geschwindigkeit der Bearbeitung gestellt. Idealerweise sollten gleiche Geschäftsvorfälle immer gleich bearbeitet werden, auch wenn unterschiedliche Personen damit befasst sind. Ebenso sollte die Bearbeitung so strukturiert sein, dass jederzeit sofort ersichtlich ist, was bisher unternommen wurde und was als nächstes erfolgen wird. Sachbearbeiter A muss einem Kunden von Sachbearbeiter B sofort Auskunft über einen Vorgang geben können, Urlaubs- und Krankheitsvertretung müssen problemlos möglich sein.

Um dieses Ziel zu erreichen, ist zunächst natürlich erforderlich, die Sollbearbeitungsweise zu definieren. Danach muss sie eingeführt werden – hierbei kann und muss das MVP mit einbezogen werden. Alles, was standardisiert abläuft, kann prinzipiell auch automatisiert werden. Einfache entsprechende Funktionen bieten heute schon die meisten MVPs, z.B. die Möglichkeit, Vorbelegungen in Masken zu definieren oder das automatische Vorschlagen von Wiedervorlagen beim Erzeugen von Dokumenten.

Die Entwicklung geht aber darüber hinaus – zu Vorgangsmanagementsystemen. Hier werden komplette Prozesse (z.B. Kunde will neues Auto zulassen) vordefiniert abgebildet und durch das MVP unterstützt, z.B. durch Vorgabe von Arbeitsschritten, automatisiertes Erzeugen von Dokumenten, Setzen von Terminen etc. Dadurch wird die Bearbeitung von Vorgängen nicht nur beschleunigt, sondern auch die Fehlerquote reduziert. Darüber hinaus ist die Kontrolle durch Vorgesetzte leichter möglich und es können Servicelevel definiert werden. Beispiel: Kunde bittet um Rückruf. Wenn ein solcher Vorgang im MVP definiert wird, kann auch geregelt werden, was passiert, wenn er nicht in einer bestimmten

Zeitspanne erledigt ist, z.B. automatische Weiterleitung an Vorgesetzte oder Vertreter. Nicht zuletzt ist durch solche Systeme auch ein effektiveres Controlling im Maklerbetrieb möglich.

5 Fazit

Das MVP ist schon jetzt (und wird es in Zukunft noch viel mehr sein) das zentrale Arbeitsinstrument des Maklers. Trotzdem sind seine Möglichkeiten noch lange nicht ausgeschöpft. In einer Zeit, in der Makler einen sehr hohen Aufwand durch administrative Aufgaben haben, ist die Weiterentwicklung dieses Instrumentes zwingend notwendig, um profitabel arbeiten zu können.

Maklerverwaltungsprogramme aus der Sicht der Maklerschaft insgesamt

„Lernen ist wie ein Meer ohne Ufer."
Konfuzius

Umfragen und Studien sind eine wertvolle Quelle, um auf der Basis geeigneter Informationen über Strategien und Projekte zu entscheiden. Versicherer neigen bekanntlich dazu, viele Dinge rein aus der eigenen Erfahrung heraus zu entwickeln. Lösungen, die für die Ausschließlichkeit gut funktionieren, werden für andere Vertriebswege „adaptiert". Oft wird versucht, diese den Anwendern einfach „überzustülpen". Versuchen Sie einmal, einem Japaner Forelle Blau als Sushi zu verkaufen. Der merkt das.

Die Kenntnis der Anforderungen der potenziellen Nutzer ist daher von entscheidender Bedeutung für richtige und zielführende Entscheidungen. Es würde den Rahmen dieses Buches bei weitem sprengen, hier vollständige Untersuchungsergebnisse präsentieren zu wollen. Nachfolgend erhalten wir Einblick in einige besonders wichtige Aspekte, die sehr eng mit der Entwicklung des Maklerverwaltungsprogrammes der Zukunft verknüpft sind.

Die Herausgeber

Was denken Makler über Maklerverwaltungsprogramme – aktuelle Umfrageergebnisse

Volker P. Andelfinger, Friedel Rohde

Die technische Kommunikation zwischen Versicherungsunternehmen und Maklern war im Jahre 2008 zum wiederholten Male Untersuchungsgegenstand des dvb-Makler-Audits der deutschen-versicherungsboerse.de. Ein Schwerpunktthema dieser Befragungen in den Maklerbüros bildete erneut das Thema Maklerverwaltungsprogramme. Einige wichtige Informationen und Ergebnisse aus dieser Studie stellen wir hier vor.

Auch an anderer Stelle in diesem Buch wird verdeutlicht, dass wir es in den Maklerunternehmen nicht mit einigen wenigen Softwareherstellern zu tun haben, die Maklerverwaltungsprogramme anbieten, sondern wir haben es mit einem relativ unübersichtlichen Markt zu tun. Immer wieder ist die Rede von 70-80 unterschiedlichen Programmen, aus denen sich ein interessierter Makler seine Software auswählen kann. Dieses ist zu relativieren.

Die aktuelle Studie dvb-Makler-Audit 2009 zeigt auf, dass sich fünf MVP auf dem Markt befinden, die einen Marktanteil von mehr als 5 % haben. Weitere acht Programme verfügen über einen Marktanteil von mehr als einem Prozent, so dass in der Summe 13 MVP angeboten werden, deren Marktanteil höher als ein Prozent beträgt. Den größten Marktanteil hat dabei das Programm AMS der AssFinet AG mit rund 15 %, gefolgt vom Service Office (Mapware) mit circa 9 %.

Weiterhin zeigt die Studie auf, dass knapp 15 % der befragten Makler auf den Einsatz eines MVP komplett verzichten. In der online durchgeführten Befragung wurde den Teilnehmern eine umfangreiche Liste von Maklerverwaltungsprogrammen zur Auswahl angeboten. 22,3 % der Befragten gaben an, ein eigenes oder ein anderes, nicht genanntes, Programm zu verwenden.

Wir können also davon ausgehen, dass

- bei keinem Programm von einer Marktdurchdringung gesprochen werden kann und

- "selbstgestrickte" Programme beziehungsweise Programme, die im Markt keine Bedeutung haben, sehr weit verbreitet sind. Auch bei der zweitgenannten Gruppe der MVP ist davon auszugehen, dass es sich wahrscheinlich um ursprünglich "selbstgestrickte" Programme handelt, die vertrieben werden.

- Addieren wir zu den vorgenannten Zahlen die Gruppe der Makler, die kein MVP einsetzen, kommen wir auf einen Summe von insgesamt fast 40 % von Maklern, die nicht oder für die Zukunft technisch ungenügend ausgerüstet sind.

Makler, die bisher auf ein Maklerverwaltungsprogramm verzichten, tun dies häufig, so ist immer wieder zu hören, weil sie aufgrund der Vielzahl von Lösungen verunsichert sind und sich nicht entscheiden können, welches Angebot das Richtige ist. Außerdem seien insbesondere die etablierten Programme häufig für kleine Maklerbetriebe zu teuer. Weit verbreitet ist auch die Nutzung der ohnehin vorhandenen Officepakete, so dass von einer gut strukturierten Ablage von Interessenten- und Kundendaten keinesfalls gesprochen werden kann.

Deutlich über 50 % derjenigen, die heute kein Maklerverwaltungsprogramm einsetzen, wollen auch zukünftig auf diese Unterstützung verzichten.

Ist eine Software erst einmal angeschafft, wird häufig bei den Updates gespart. Und auch bei Schulungen investieren die Makler offensichtlich nicht gerne. Die Leistungsfähigkeit der installierten Programme dürfte somit bei weitem nicht ausgeschöpft werden. Bei der Anschaffung wird gespart, Zusatzkomponenten bleiben außen vor, es erfolgt keine Nutzung von Updates und mangels Schulung werden im Potenzial dessen, was installiert ist, vorhandene Möglichkeiten nicht ausgenutzt.

Mehr als die Hälfte der Anwender ist mit dem System, welches ihnen zur Verfügung steht, dennoch zufrieden. Eine durchaus nicht zu vernachlässigende Gruppe von Anwendern ist jedoch alles andere als zufrieden. Von ihnen sind mehr als die Hälfte mehr oder weniger stark wechselbereit. Tatsächlich wechseln jedoch aufgrund der oft unüberwindbaren Hürden bei einer Migration nur wenige. Lieber arrangieren sie sich mit den Gegebenheiten des aktuellen Systems, als dass sie es riskieren, die angesammelten Interessenten- und Kundendaten mangels geeigneter Migrationsmöglichkeiten erneut in einer neuen Software erfassen zu müssen.

Bei den von den Anwendern gewünschten MVP-Funktionen finden wir an erster Stelle ein Dokumenten-Management-System. An zweiter Stelle folgt eine Historisierungsmöglichkeit, danach die Beratungs-Dokumentation und knapp die Hälfte der Befragten wünscht sich eine GDV-Datenschnittstelle. Rund ein Drittel der Befragten gibt außerdem an, Schnittstellen zu anderen Programmen zu benötigen.

Bei dieser Wunschliste wird deutlich, dass die Anforderungen der Anwender über die Kernfunktionen eines Maklerverwaltungsprogrammes, wie es die Sichtweise der Herausgeber dieses Buches ist, wesentlich hinausgehen. Für den Anwender stehen selbstverständlich die Funktionen und der Nutzen im Vordergrund, ihm ist es egal, auf welche Weise die Funktionen realisiert werden. Steht eine Funktion nicht optimal und reibungslos zur Verfügung, folgen selbstverständlich Kritik und Unzufriedenheit. Genau hier steckt der gedankliche Ansatz, Funktionen dort zu entwickeln, wo sich die Kernkompetenz befindet.

Die Rolle der Versicherer: Integration in fremde Software-Umgebungen

„Die Reparatur alter Fehler kostet oft mehr als die Anschaffung neuer."

Wieslaw Brudzinski

Versicherer versenden in regelmäßigen Abständen teure CDs oder sogar DVDs und haben keinerlei Kontrolle darüber, was damit geschieht. Werden sie installiert, oder landen sie nur auf einem Stapel? Werden sie gar als Bierdeckel missbraucht? Oder: Was bringt welche technische Komponente in einem Extranet an Ersparnis für den Versicherer, profitiert gar der Makler als Anwender, indem er Zeit spart?

Die Projekte, die bei den Versicherern jedes Jahr umgesetzt werden, erhalten kaum jemals grünes Licht, wenn nicht vorab eine genaue Kosten-Nutzen-Analyse erstellt wurde. Vieles lässt sich sicherlich messen und wiegen. Vieles muss indes auch einfach politisch entschieden werden. Will ich als Versicherer den Vertriebskanal Makler stärker nutzen, muss ich mich auch mit ganz grundsätzlichen Fragestellungen auseinandersetzen, muss mich mit den Geschäftspartnern, den Maklern, intensiv befassen, ihre Geschäftsprozesse kennen lernen, Wissen über das dort anzutreffende IT-Umfeld sammeln und auswerten. Und die Wünsche und Bedürfnisse der Makler erfragen. So, wie es der Makler bei seinen Kunden tut. Die Wege, die dabei eingeschlagen werden können, sind vielfältig.

Die Herausgeber

Die Rolle der Versicherer beim Maklerverwaltungsprogramm der Zukunft – Softwareinseln oder IT-Integration mit firmenübergreifenden Geschäftsprozessen?

Volker P. Andelfinger

In der Vergangenheit und auch heute noch befassen sich Versicherer sehr wenig mit ihrer eigenen Rolle bei der weiteren Entwicklung der Maklerverwaltungsprogramme (MVP). Selbst renommierte Maklerversicherer haben dieses für die Makler so entscheidende technische Instrument kaum im Blick. Dabei müsste es das sein. Wenn wir davon ausgehen, dass es im Grunde das wichtigste Arbeitsinstrument des Maklers ist, muss das Ziel des Versicherers doch folgerichtig sein, sich dort mit seinen Produkten und Diensten, also auch mit der eigenen Technik, bestmöglich zu integrieren.

Diese Medaille hat wie immer zwei Seiten, die wir hier betrachten wollen. Wie sieht der Makler die Rolle des Versicherers und welches Verständnis hat der Versicherer von dieser Rolle?

Beziehen wir zunächst den Standpunkt des Maklers und schauen uns seine Erwartungen an den Versicherer an. Der Fokus der Versicherer liegt nach seinem – des Maklers – Erleben auf dem Vertrieb der vorhandenen Produkte, oft sogar Produkte, die in ihrer Entwicklung nicht speziell auf die Belange und Wünsche der Makler abgestimmt sind. Der Fokus liegt auf Marketing, Produktionszahlen, dem Ausbau des Geschäfts. Er liegt bisweilen auf Themen der organisatorischen oder auch technischen Zusammenarbeit, erschöpft sich aber in aller Regel schon mit Softwareverteilung per CD oder mittlerweile sogar DVD, oder das VU konzentriert sich auf den Betrieb und evtl. noch Ausbau eines Makler-Extranets. Da Versicherer aus vielerlei Gründen einem erheblichen Sparzwang unterliegen, lassen die Entwicklungen in der Zusammenarbeit mit Maklern durchaus erkennen, dass man bestrebt ist, die Arbeitsbelastung im eigenen Haus zu verringern, was grundsätzlich nichts Verwerfliches darstellt. Nur wird die Notwendigkeit, die Geschäftsprozesse der Geschäftspartner, der Makler, dabei ebenfalls zu beachten, in den meisten Fällen sträflich außer acht gelassen. Makler stellen sich die Frage, ob sie die „Ameisen" der Versicherer werden sollen. Häufig empfinden sie die Industrialisierungsbestrebungen der Versicherer als Verlagerung von Tätigkeiten hin zum Geschäftspartner Makler. Jedenfalls steht in aller Regel der Service des Versicherers, den der Makler erwartet, nicht im Vordergrund.

Hinzu kommt in der Zusammenarbeit häufig ein Datenaustausch im GDV-Format eNorm, den die Versicherer jedoch in sehr unterschiedlicher Qualität beherrschen. Zwar sind die eNorm-Datensätze abwärts kompatibel, jedoch sagt dies noch lange nichts über die Qualität der Umsetzung oder die umfängliche oder weniger umfängliche Nutzung der inhaltlichen Möglichkeiten aus, die diese Norm bietet. Auch die Zyklen der Bereitstellung sind sehr unterschiedlich. Da kann es durchaus sein, dass aus einem Haus je nach Produkt oder Bestandssystem unterschiedliche GDV-Datensätze, was Entwicklungsstand (Release) oder den Umfang der Befüllung der Datensätze betrifft, kommen. Stellen Sie sich also einfach vor, Sie seien Makler und Sie würden von einem Versicherer A für die Sparte KFZ vollständige eNorm-Sätze nach dem Release 2007 bekommen, in Leben unvollständige rudimentäre Daten nach Release 1997, für Hausrat halbgefüllte Datensätze nach Release 2000. Sie erhalten diese Sätze wöchentlich einmal. Von Versicherer B erhalten Sie täglich Datensätze nach Release 2007, von Versicherer C monatlich nach Release 1997, von Versicherer D auf Wunsch einmalig einen Komplettbestand. Und wenn Sie den Komplett-bestand nicht eingelesen haben, können Sie die Folgelieferungen, die nur Änderungen enthalten, nicht vernünftig einlesen. Leider hat Versicherer E die Felder X und Y falsch interpretiert und deshalb mit falschen Inhalten gefüllt. Und die Inkassosätze haben ein anderes Lieferdatum, als die Bestandssätze. An die Schadendaten über das GDV-Branchennetz kommen Sie als „kleiner" Makler gar nicht heran, Sie sind Makler, kein Anwalt, keine Werkstatt, kein KFZ-Sachverständiger. Anders ausgedrückt: Die Belieferung der Makler mit eNorm-Datensätzen ist für Makler extrem wichtig, um zeitraubende Datenerfassung zu verringern. Makler sind darauf angewiesen, dass Versicherer diese Tatsache erkennen und würdigen, ernst nehmen und diese Form des Datenaustausches qualitativ deutlich verbessern, wohingegen die aktuellen Diskussionen – im Grunde seit Mitte 2008 – um die Zukunft der eNorm eher das Gegenteil befürchten lassen. Tagesaktuelle und aussagekräftige Bestandssichten ermöglichen diese Wege des Datenaustausches jedenfalls derzeit noch nicht. Die Kritik der Makler an diesem Zustand ist nicht zu überhören.

Eine ganze Reihe von Versicherern ist mittlerweile Mitglied der BiPRO, der Brancheninitiative Prozessoptimierung. Dazu können Sie an anderer Stelle in diesem Buch ausführlicher lesen. Jedoch ist es noch ein weiter Weg, bis sich die dort erarbeiteten Normen zu Standards entwickeln und auch tatsächlich flächendeckend auswirken, was dringend nötig ist. Versicherer, die es gewohnt sind, keine Standards zu nutzen, sondern Technik selbst und für ihre eigenen Belange zu entwickeln, sind offenbar schwerlich davon zu überzeugen, dass sie mit Standards preiswerter und schneller zum Ziel kommen können. Sich mit Individuallösungen bei Geschäftspartnern in deren Abläufe integrieren zu wollen, überfordert jedoch diese Partner und deren technische Zulieferer in großem Maße. Es ist ein teurer Trugschluss, die Meinung zu vertreten, man könne sich mit individuellen Lösungen von der Masse abheben. Im Maklermarkt gelingt das Abheben von der Masse sehr viel eher mit geeigneter Produktentwicklung und -gestaltung, oder mit schnellem und kompetentem Service. Und mit bestmöglicher Integration in die Arbeitsabläufe im Maklerbüro. Und hier steckt das Potential der BiPRO-Normen. Während die Entwickler der GDV-eNorm nicht die Möglichkeit haben, neben den inhaltlichen Normen der Datensätze auch die Prozesse zu normieren, kann genau hier im Rahmen der BiPRO der Hebel angesetzt werden. Vor dem Hintergrund der Freiwilligkeit der tatsächlichen Umsetzung durch die Versicherer sind wir damit aber nach wie vor bei einer Norm und nicht bei einem Standard, denn der wird erst geschaffen, wenn die Norm in der Masse umgesetzt wird. Was aus Sicht der Makler ein großer Fortschritt wäre.

Andere und manchmal auch dieselben Versicherer nutzen Indatex als Brücke zu den Maklern. Indatex hat sich seit einigen Jahren als kommerzieller Anbieter von Brückenlösungen zwischen Versicherern und Maklern zu etablieren versucht. Flächendeckend ist dies aber bisher nicht gelungen. Die Brücke soll vom Versicherer direkt in die Maklerverwaltungs-programme führen. Rund 70 bis 80 – es gibt keine eindeutigen Aussagen – unterschiedliche Maklerverwaltungsprogramme sind hierzulande käuflich zu erwerben. Hinzu kommt eine unbekannte Zahl von Lösungen, die individuell entwickelt wurden. Andere Makler wiederum nutzen CRM-Systeme oder behelfen sich mit Excel und Co. Und wir dürfen nicht vergessen, dass es auch noch eine ganze Reihe von Maklern gibt, die nach wie vor gar kein EDV-technisches System zur Verwaltung ihrer Kunden und Bestände nutzen. Sie vertrauen nach wie vor auf Papier.

Außer Indatex finden wir eine kleine Zahl weiterer kommerzieller Brückenanbieter im Markt. Wenn dann also ein Anbieter sagt, er habe eine bestimmte Anzahl Maklerverwaltungsprogramme angebunden, dann lässt sich die prozentuale Abdeckung des Maklermarktes – ob nach Maklerbüros, nach Lizenzen, nach Anwendern oder gar Bestandsgrößen – nur sehr schwer und vorsichtig schätzen, jede Zahl wäre eigentlich reine Spekulation, jedenfalls nicht als gesicherte Erkenntnis zu werten.

Pools, Verbundsysteme und Dienstleister sind weitere Bindeglieder zwischen Versicherer und Makler. Wer den Markt beobachtet, erkennt, dass es einen Trend gibt, demzufolge Makler sich vermehrt Pools anschließen, viele nutzen bis zu fünf Pools gleichzeitig. Pools bringen vielen Maklern erst den Zugang zu Produkten, die ihnen als einzelner Makler verwehrt bleiben. Sie versprechen sich eine gewisse Vorauswahl im Sinne einer ausgewogenen Marktuntersuchung, somit ein geringeres Haftungsrisiko und andere Vorteile, wie auch immer diese Vorteile sich dann in der Praxis oder im Haftungsfall auswirken mögen. Auch hier spielen Maklerverwaltungsprogramme eine Rolle. Zum Teil bieten diese Bindeglieder, Zwischenhändler, eigene Systeme an, über die die Makler auf ihre vermittelten Bestände Zugriff haben. Was auch logisch erscheint, denn auch der Pool muss ja „seine" Bestände kennen. Für die Makler stehen die Systeme oft online, aber auch offline zur Verfügung, zumindest nach einem gewissen Datenabgleich. Damit stellt sich nun die Herausforderung, die Bestandssysteme der Versicherer, die der Pools und die der Makler, die Maklerverwaltungsprogramme, miteinander abzugleichen, zu verbinden und im besten Fall in Einklang zu bringen. Je nach Geschäftsmodell übernimmt hier der Pool aus Sicht des Versicherers die Rolle des Maklers als Geschäftspartner, oder der Versicherer hat es im Einzelfall auch direkt mit dem Makler selbst zu tun. Die Herausforderungen steigen also in jedem Fall an.

Makler, die sich eine deutlichere Integration der IT-Systeme wünschen, die sich durchgängige Geschäftsprozesse wünschen, die sich über jedes gesparte Eingabefeld freuen, können also derzeit noch lange nicht wunschlos glücklich ihre Arbeit erledigen. Ihre Anforderung an die Versicherer, diese mögen sich wesentlich mehr für ihre – die der Makler- Geschäftsprozesse interessieren und diese in den Entwicklungen berücksichtigen, bleiben weitgehend unerfüllt. Stattdessen werden sie häufig noch als Vertriebsweg gesehen, als steuerbarer Vermittler, der sich mit den Mitteln und Wegen der Versicherer abfinden soll. Makler sollen den Wunsch der Versicherer erfüllen, deren Wachstum voranzutreiben, wurden im Zuge der gesetzlichen Veränderungen der letzten Jahre immer stärker mit administrativen Tätigkeiten belastet und benötigen nun geeignete Werkzeuge, um hierfür einen Ausgleich zu schaffen. Dazu müssen die Versicherer ihren Beitrag leisten.

Wechseln wir die Sicht: Wie sieht das alles ein Versicherer? Ein Versicherer tut sich naturgemäß mit einer Ausschließlichkeitsorganisation leichter. Da benötigt er eine einzige Technik. Er kann sowohl die Hardware, als auch die Software vorgeben. Er trifft alle Entscheidungen selbst. Die Ausschließlichkeit nutzt genau die Technik, die sie vom Dienstherrn bekommt. Das spielt hier auch kaum eine Rolle und führt zu keinerlei echten Diskussionen, schließlich ist für alle Anwender das System identisch, es wird gut geschult, man kennt sich damit aus. Herausforderungen ergeben sich hier allenfalls bei Mergers & Acquisitions und den daraus entstehenden Notwendigkeiten und Verwerfungen, auch technischer Art.

Will ein Versicherer nun aber auch mit Maklern arbeiten – was die meisten tun wollen, man spricht aktuell von über 80% aller Versicherer, die den Maklervertrieb auf- oder ausbauen wollen – stellen sich ihm ganz neue Herausforderungen. Was soll er tun, was soll er an technischer Unterstützung anbieten? Seine eigene hausgemachte Software verteilen? Ein Extranet bauen? GDV-Datenaustausch? Oder doch lieber über einen Dienstleister gehen? Indatex? Sind es die Pools, die den besten Weg bieten? Soll er sich BiPRO anschließen? Oder alles gleichzeitig? Es stellt sich die Frage nach Ressourcen, Manpower und Geldmitteln, Priorisierung der Projekte, die Frage nach dem richtigen Weg für den größtmöglichen Erfolg. Kosten und Nutzen werden abgewogen und das Gefühl bleibt: Ich Versicherer stehe hier an einer Weggabelung mit viel zu vielen Abzweigungen. Jetzt bleibe ich hier erst mal stehen und überlege…

Er kann natürlich versuchen, dem Makler die hauseigene Software zur Verfügung zu stellen. Wenn sie einfach zu bedienen ist, leicht und schnell zu installieren, leistungsfähig erscheint, wenn die Softwarepflege ohne Mühe geschieht. Sofern der Makler regelmäßig Produkte des jeweiligen Versicherers verkauft, gibt es eine gewisse Wahrscheinlichkeit, dass der Makler diese Software nutzt. Ergebnisse der Studie dvb-Makler-Audit der deutsche-versicherungsboerse.de aus 2008 und 2009 zeigen hier allerdings enge Grenzen auf. Was den Installationsaufwand für Versicherer-Software in den Maklerbüros angeht, so ist die Geduld nach spätestens 10 bis 15 Minuten pro Software zu Ende. Fast 60% der befragten Makler akzeptieren maximal 10 Minuten. Die offenen Kommentare der Makler, die in den Studien wiedergegeben werden, lassen Versicherer-Software als „notwendiges Übel" erkennen. Was das für die dauerhafte Aktualität der installierten Software bedeutet ist ebenfalls klar. Da gehen schon mal Updates unbemerkt unter. Wie aber soll nun der Makler die Tarifierungen bekommen? Im einfachen Breitengeschäft wird es kaum noch Versicherer geben, die diese Arbeit im Einzelfall für den Makler übernehmen. Das passt nicht zu den Industrialisierungsgedanken der Branche.

Die Softwarelösungen von Versicherern, die wir heute im Marktumfeld sehen, erfreuen sich also unterschiedlicher Beliebtheit. Die Ergebnisse beispielsweise des Makler-Audit der deutsche-versicherungsboerse.de aus 2008 zeigen, dass nur wenige Programme weitestgehend problemlos eingesetzt werden, wohingegen viele andere bei den Maklern durchfallen. Welche Eigenschaften werden geschätzt? Schnelle und unproblematische Installation, einfache, möglichst selbsterklärende Bedienung, schnelle Ergebnisse, Vermeidung von Konflikten mit anderer Software, Schnittstelle zum Datenaustausch z.B. mit einem Maklerverwaltungsprogramm.

Gerade letzteres bildet die Ausnahme. Und gerade letzteres würde die Integration in die Softwarewelt des Maklers am ehesten unterstützen und mehrfache Datenerfassung reduzieren.

Makler-Extranets, online, immer aktuell, der Rettungsanker. Jedoch auch die stehen auf Seiten der Makler häufig in der Kritik und bei weitem nicht alle Versicherer haben die Nutzungszahlen erreicht, die sie sich erhofft hatten. Die erste Hürde zeigt sich schon beim Login. Wir finden Lösungen, die mit Benutzername und Passwort auskommen, solche, die zusätzlich mit Token ausgestattet sind, was die Sicherheit genau so erhöht, wie den Aufwand und wir finden Lösungen, die der Installation von Zertifikaten bedürfen. Wir finden Lösungen, bei denen ein ganzes Maklerbüro mit ein und demselben Zugangsschlüssel arbeitet und solche, die jeden Mitarbeiter separat berechtigen, was im Sinne von IT-Sicherheit und Datenschutz zu präferieren ist.

Aus eben diesen Gründen der IT-Sicherheit und des Datenschutzes ist es im Grunde erforderlich, dass jeder Anwender einen eigenen Zugang bekommt. Arbeitet ein Makler mit 30 Versicherern und nutzt dabei in 20 Fällen bereitgestellte Extranets und hat er 10 Mitarbeiter, dann müsste er 200 unterschiedliche Zugangsdaten verwalten, zum Teil zusätzlich Tokens organisieren oder Zertifikate auf den Rechnern installieren. Auch in einem Maklerbüro kann es mal Personalwechsel geben, auch das ist zeitnah zu verwalten. Ohne ein einheitliches Single-Sign-On wird das auch in Zukunft kaum zur Freude der Anwender gereichen. Seit Jahren schon fordern Initiativen der Makler und deren Verbände ein Single-Sign-On für die Branche. Die Versicherer haben es in der Hand, auf diesem Weg die Nutzungszahlen deutlich zu erhöhen. Und es bedeutet ein neues Denken und zunächst auch zusätzliche Kosten. Versicherer müssen sparen, auch wenn sie es nicht müssen.

Ein erster Ansatz, die Hürde des Login zu verringern, wäre übrigens schon die Verlegung der Grenzen, also die genaue Prüfung, welche Informationen tatsächlich so schützenswert sind, dass sie hinter das Login gehören. Hier scheint noch viel zu oft zu vorsichtig agiert zu werden, anstatt weniger kritische oder gänzlich unkritische Bereiche öffentlich zu belassen. Die Frage der Versicherer lautet also in diesem Fall: Wo ziehe ich die Grenze sinnvollerweise?

Weitere Hürden sind die Benutzerfreundlichkeit (dvb-Makler-Audit: „Die Benutzerfreundlichkeit wird von 51 % der befragten Makler bemängelt".) und die Unübersichtlichkeit, denn in einem Extranet mit einem breiten Angebot muss sich der Anwender erst einmal zurechtfinden. Was eigentlich eine Art Katze zu sein scheint, die sich selber in den Schwanz beißt: Schließlich wollte der Betreiber eines Extranets ja möglichst viel Leistung in sein Extranet packen. Das ist gut und löblich. Gleichzeitig findet der Makler aber das, was er sucht, in der Masse meist schlechter, oder zumindest mit höherem zeitlichem Aufwand. Technik, die das verbessern kann, ist jedoch in den Extranets der Versicherer noch nicht angekommen. Die Frage, die sich der Versicherer hier stellt ist also: Wie und wo investiere ich in die (Weiter-)Entwicklung? Aufwändige Untersuchungen mit Eye-Tracking zur Optimierung der Portale? Tag-Clouds? Chat-Bots?

Die Extranets der Versicherer sind also demnach für Makler ebenso ein Quell von Freude und Leid. Auch hier ergeben sich wieder wertvolle Hinweise aus dem dvb-Makler-Audit 2008. Eine Reihe von Versicherern hat gute Arbeit geleistet und treibt die Entwicklung weiter voran, während andere nur mäßige oder schlechte Noten bekommen.

Ein Wunschtraum wäre sicher noch eine einigermaßen einheitliche Navigationsstruktur innerhalb der Extranets. Das würde nicht nur den Anwendern helfen, sondern auch den Versicherern zu mehr Akzeptanz ihrer Portale verhelfen, die besonders reichhaltige Inhalte anbieten. Denn es ist einerseits richtig und gut gemeint, möglichst viele Inhalte zu bieten, jedoch erhöht das natürlich den Suchaufwand innerhalb des Portals für den Anwender, der gezielt eine bestimmte Information oder einen Service sucht.

Bestimmte Verfahren, wie Deep Link, z.B. nach BiPRO-Norm, würden eine gewisse Integration der Inhalte von Extranets in die Welt der Maklerverwaltungsprogramme zulassen. Der Aufruf von Kundeninformationen direkt aus dem MVP heraus, ohne das MVP verlassen zu müssen und ohne eine Eingabe von Login-Daten wäre ein enormer Komfort- und Zeitgewinn.

GDV-Daten, gar nicht so einfach. Der GDV hat bei seinen Mitgliedern nachgefragt, wie viele Unternehmen den GDV-Datensatz nach eNorm nutzen. Es sind über 80%. Das ist eine ganze Menge. Sagt aber nichts darüber aus, welche Energien in Projekte fließen müssen, die dafür Sorge tragen sollen, dass dieser Datenaustausch in hoher Qualität, also exakt nach der vorgegebenen Norm und mit vollständiger Befüllung erfolgen kann. Und das auch noch auf Wegen, die es dem Makler einfach machen, an die Daten heranzukommen, ohne auch hier die Sicherheit außen vor zu lassen. Und dem Versicherer bietet sich auf der Seite der Makler kein einheitliches Bild. Soll er nun den Lieferzyklus täglich, wöchentlich, monatlich, auf Wunsch einrichten, oder muss er das individuell zulassen? Wie bekommt er seine unterschiedlichen Bestandssysteme so eingebunden, dass die Daten zu den unterschiedlichen Sparten auch zusammen passen? Wie wir zuvor – aus Maklersicht betrachtet – gesehen haben, wurde diese Frage von Versicherern sehr unterschiedlich beantwortet. Viele Versicherer würden sich hier über eine einheitliche Linie, eine einheitliche Aussage der Makler freuen, die es jedoch ebenso wenig gibt. Es gibt ihn nicht, den einen großen Maklerverband, mit dem man solche Fragen klären könnte. Aus Versicherersicht bedeutet das meist keine große Entscheidungshilfe.

Die Nutzung des Datenaustausches im eNorm-Format des GDV sollte für Versicherer im Maklerumfeld jedenfalls keine Frage, sondern Selbstverständlichkeit sein. Auch keine Frage, das bedeutet einiges an Aufwand und Pflege. Es bieten sich jedoch bei Nutzung der unterschiedlichen Datensatzformate Vorteile auf beiden Seiten. Leider ist dieser Datenaustausch viel zu oft das Stiefkind der IT geblieben und in den meisten Fällen wird das Potenzial bei weitem nicht genutzt. Meist beschränkt sich der Datenaustausch auf den unidirektionalen Weg vom Versicherer zum Vermittler, in Form von Bestandsdaten, vielleicht noch Inkassodaten.

Das vom GDV veröffentlichte Abrechnungsverfahren, in diesem Fall sogar prozessual beschrieben, wird nach wie vor kaum beachtet, was dem Aufwand, der hier mit viel Herzblut betrieben wurde natürlich nicht gerecht wird. Den Antragsdatensätzen für KFZ geht es nicht besser und am Schadennetz können sich die meisten Vermittler nur theoretisch erfreuen. In diesen Lösungen gibt es noch eine ganze Menge Potenzial, ungenutztes Potenzial.

Ein Versicherer wird in der Zusammenarbeit mit Maklern an der einen oder anderen Stelle dennoch nicht um individuellen Datenaustausch herum kommen, insbesondere wenn es um große Geschäftsverbindungen geht. Aber nur dort und in Ausnahmefällen ist ein individualisierter Datenaustausch sinnvoll oder notwendig.

Die Aufzählung der Problemstellungen ist hier sicher noch nicht vollständig. In jedem Fall wird es für den Versicherer bedeuten, dass er sich nicht auf einen einzigen Weg beschränken kann. Er wird, um eine möglichst große Gruppe seiner potenziellen Geschäftspartner zu erreichen, mehrere Wege parallel anbieten müssen, um die unterschiedlichen Vorlieben zu berücksichtigen. Und nur mit einigen speziellen Vorgehensweisen ist eine echte, gewinnbringende Integration in die IT-Landschaft der Makler machbar.

Wo liegen die konkreten Handlungsfelder? Im Wesentlichen sind es:

- Software zur lokalen Installation auf Clients oder Servern wird weiterhin benötigt, Hybridlösungen führen zur neuen Always-Online-Welt

- Schaffung und/oder Ausbau eines Extranets, gleichzeitig deren Zerlegung in ihre Bestandteile, in Webservices

- Standardisierter Datenaustausch in genormten Formaten, hier kann es derzeit nur die eNorm geben

- Individueller Datenaustausch für besonders wichtige Geschäftsverbindungen

- Integration der eigenen Techniklösungen in fremde Umgebungen, wie z.B. Maklerverwaltungsprogramme, Vergleichsprogramme, Online-Angebote von Dienstleistern und Pools muss zum Ziel erklärt werden

- Die Erkenntnis: Das Maklerverwaltungsprogramm ist das zentrale Werkzeug des Maklers

- Nutzung von normierten Verfahren auch in der Umsetzung der Geschäftsprozesse

- Ohne die genaue Kenntnis der Prozesse in den Maklerbüros kann keine Technikintegration sinnvoll entstehen

- Intelligente maklergerechte Produktentwicklung

Vor dem Hintergrund, dass wir zwar insgesamt auf einem Weg zu immer mehr Online-Aktivität sind, jedoch gleichzeitig nach wie vor insbesondere einige ländliche Gebiete unterversorgt sind, was schnelle Internetzugänge angeht, bleibt nichts anderes übrig, als das Angebot an technischer Unterstützung für die Geschäftspartner sowohl online, als auch offline, also lokal installiert, auszurichten. Versicherer müssen weiterhin Software zur lokalen Installation bereit stellen und gleichzeitig ein internetbasiertes Angebot ausbauen. Hybrid-Lösungen stellen den Weg für die Übergangszeit dar. Der Regler kann dabei Schritt für Schritt in Richtung Online verschoben werden. Wobei wir mittlerweile eine ganze Reihe von Versicherern sehen, die bei aktuellen Entwicklungen voll und ganz auf Always Online setzen. Hinderlich sei nach deren Auffassung eher der psychologische Aspekt. Die Vertriebe sind meist noch nicht so weit, sich auf die Online-Lösungen verlassen zu wollen. Und so lange es den Internet-Providern nicht gelingt, durch Kooperation oder andere geeignete Maßnahmen stundenlange Ausfallzeiten, die zwar selten sind, aber dann womöglich zur besten Verkäufer-Zeit, zu vermeiden, lassen sich viele Kollegen im Vertrieb auch weiterhin nicht überzeugen.

Eine bessere Integration der EDV der Versicherer in die EDV der Makler und insbesondere in die MVP versprechen Ansätze aus der Welt der Service Orientierten Architektur, SOA, Stichwort Webservices. Natürlich ist es ein erster gangbarer Weg, z.B. Extranet-Teile „white label" anzubieten, um sie in fremde Portale einzubinden, eine Art unsichtbare Verlinkung. Viel mehr Potenzial scheinen jedoch Webservices zu bieten. Sie lassen sich nicht nur in fremde Portale, sondern auch in fremde Client- und Server-Welten integrieren. Sie bieten den Vorteil, dass eine einzige Entwicklung in einer Vielzahl anderer Umgebungen eingesetzt weil integriert werden kann. Das reduziert die Entwicklungs- und Testaufwände, außerdem die Softwarepflege, damit also auch die Kosten. Wenn dies dann auch noch nach Normen und Standards geschieht, erhöht das auch noch die Bereitschaft von Softwareherstellern, diese Dienste in die eigene Software einzubauen und somit einer viel größeren Anwenderzahl zugänglich zu machen. Webservices ermöglichen firmenübergreifende medienbruchfreie Geschäftsprozesse, wie beispielsweise die eVB-Lösung über die Webservices der GDV-Dienstleistungsgesellschaft in Hamburg zeigt, die außerdem die Möglichkeit der Erweiterung auf andere Prozesse möglich erscheinen lässt.

Ein anderer Weg der Integration in Makler-EDV besteht in den Angeboten von Dienstleistern, wie Indatex und anderen, oder in gedanklichen Ansätzen wie wir sie bei Prometheus finden, was hier noch keine Bewertung der tatsächlichen Umsetzungschancen ermöglicht. Oder in Gedankenansätzen der GDV Dienstleistungs-GmbH & Co. KG, das eVB-Verfahren auf andere Geschäftsprozesse, z.B. KFZ-Antrag, auszuweiten. Hier gilt es im Einzelfall abzuwägen, wobei eine Branchenlösung z.B. unter Nutzung des GDV-Branchenetzes einen großen Charme zu versprühen scheint.

Bei allen Entwicklungen sollten Versicherer prüfen, ob die Nutzung von Normen und standardisierten Verfahren in Frage kommen. Nur wenn dies nicht möglich ist, sollten individuelle Wege gegangen werden. Die Hersteller von Maklersoftware im weitesten Sinne, von MVP oder Vergleichsrechnern im besonderen, sind überfordert, wenn sie mit einer Vielzahl nicht standardisierter technischer Schnittstellen konfrontiert werden.

Im Grunde untechnisch, aber dennoch ein grundlegender Baustein ist die Produktentwicklung. Natürlich hat die Produktentwicklung der letzten Jahre eine große Dynamik erreicht. Und je besser die technischen Möglichkeiten werden, umso diversifiziertere Ideen können Produktentwickler ersinnen. Das ist ein grundsätzliches IT-Phänomen. Die Hardware wird besser, also können aufwändigere Softwareentwicklungen ermöglicht werden. Mächtigere Software erfordert wiederum leistungsfähigere Hardware. Und die Anwender wollen diese steigende Leistungsfähigkeit nutzen. Die Integrierbarkeit der technischen Lösungen, die aus Produktentwicklungen resultieren, sollten also sehr früh mit in das Kalkül einbezogen werden.

Ein letzter Satz: Hat ein Versicherer erkannt, dass nicht die eigene Software, die er per CD oder im Downloadverfahren verteilt und auch nicht sein Makler-Extranet das wichtigste Werkzeug des Maklers sind, sondern dessen Makler-Verwaltungsprogramm, und dass die Geschäftsprozesse im Maklerbüro andere sind, als bei ihm selbst, dann ist bereits der wichtigste Gedankenschritt getan.

Die PremiumSoftware: Ein modernes, aber komplexes Vergleichs-Software-Konzept

„Alle großen Dinge sind einfach und viele können mit einem einzigen Wort ausgedrückt werden: Freiheit, Gerechtigkeit, Ehre, Pflicht, Gnade, Hoffnung."

Winston Churchill

Genauso einfach, wie es im obigen Zitat Winston Churchill ironisch mit den genannten Begriffen meint, ist Vergleichs-Software für Versicherungs- und Finanzprodukte – könnte man auf den ersten Blick meinen. Man muss ja nur ein „paar Bedingungen" vergleichen, die sich zwischen Anbietern wohl nicht so stark unterscheiden werden. Könnte man meinen. Und viele Vergleichsrechner im Internet, die in Wirklichkeit nur Adress-Generatoren für Leads-Anbieter sind, gaukeln dem unbedarften Verbraucher dies auch so vor, indem sie aufgrund von wenigen Parametern (die die schmale Schnittmenge an Versicherungsbedingungen unterschiedlicher Anbieter abbilden) ausschließlich Prämien vergleichen.

Für Vermittler sind diese Vergleichsrechner ungeeignet, da sie sein Haftungspotenzial maximieren. Schadenersatzklagen oder Beschwerden beim Ombudsmann haben norma-lerweise nicht die Prämienhöhe zum Inhalt, sondern unerwartete Ausschluss-Sach-verhalte. Und gerade die können natürlich in den einfachen Vergleichsrechnern eben nicht abgebildet werden. Wenn man das aber in einer Vergleichssoftware macht, so wie die Autoren des folgenden Beitrags, dann wird die Angelegenheit sehr schnell sehr komplex. Und über diese Komplexität konstruiert sich auch der Bezug zum Thema dieses Buches.

Eine unserer Grundaussagen lautet ja: Jedes Teilsystem soll seine Kernkompetenzen ein-bringen. Der Nukleus und seine Trabanten! Der Nukleus wird durch das MVP gebildet. Das MVP und der MVP-Hersteller sollten nicht versuchen, Dinge zu tun, die nicht ihrer Kernkompetenz entsprechen. Und dass man bei einer Produktvergleichs-Software ein er-hebliches Maß an fachlicher Kompetenz aufbringen muss, die die Kernkompetenz der meisten MVP-Hersteller weit übersteigt, wird aus dem Beitrag sehr deutlich. Ein MVP-Hersteller sollte also nicht selbst versuchen, solche zutiefst fachlich begründeten Funktio-nalitäten selbst zu erstellen, sondern externe Systeme wie Vergleichsrechner und Analy-sesysteme integrieren.

Auch hierbei schlägt das obige Zitat zu: Schnittstellen zu konstruieren heißt, ein paar Da-tenfelder zu mappen und Daten hin- und herzuschicken – könnte man meinen. Komplexe Software verarbeitet aber komplexe Datenstrukturen. Und komplexe Datenstrukturen eines externen Systems mit ebenfalls komplexen Datenstrukturen des MVP zu integrieren und zu synchronisieren, ist eben auch ein großes Ding – wie Churchill es sagte. Und ebenso einfach zu behandeln und auszudrücken – wie Churchill es sagte.

Die Herausgeber

Die PremiumSoftware –
Ursprung und Evolution einer Polarisation

Petra Schiedeck, Claus-Dieter Gorr

Ein paar Worte zu Beginn

Auf dem 6. Zweibrücker Symposium von Professor Kürble Anfang November 2004 geht es heiß her. Vorstände von Versicherern, Rating-Agenturen und Professoren diskutieren über die relevanten Entscheidungskriterien von Endverbrauchern bei Abschluss von Versicherungsprodukten. Alle sind sich einig: Den Kunden interessieren nur die niedrigen Beiträge und die Finanzkraft der jeweiligen Anbieter. Claus-Dieter Gorr sitzt mit auf dem Podium und kann es kaum glauben: Inhalte zählen nicht? Liegt es daran, dass man sie auf breiter Front lieber ignoriert oder schaut man besser nicht genau hin? Ist es tatsächlich so, dass es Verbraucher beispielsweise bei der Privaten Krankenversicherung (PKV) nicht interessiert, ob Krankenfahrstühle ebenso bezahlt werden wie Transporte zur Dialyse oder Körperersatzstücke? Er denkt an seine eigene aktive Kundenberatung, an die vielen Beratungsgespräche der letzten 20 Jahre zurück, in denen er stundenlang mit Kunden nur mit Leuchtmarker bewaffnet die Allgemeinen Versicherungsbedingungen (AVB) der Krankenversicherer durchforstete und sich gemeinsam mit dem Kunden über die riesige Diskrepanz zwischen vollmundiger Verbandswerbung und bitterer „Ausschlussrealität" wunderte.

Noch auf der Podiumsdiskussion, so schilderten es damals seine Mitarbeiter, war er entsetzt und entschied und verkündete sogleich, dass der PremiumCircle im nächsten Jahr ein umfassendes Bedingungsrating veröffentlichen werde. Ab Dezember begann er, die Allgemeinen Versicherungsbedingungen (AVB) Seite für Seite abzuschreiben und markierte alle – ja wirklich alle – Leistungsdetails. Jede klare Leistungsaussage wurde genauso erfasst wie jedes kleine Wörtchen, das sie wieder einschränkte oder ungewiss umschrieb. Leicht hat er es sich dabei nie gemacht. Er las über drei Monate lang und heraus kam eine umfangreiche Datenbank.

Auf einer Maklerveranstaltung im März 2005 stellte er in Hamburg erstmals seine Datensammlung einer breiten Vermittlerschaft vor. Nachdenkliches Schweigen schlägt ihm von allen Teilnehmern entgegen. Von allen – bis auf eine Dame; sie denkt, Gorr hätte bei ihr abgeschrieben. Denn alles, was er präsentierte, löste bei ihr die Erinnerung an die eigene Vorgehensweise aus. Ihm war sofort klar: Petra Schiedeck ist die ideale Ergänzung für den PremiumCircle – erst als Mitglied im Maklernetzwerk und seit August 2005 in der Geschäftsführung.

Unerwartet erhielt die gemeinsame Arbeit im Sommer 2005 eine unbezahlbare Marketingunterstützung. Ein Versicherer gewann vor dem Landgericht in Köln nach einer Veröffentlichung einen Wettbewerbsprozess. PremiumCircle ist dem Unternehmen heute noch dankbar für seine umfangreiche Pressekampagne über den damals errungenen Sieg. Das zeigte einerseits, wie ernst der Versicherer die Arbeit der Autoren nahm, und andererseits verhalf die Pressekampagne zu einer enormen Popularität.

Das war sozusagen die 2. Geburtsstunde der PremiumSoftware. In der Folgezeit wurden neben dem PKV-Modul weitere Module der PremiumSoftware für Beihilfetarife, Krankentagegeld und Berufsunfähigkeitsversicherung entwickelt. Im Folgenden wird exemplarisch der Aufbau und die Funktionalität am Beispiel des Moduls zur Privaten Krankenversicherung (PKV) dargestellt.

1 Erst mal nur für Spezialisten!

Die Eigenwerbung der Privaten Krankenversicherung (PKV) hebt zu Recht die Individualität des privatrechtlichen Versicherungssystems hervor. Der Vorteil der PKV, dass der Versicherungsschutz individuell zusammenstellbar ist, ist oftmals genau auch ihr Nachteil. Nämlich dann, wenn dem Verbraucher, der sich für einen Tarif entschieden hat, die vielfältigen Aussagen der Tarifwelt nicht verdeutlicht wurden. Ihm wird oftmals in der Werbung vorgegaukelt, er könne eine komplette private Krankenversicherung für „einen Apfel und ein Ei" erhalten. Doch, was bedeutet in diesem Fall komplett? In seiner Vorstellungswelt kann ein sachunkundiger Verbraucher nicht davon ausgehen, im Schadenfall beispielsweise gar keinen oder bestenfalls nur einen handbetriebenen Krankenfahrstuhl zu erhalten, keine Ergotherapie durch Ergotherapeuten, nur eine begrenzte stationäre Psychotherapie oder keine teuren Dialysefahrten.

Sicher – es gibt Kulanz in der PKV. Nur die ist nicht lebenslang garantiert und hat keinen Anspruch auf Wiederholung. In der PKV muss generell zwischen den vertraglich garantierten Leistungen, den zustimmungspflichtigen „Kann-Leistungen" und den tatsächlich nicht vorhandenen Leistungen unterschieden werden. Zumindest in den Fällen, in denen durch klare vertragliche Regelungen kein Anspruch auf Leistung besteht, kann eine Kulanzleistung immer nur zu Lasten des Gesamtkollektivs gehen. Der Bericht des Ombudsmannes der Privaten Krankenversicherung dokumentiert seit Jahren eine gleichermaßen zunehmende Häufigkeit der Beschwerden und Abnahme der Vermittlungserfolge. Der Wettbewerbsdruck untereinander, aber auch zur Gesetzlichen Krankenversicherung (GKV), lässt den Anbietern keinen großen Spielraum für zusätzliche Wohltaten. Man muss also immer wissen, welchen Versicherungsschutz man auswählt und welche Risiken man selbst tragen kann. Als Vermittler in der Beratung und als Verbraucher beim Abschluss. Einen leistungsarmen Tarif muss man sich grundsätzlich wirtschaftlich auch leisten können.

Alle individuellen Vorteile der PKV werden aktuell von rund 35 Anbietern mit durchschnittlich 5 Tarifwerken und ca. 800 Bedingungsparametern angeboten. Diese führen zu rund 140.000 unterschiedlich gemischten Leistungsaussagen. Es gilt also, herauszufinden, welcher Anbieter nun wirklich das passende Angebot hat.

Die PremiumSoftware bildet diese Vielfalt transparent ab – sie gewichtet nicht. Für manchen marketingtechnisch gut positionierten Tarif und Anbieter ist diese Transparenz unbequem, weil dadurch auch nicht vorhandene relevante Leistungen erkennbar sind. Röntgenologisch werden die Tarife durchleuchtet und somit Stärken und Schwächen offen gelegt. Diese Transparenz führt in Beratungsprozessen in der Regel zu anderen Ergebnissen als ursprünglich gedacht. Der Verbraucher – der „Arbeitgeber" eines jeden Vermittlers – entscheidet bei Kenntnis aller Fakten in der Regel anders als bei einem möglichen „heiteren Tariferaten" ohne tiefer gehende Detailinformationen. So kann es im Leben des Verbrauchers zu ungeplanten Veränderungen der Lebenssituation kommen. Ein Krankenversicherungsvertrag wird aber in der Regel „lebenslänglich" abgeschlossen, so dass bei der Tarifauswahl grundsätzlich immer die Nachhaltigkeit der vertraglich klar und deutlich garantierten Leistungen zu beachten ist. Idealerweise sollten bereits bei Vertragsbeginn auch alle zukünftigen Risiken bei der Frage nach dem richtigen Leistungsumfang berücksichtigt werden. Eine fundierte und für den Kunden zielgerechte Beratung kann und darf sich daher nicht in einem Preisvergleich erschöpfen und der Frage, ob Chefarzt, Einbettzimmer und die Brille versichert sein sollten.

Das Thema PKV fordert von einem beratenden Vermittler fundierte Kenntnisse der Krankenversicherungssysteme – durch den Umfang des Themas, durch die vielen Schnittstellen zur GKV und durch den permanenten Wandel in der Folge von Gesetzesreformen, die sowohl die GKV als auch die PKV betreffen. Eine fachliche Spezialisierung ist im Hinblick auf die teilweise erheblichen Folgen für die Verbraucher und somit auch für die Vermittler im Falle einer fehlerhaften Tarifempfehlung nahezu unumgänglich. Die Unterstützung durch die PremiumSoftware kann zwar eine fachlich fundierte Beratung nicht ersetzen, aber bedarfsgerecht unterstützen.

2 Allgemeines

Die PremiumSoftware, ein Produkt der PremiumCircle Deutschland GmbH, bietet die Möglichkeit, auf Basis der Allgemeinen Versicherungsbedingungen für die Krankheitskosten- und Krankenhaustagegeldversicherung (AVB) und innerhalb der dargestellten Tarife, in wenigen Schritten den geeigneten Leistungsinhalt einer Privaten Krankheitskostenvollversicherung zu identifizieren und zu analysieren. Sie basiert auf einer über 25-jährigen Beratungspraxis und Leistungserfahrung von Versicherungsmaklern in der Privaten Krankenversicherung (PKV).

Die Software dient ausschließlich als Orientierungshilfe zur Verifizierung von vertraglich garantierten Leistungsaussagen. Selbstbeteiligungen, Erstattungsprozentsätze und Unternehmenskennzahlen werden nicht bewertet. Selbstbeteiligungen und Erstattungsprozentsätze beeinflussen den grundsätzlichen Leistungsumfang der medizinischen Versorgung nicht, sondern stellen überwiegend ein finanzielles Steuerungsinstrument in Bezug auf die zu entrichtende Prämie dar. Unternehmenskennzahlen sind interpretierfähige Momentaufnahmen, die durch die ständigen geschäftspolitischen und marktwirtschaftlichen Änderungen, wie z.B. Rechtsformänderungen oder Fusionen, Vorstandswechsel oder Änderungen im Gesundheitssystem, beeinflusst werden. Diese komplexen und individuellen Veränderungsprozesse lassen aus Sicht der PremiumCircle Deutschland GmbH keine zuverlässigen Bewertungsparameter für einen lebenslangen Versicherungsschutz zu.

Die PremiumSoftware bildet ausschließlich entscheidungsrelevante und vertraglich garantierte Tarifmerkmale aus den jeweils aktuellen Musterbedingungen für die Krankheitskosten- und Krankenhaustagegeldversicherung (MB/KK, Teil I) sowie den dazugehörigen Tarifbedingungen (MB/KK, Teil II) und Tarif (MB/KK, Teil III) ab. Selbstverständlichkeiten, die allen Tarifen gemeinsam sind, sind nicht berücksichtigt. Bei der Beratung muss stets das gesamte Vertragswerk beachtet werden, zumal kein Tarif mit einem anderen bis ins letzte Detail vergleichbar ist.

Die erfassten und jeweils inhaltlich unterschiedlich ausgestalteten Tarifmerkmale der analysierten Tarife sind zunächst den nachstehenden 15 Kriterienbereichen zugeordnet:

Auslandsaufenthalte	Krankenanstalten Obliegenheiten	Gemischte Anstalten AHB-Leistungen
Kurleistungen	Krieg und Terror	Kindernach- versicherung
Wechseloptionen	Arztwahl	Arzthonorare
Hilfsmittel	Heilmittel	Zahnleistungen Kieferregulierung
Psychotherapie	Vorsorgeleistung	Transportleistungen

Abbildung 1: Vertragliche garantierte (AVB) Kriterienbereiche

Hier bestehen zwischen den einzelnen Tarifen der Anbieter extrem große Unterschiede durch die individuell von den Musterbedingungen für die Krankheitskosten- und Krankenhaustagegeldversicherung (MB/KK, Teil I) abweichenden Regelungen. Diese Leistungskriterien bedürfen im Beratungsprozess insbesondere im Hinblick auf die Langlebigkeit eines Krankenversicherungsvertrages einer detaillierten Gegenüberstellung.

In den folgenden Punkten werden auszugsweise einige Hinweise zu einzelnen relevanten Leistungskriterien gegeben, die in den Musterbedingungen für die Krankheitskosten- und Krankenhaustagegeldversicherung (MB/KK, Teil I) nur eingeschränkt geregelt sind und in der PremiumSoftware detailliert beschrieben und analysiert werden:

* **Auslandsaufenthalte**: Der Geltungsbereich spielt eine zentrale Rolle in der Privaten Krankenversicherung (PKV). Der weltweite Versicherungsschutz gilt nur unter bestimmten Voraussetzungen und ist temporär eingeschränkt. Bei Vertragsabschluss kann aber selten jemand mit Gewissheit sagen, ob er seinen Lebensmittelpunkt zu einem späteren Zeitpunkt temporär oder dauerhaft ins Ausland verlegen wird, beruflich für eine längere Zeit ins Ausland muss oder nur zu Urlaubszwecken ins Ausland reist. Dazu kommt, dass zu diesem Zeitpunkt auch niemand wissen kann, in welchem Land künftig der Facharzt ansässig sein wird, den er in Zukunft eventuell benötigt. Deshalb ist die Ausgestaltung dieses Kriteriums von elementarer Bedeutung.

- **Krankenanstalten, Gemischte Anstalten und Anschlussheilbehandlung:** Grundsätzlich hat der Versicherte freie Krankenhauswahl. Dieses Prinzip sollte sowohl für öffentliche und private Kliniken sowie für Gemischte Anstalten gelten. Die Abrechnungsbestimmungen in Privatkliniken und bei Krankenhäusern im Ausland sind häufig aber andere, als bei öffentlichen Krankenhäusern in Deutschland. Das kann im Leistungsfall zu Kürzungen im Erstattungsumfang führen. Bei Gemischten Anstalten ist vor Behandlungsbeginn nach den Musterbedingungen für die Krankheitskosten- und Krankenhaustagegeldversicherung (MB/KK, Teil I) die schriftliche Leistungszusage des Versicherers erforderlich.

- **Arztwahl:** Unmittelbar mit der freien Krankenhauswahl ist die freie Arztwahl verbunden. Diese sollte sowohl im Kurort als auch im Krankenhaus möglich und vom Versicherungsschutz vollständig umfasst sein.

- **Krieg und Terror:** Krankheiten und Unfallfolgen, die durch Kriegs- und Kriegsfolgeereignisse (z.B. liegen gebliebene Minen) verursacht werden, sind gemäß den Musterbedingungen für die Krankheitskosten- und Krankenhaustagegeldversicherung (MB/KK, Teil I) vom Versicherungsschutz ausgeschlossen. Dadurch können dem Versicherten im Schadenfall – ebenso wie bei Terrorereignissen – unter Umständen lebenslang hohe Kosten entstehen, sofern er keinen Tarif wählt der diesen Ausschluss relativiert.

- **Hilfsmittel:** Hilfsmittel werden in den Tarifbedingungen entweder aufgezählt (geschlossener Hilfsmittelkatalog) oder in einer offenen Formulierung („Hilfsmittel sind z.B.") genannt. Tarife mit offenen Formulierungen beschränken sich nicht auf eine Aufzählung der versicherten Hilfsmittel, so dass auch der medizinische Fortschritt durch neue Hilfsmittelgruppen versichert ist.

- **Heilmittel/Heilbehandlungen:** Hierzu zählen Anwendungen und Behandlungen wie z.B. Krankengymnastik, Massagen, Ergotherapie und Logopädie. Diese sind grundsätzlich bei Leistungserbringung durch den Arzt versichert, werden in der Regel jedoch von Angehörigen staatlich anerkannter Heilhilfsberufe – den so genannten nichtärztlichen Behandlern – erbracht. Sind diese nicht explizit in den Allgemeinen Versicherungsbedingungen (AVB) erwähnt, besteht auch bei medizinischer Notwendigkeit kein vertraglich garantierter Erstattungsanspruch.

- **Vorsorgeuntersuchungen:** Grundsätzlich besteht Versicherungsschutz für ambulante Vorsorgeuntersuchungen nach gesetzlich eingeführten Programmen. Diese können jedoch gesetzlichen Änderungen unterliegen, auf die der Versicherer keinen Einfluss hat, die dann jedoch automatisch zu Leistungsänderungen auch in der PKV führen. Die derzeitige Tarifwelt bietet auch hier vielfältige Gestaltungsmöglichkeiten.

- **Transporte:** Für die Versicherten können Kosten entstehen, wenn Transporte zu und von ambulanten Behandlungen (z.B. Dialysebehandlung) oder zu und von stationären Behandlungen (z.B. nach einem schweren Unfall) erforderlich sind. In den jeweiligen **Tarifen** finden sich oftmals Einschränkungen bezüglich der Ursache des Transportes, der Entfernung oder des Transportmittels sowie der Wahl des Behandlers.

- **Wechseloptionen:** Vertragliche Wechseloptionen bieten die Möglichkeit, unter bestimmten Voraussetzungen den Versicherungsschutz während der Vertragslaufzeit ohne erneute Risikoprüfung auf höhere Leistungen oder Krankheitskostenteilversicherungen(Zusatztarife) umzustellen. Dies bietet Versicherten die Gewissheit, bei Veränderung seiner Lebensumstände den Krankenversicherungsschutz den neuen Gegebenheiten und Bedürfnissen anpassen zu können.

- **Kindernachversicherung:** Neugeborene und adoptierte Kinder können innerhalb bestimmter Fristen nach den Musterbedingungen für die Krankheitskosten- und Krankenhaustagegeldversicherung (MB/KK, Teil I) im gleichen Umfang eines bereits versicherten Elternteiles versichert werden. Dies gilt für den gesamten Deckungsumfang inklusive der Selbstbeteiligungen. Höherwertigere Leistungen sind ohne Risikoprüfung und Wartezeiten nicht möglich. Es ist daher wichtig, bei Abschluss des Vertrages die Familienplanung und den hierfür gewünschten Versicherungsschutz zu berücksichtigen oder Tarife zu wählen, die einen höherwertigeren Versicherungsschutz für Kinder vertraglich garantieren.

3   Struktur und Dokumentation

Die in den 15 Kriterienbereichen erfassten 691 AVB-Tarifkriterien können in der Premium-Software durch Selektionen und Protokolle individuell und in unterschiedlichen Ausprägungen abgebildet und dokumentiert werden. Es ist sowohl eine qualitative Darstellung der erfüllten Kriterien in Form von unterschiedlichen Tarifprotokollen als auch eine quantitative, tabellarische Übersicht möglich. Eine Gewichtung der unterschiedlichen Kriterien untereinander erfolgt nicht. Die Relevanz eines Kriteriums ist von dem individuellen Bedarf des Kunden abhängig.

Abbildung 2: Aufbau der PremiumSoftware, Stand 09/2009

Aus allen vertraglich erfassten Leistungsmerkmalen der im Sommer 2009 eingebundenen knapp 200 marktrelevanten Krankheitskostenvolltarife wurden die aus Sicht der PremiumCircle Deutschland GmbH wichtigsten 691 AVB-Tarifkriterien mit allen im Markt vorhandenen vertraglichen Regelungen – inklusive der in den Allgemeinen Versicherungsbedingungen (AVB) genannten zustimmungspflichtigen "Kann-Regelungen" – definiert und dargestellt.

Jeder einzelne Leistungsinhalt wird innerhalb einer einheitlichen Struktur abgebildet und ist somit im Marktvergleich individuell einschätzbar und vergleichbar. Keiner der analysierten Tarife erfüllt jedoch **alle** der definierten Kriterien mit der jeweils im Markt vorhandenen besten, vertraglich garantierten Regelung.

Auf dieser Basis wird zur Dokumentation eine vollständige, detaillierte Darstellung des Leistungsspektrums aller analysierten Tarife angeboten, die die jeweilige Leistungsaussage des AVB-Tarifkriteriums entweder isoliert oder in Abgrenzung zu den anderen Marktinhalten protokolliert.

Aus diesen 691 AVB-Tarifkriterien wurden für das „Individualrating 132" die aus Sicht der PremiumCircle Deutschland GmbH abschlussrelevanten Tarifkriterien zu 132 Ratingkriterien zusammengeführt und mit den im Markt vorhandenen Auswahlmöglichkeiten in einer tabellarischen Übersicht abgebildet. Hierbei sind ausschließlich klare, vertraglich garantierte Regelungen erfasst; die so genannten "Kann-Regelungen" werden hier – anders als bei den 691 AVB-Tarifkriterien – nicht berücksichtigt, da die Kostenerstattung nicht vertraglich garantiert ist.

Im „Individualrating 132" besteht die Möglichkeit, individuell aus allen vorhandenen Auswahlmöglichkeiten innerhalb der 132 Ratingkriterien ein eigenes, selektives oder komplettes Rating zu erstellen und mit prozentualem oder absolutem additiven Ergebnis zu protokollieren. Auch hier findet keine Gewichtung der einzelnen AVB-Inhalte untereinander statt. Eine Beeinflussung des Ergebnisses durch Über- oder Untergewichtung eines einzelnen Leistungskriteriums ist somit nicht möglich. Für jedes einzelne Kriterium gilt innerhalb der Software nur: Ist es vorhanden oder nicht. Dabei kann die jeweils im Markt vorhandene beste vertraglich garantierte Regelung zu jedem der 132 Ratingkriterien abgebildet und protokolliert werden. Alle erfassten AVB-Tarifkriterien können innerhalb der 15 übergeordneten Kriterienbereiche separat analysiert und dokumentiert werden. Zusätzlich bestehen umfangreiche Funktionen zur qualitativen und quantitativen Tarifanalyse.

4 Funktionalitäten

Die PremiumSoftware erlaubt dem Nutzer über verschiedene Funktionen, sich sowohl einen Überblick über alle Tarife zu verschaffen, als auch die genaue Betrachtung einzelner Tarife und den Vergleich von mehreren Tarifen gleichzeitig vorzunehmen. Über das Hauptmenü können Tarifanalysen und Beitragsberechnungen durchgeführt sowie zusätzliche Informationen abgerufen werden.

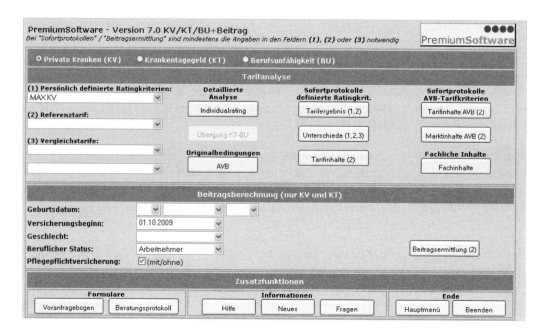

Abbildung 3: Hauptmenü der PremiumSoftware, Stand 09/2009

Mit dem „Individualrating 132" hat der Anwender die Möglichkeit, eine qualitative Darstellung der Tarife zu erhalten. Gemeinsam mit dem Kunden können die für ihn relevanten Leistungsmerkmale ausgewählt und als Profil gespeichert werden.

Im Auswertungssystem erhält der Anwender eine Auflistung aller in der Software vorhandenen Tarife in tabellarischer Form. Aus Gründen der Objektivität zeigt das Ergebnis nur die reine Summe der erfüllten Tarifmerkmale; eine Gewichtung findet nicht statt. Die Tabelle ist untergliedert in die einzelnen Kriterienbereiche. Unterhalb der Bereiche wird die Anzahl der ausgewählten Kriterien und die maximale Anzahl aller auswählbarer Kriterien angezeigt. Die Sortierung kann quantitativ nach dem Gesamtergebnis oder nach jedem einzelnen Kriterienbereich, auch kumulativ, erfolgen. Alternativ zur Punktedarstellung (additiv) kann der Erfüllungsgrad der ausgewählten Leistungen auch prozentual (relativ) abgebildet werden. Dabei erhält dann jeder Kriterienbereich gleiches Gewicht, unabhängig davon, wie viele Kriterien in ihm enthalten sind.

T Hausarzt- bzw. Primärarzttarife

Spezialtarif: NUR für Einwohner der Neuen Bundesländer
Die Bewertung erfolgt auf Basis der AVB 2008
Der Tarif ist geschlossen.

PremiumSoftware

Protokolle	Gesamtergebnis	Auslandsaufenthalte	Arzthonorare	Krankenanstalten	Gem.Anstalten / AHB	Kurleistungen	Krieg und Terror	Kindernachversich.	Wechseloptionen	Arztwahl	Hilfsmittel	Heilmittel	Zahnleistungen	Psychotherapie	Vorsorgeleistungen	Transportleistungen
Tarife / Tarifgruppen	max.132	9/9	12/12	4/4	3/3	11/11	2/2	2/2	10/10	2/2	40/40	8/8	3/3	7/7	9/9	11/11
	114	8	8	4	3	7	2	1	8	2	40	8	2	5	5	11
	114	9	7	4	2	8	2	1	4	2	40	8	3	7	6	11
	106	7	10	4	1	10	2	1	4	2	36	7	2	4	5	11
	104	7	10	4	1	7	2	1	4	2	36	7	2	5	5	11
	103	7	10	4	1	8	2	1	4	1	36	7	2	4	5	11
	94	7	1	3	3	7	1	1	4	2	40	6	2	4	4	9
	93	9	9	3	1	5	2	1	6	2	29	7	1	6	3	9
	92	5	1	3	3	7	1	1	4	2	40	6	2	4	4	9
	91	9	9	4	1	1	2	1	6	2	29	7	2	6	3	9
	90	9	9	4	1	5	2	1	4	2	29	7	1	6	3	7

| Zurück zur Auswahl | Druckansicht | Beiträge | Analyse + | Darstellung in % | Hilfe | Fachinhalte | AVB | Neues | Hauptmenü |

Abbildung 4: Gesamtergebnis aller Tarife, Stand 09/2009

Drei verschiedene Protokolle bieten dem Anwender die Möglichkeit, die Krankheitskosten-volltarife hinsichtlich der 132 Ratingkriterien zu vergleichen. Ein Protokoll stellt die Erfül-lung/ Nichterfüllung zuvor ausgewählter Kriterien inklusive unberücksichtigter Kriterien dar, ein weiteres ausschließlich die Tarifunterschiede zu den ausgewählten Kriterien. Sehr schnell und übersichtlich können die Unterschiede ausgewählter Tarife auf einen Blick er-fasst werden. Diese Funktion ist insbesondere bei direkten Wettbewerbsvergleichen sehr hilfreich.

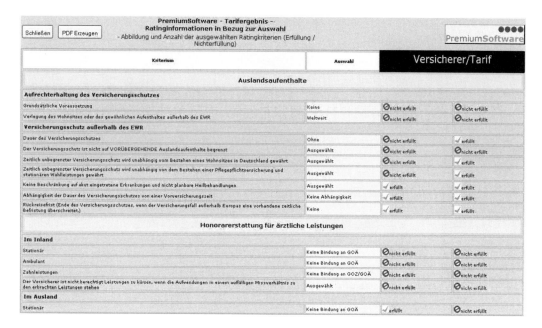

Abbildung 5: Beispiel-Auszug aus dem Protokoll Tarifergebnis, Stand 09/2009

Das dritte Protokoll im Individualrating 132 (siehe Abbildung 6) stellt die Inhalte der Leistungsaussagen detaillierter dar. Zwei ergänzende AVB-Tarifprotokolle (Tarifinhalte 691 und Marktinhalte 844) bilden darüber hinaus weitere im Markt vorhandene Bedingungen ab und stellen somit einen detaillierten Überblick über die selektierten Tarife in Abgrenzung zu den abweichenden Marktregelungen dar. Der Softwarenutzer erhält auf einen Blick Informationen zu weitergehenden oder schwächeren Leistungsaussagen. Bei allen Protokollen ist ein direkter Vergleich von bis zu 3 Tarifen möglich.

Dem Vermittler bieten die vielfältigen Protokolle den klaren Vorteil einer hohen Haftungssicherheit, da die Wahrscheinlichkeit sinkt, dass sich ein Verbraucher nach Jahren über eine intransparente Abbildung der versicherbaren Möglichkeiten beschwert.

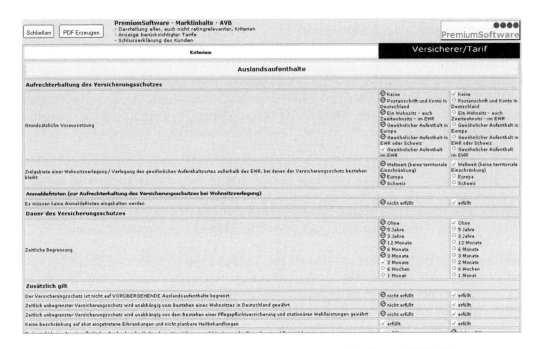

Abbildung 6: Beispiel-Auszug aus Protokoll Marktinhalte 844,, Stand 09/2009

Zur Vertriebsunterstützung wurde ein Modul zur Beitragsermittlung entwickelt. Hier können sowohl Tarifalternativen berechnet, als auch der Beitragsverlauf abgerufen werden.

Abbildung 7: Beitragsermittlung, Stand 09/2009

Aus allen Protokollen und Tabellen (Druckansicht) lassen sich PDF-Dokumente erzeugen. In der Software sind für jeden Tarif Original-Druckstücke der Allgemeinen Versicherungs-bedingungen sowie ein AVB-Protokoll hinterlegt, das es dem Anwender ermöglicht, den Wortlaut des AVB-Textes zum entsprechenden Kriterienbereich selbst schnell zu finden.

5 Zugangsweg und Zielgruppen

Die PremiumSoftware arbeitet webbasiert. Hierdurch kann sichergestellt werden, dass bei jedem Zugriff die aktuellsten Daten verwendet werden, ohne zeit- und kostenintensive Updates oder Plug-Ins. Mit seiner Lizenzierung erhält der Anwender seine Zugangsdaten (Benutzername und Passwort), mit denen er sich von jedem Rechner aus einloggen kann. Für den Nutzer entfallen durch die Web-Anwendung aufwändige Installationen und Programmpflege.

Die Software bietet Vermittlern vielfältige und detaillierte Vergleichsmöglichkeiten auf Basis der in den Versicherungsbedingungen vertraglich garantierten Leistungen, eine systematische Betrachtung des Marktes und verschiedene Optionen zur Dokumentierung der mit dem Kunden identifizierten und besprochenen entscheidungsrelevanten Kriterien.

Für Versicherer ist die PremiumSoftware ein sinnvolles Instrument sowohl zur fachlich vertrieblichen Unterstützung des beratenden Außendienstes als auch in den Fachabteilungen zur Marktbeobachtung und Produktentwicklung.

6 Entwicklung der PremiumSoftware

Neben der Pflege der bestehenden Tarife bei Anpassungen in den Allgemeinen Versicherungsbedingungen (AVB) erfolgt regelmäßig die Aufnahme neuer Tarife. Die Erweiterung der PremiumSoftware um neue Funktionalitäten, wie z.B. die Beitragsberechung sowie die Verbesserung der Benutzerfreundlichkeit und Überarbeitung des Layouts sind fester Bestandteil der Aktualisierungsprozesse. Auch die aktuelle Rechtsprechung und Marktentwicklung fließen in die Weiterentwicklung ein.

Mitte 2009 wurde die PremiumSoftware mit gleichem Aufbau und analoger Funktionalität um die Spezial-Version „ÖD" für Beihilfeberechtigte, die Krankentagegeldversicherung (KT) und Berufsunfähigkeitsversicherung (BU) erweitert. Die neue „QuickCheck"-Funktion ermöglicht es im Beratungsgespräch, den Leistungsbedarf des Kunden und somit den passenden Versicherungsschutz anhand eines Fragenkataloges schnell und einfach zu ermitteln. Für die Krankentagegeldversicherung sind 8 Kriterienbereiche mit derzeit 68 Ratingkriterien, bei der Berufsunfähigkeitsversicherung 8 Kriterienbereiche mit derzeit 53 Ratingkriterien erfasst. Im Sinne eines ganzheitlichen Ansatzes bildet die PremiumSoftware insbesondere den in den Allgemeinen Versicherungsbedingungen (AVB) geregelten Leistungsübergang zwischen Krankentagegeld und Berufsunfähigkeitsrente ab. Darüber hinaus besteht die Möglichkeit, durch eine zuschaltbare Funktion die außerhalb der Allgemeinen Versicherungsbedingungen (AVB) geregelten zusätzlichen Vereinbarungen auszuwerten.

Das Graves-Value-System – Maklerintegration über die Technik hinaus

„Was wir wissen, ist ein Tropfen; was wir nicht wissen, ein Ozean."

Isaac Newton

Auf den meisten Seiten dieses Buches werden Sie im weitesten Sinn über Technik lesen. Die folgenden Seiten befassen sich mit ganz anderen Aspekten der Integration. Dieser Beitrag ist überschrieben mit dem Titel "Organisatorische Voraussetzungen im Versicherungsunternehmen zur effektiven Anbindung des Maklers".

Heute stellen Makler für Versicherungsunternehmen in der Regel einen Vertriebskanal dar. Oft einen von mehreren. Von Maklervertrieb ist da häufig die Rede. Da werden die freien Vermittler und damit Geschäftspartner verbal in das eigene Unternehmen integriert, was ganz und gar nicht der Realität entspricht. Maklervertrieb als Begriff kann allenfalls als Bezeichnung der versicherereigenen Organisation dienen, welche die Zusammenarbeit mit Maklern organisiert, welche die Makler in ihrer Tätigkeit für den Kunden unterstützen soll. Der Makler ist nun einmal im eigentlichen Sinn Gelegenheitsvermittler. Dies gilt auch in Zeiten, in denen wir erkennen, dass viele Makler große Teile ihres Umsatzes auf eine Handvoll Versicherer konzentrieren. Die Gründe hierfür sind vielschichtig und sollen hier an dieser Stelle nicht weiter untersucht werden.

Der nun folgende Beitrag möchte aufzeigen, dass es Sinn macht, in die Zusammenarbeit der Versicherer mit Maklern eine neue Qualität hinein zu legen. Gleich zu Anfang werden sie diesen Satz lesen: "Versicherungen müssen viel mehr über ihren eigenen Schatten springen und den Makler umfassend und wertschätzend als zentrale Kundenschnittstelle in ihr Unternehmen integrieren". In diesem Beitrag geht es um Prozesse, Strukturen, Verhaltens- und Denkweisen, Werte.

Die Herausgeber

Organisatorische Voraussetzungen im Versicherungsunternehmen zur effektiven Anbindung des Maklers

Martina Bär, Sabine Freund

1 Zusammenfassung

Im Zuge der Industrialisierung formulieren viele Versicherungsunternehmen das strategische Ziel, mehr Absatz über Makler zu erzielen. Dabei ist es hilfreich, es dem Makler leichter zu machen, die notwendigen Daten mittels seines Maklerverwaltungsprogramms (MVP) auszutauschen. Auch ist es förderlich, dem Makler attraktive Konditionen zu bieten. Dauerhaft werden diese beiden Hebel dem Versicherungsunternehmen aber nicht ausreichen, um den vielfach umworbenen Makler dauerhaft an das eigene Unternehmen zu binden.

Versicherungen müssen viel mehr über ihren eigenen Schatten springen und den Makler umfassend und wertschätzend als zentrale Kundenschnittstelle in ihr Unternehmen integrieren. Integration heißt an dieser Stelle nicht Systemintegration über ein MVP, es heißt nicht, dass Versicherungsunternehmen bloß „an der Schale ihres Unternehmens kratzen" und eine Toolschnittstelle zur Verfügung stellen, im Inneren ihres Unternehmens aber nichts verändern. Versicherungsunternehmen müssen auch ihre Prozesse und Strukturen anpassen, vor allem müssen sie aber auch „ihren Kern" verändern – nämlich ihre Verhaltens- und Denkweisen, ihre innersten Werte, ja konsequenterweise sogar ihr Selbstverständnis als Unternehmen. In einem Satz: Versicherungsunternehmen müssen als Organisation reifer werden.

Dass dies nicht von einem auf den anderen Tag geschehen kann, ist klar. Versicherungsunternehmen müssen sich aber trotzdem auf den steinigen Weg machen und nach und nach, Stück für Stück diesen Quantensprung der Veränderung voranbringen und schließlich ganz erreichen.

Wie das geht? Mit dieser Frage beschäftigen wir uns in diesem Beitrag. Wir werden anhand eines Frameworks – des Graves-Value-Systems – das wir für unsere Arbeit in Organisationsveränderungen einsetzen, erläutern, was es bedeutet, dass ein Unternehmen „reif genug" für eine umfassende Maklerintegration ist. Wir zeigen, wie das Unternehmen in allen seinen organisatorischen Gestaltungselementen, vom Kern über seine Strukturen und Prozesse bis hin zu seinen Tools aussehen soll. Und wir beantworten die noch schwierigere Frage: Wie das Unternehmen dorthin kommt.

Im Folgenden umreißen wir zunächst, was Maklerintegration unserer Meinung nach bedeutet und worauf es dabei ankommt. Dann spannen wir einen kleinen Bogen zum spannenden theoretischen Hintergrund und beschreiben das Framework des Graves-Value-Systems in seinen Gründzügen, um abschließend zurückzukommen zur Maklerintegration. Hier erklären wir, wie das Zielbild einer Versicherungsgesellschaft optimaler Weise in seinen organisatorischen Gestaltungselementen, vom Kern bis zu den Tools aussieht, um Makler wirklich effektiv zu integrieren.

Und was hat das nun alles mit dem MVP zu tun? Wir schreiben in erster Linie nicht über das Tool und über den Makler; wir schreiben über die Versicherungsunternehmen, die den Vertrieb über Makler steigern wollen, und darüber, was diese dazu beitragen müssen, damit nicht nur ein Tool integriert sondern das strategische Ziel der Absatzsteigerung erzielt wird. Um den vollen Nutzen auch für Makler und MVP-Hersteller zu stiften, werden wir am Ende des Beitrags Umsetzungshinweise für Makler und MVP-Hersteller in den Fokus der Betrachtung rücken. Denn: Ohne ihr Hinzutun, sei es hinsichtlich ihres Verhaltens oder der Konzeption des MVPs, wird die Integration von Maklern nicht gelebt werden können.

2 Was bedeutet Maklerintegration?

Die Versicherungsbranche ist gekennzeichnet von einem starken Verdrängungswettbewerb, so dass auf dem einzelnen Versicherungsunternehmen ein hoher Verkaufsdruck liegt. Zielsetzung eines Versicherers ist es, langfristig am Markt zu überleben und nicht Opfer von Konsolidierungen innerhalb der Branche zu werden (vgl. Bergermann, Hergert 2008).

Daneben verändert sich der Markt der Makler: Makler sind im Zuge der EU-Vermittlerrichtlinie und der Versicherungsvertragsgesetz-Reform in Qualifizierung und Beratung strengeren Richtlinien unterworfen – unseriöse Maklerbüros verschwinden damit mehr und mehr vom Markt (o. Verf. 2007). Diese Tatsache spiegelt sich im Kundenverhalten wider: Bedingt durch die „neutrale" Beratung sowie die Vergleichsangebote unterschiedlicher Versicherer kaufen Kunden ihre Versicherungsprodukte zunehmend bei Maklern. Sie gewinnen bei den Kunden an Vertrauen.

Folglich setzen Versicherungsgesellschaften bei den verschiedenen Vertriebswegen, also Vertretern und Agenturen, Maklern, Vertriebsgesellschaften, Banken, Direktversicherern, vermehrt auf den Vertrieb über Makler. Dieser Vertriebskanal ermöglicht dem Versicherungsunternehmen den Ausbau seines Vertriebspartnernetzes und eine verbesserte persönliche Betreuung und Erreichbarkeit für den Kunden vor Ort (Schmidt 2009; o. Verf. 2007).

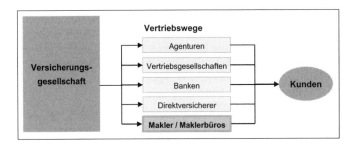

Abbildung 1: Vertriebswege einer Versicherungsgesellschaft

Versicherungsunternehmen, die mehr Geschäft über Makler generieren wollen und dies als strategisches Ziel formulieren, müssen sich Gedanken darüber machen, wie sie Makler effektiv an ihr Unternehmen anbinden können. In diesem Zusammenhang ist es jedoch noch wichtiger, den Makler langfristig an das Versicherungsunternehmen zu binden und eine hohe Maklerzufriedenheit zu erreichen, um ihren Umsatzanteil beim jeweiligen Makler zu erhöhen. Diese Maklerzufriedenheit lässt sich am Besten dadurch erzielen, dass der Makler in die dafür relevanten Geschäftsprozesse des Versicherers wertschätzend integriert wird.

Eine solche Integration wirkt in zweierlei Hinsicht: Zum einen macht die Einbindung des Maklers in die relevanten Geschäftsprozesse dem Makler das Leben leichter, er kann seine Kunden wesentlich schneller und qualitativ hochwertiger bedienen. Zum anderen erzeugt eine wertschätzende Einbindung eine hohe Loyalität des Maklers zum Versicherungsunternehmen. Auch für Versicherungsunternehmen ist eine solche Integration nur von Vorteil, doppelte Arbeiten z.B. für die Erfassung von Kunden- oder Vertragsdaten entfallen, Kosten können eingespart werden und die Skalierung der Unterstützung (je nach Maklerwert) gelingt einfacher.

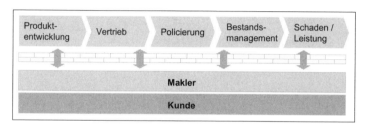

Abbildung 2: Makler an der Schnittstelle zwischen Kunde und Versicherungsprozessen

Mit der Integration ergibt sich eine Partnerschaft, die auf dem Prinzip „Give & Take" sowie der Erzeugung von weitreichenden „Win-Win"-Situationen aufbaut. Eine solche Partnerschaft kann nur dann funktionieren, wenn es keine „Mauern" zwischen Versicherer und Makler gibt. Natürlich müssen bei aller Integration auch Grenzen gesetzt und Regeln definiert werden. „Keine Mauern" bedeutet hier: Vollständige Freiheit im definierten Verantwortungsbereich, aber auch nur dort.

In diesem Sinne ist die Rolle des Maklers die einer unparteiischen Schnittstelle zwischen Kunden und Versicherer. Der Makler muss hohes Vertrauen auf Seiten seiner Kunden genießen. Diese müssen ihm glauben: Dass er ihnen das optimal passende Produkt empfiehlt und nicht eine Versicherungsgesellschaft vorzieht, dass er ihnen im Schadensfall hilft, zu ihrem Recht zu kommen und dass er pro-aktiv Optimierungen in ihren Versicherungsportfolios vorschlägt, die echte Optimierungen sind. Der Makler muss aber auch hohes Vertrauen auf Seiten der Versicherungsgesellschaft besitzen. Die Versicherungsgesellschaft muss z.B. dafür sorgen, dass ihr Schadensmanagement wirkt.

Mit dem Wunsch nach Einfachheit versuchen Manager in Versicherungen häufig, die Maklerbindung durch großzügige Provisionen und Incentives wie Weiterbildungsangebote und die Teilnahme an Reisen zu erzielen. Auch erscheint es Managern vielfach naheliegend, Schnittstellen im Bereich der Informationstechnologie zur Verfügung zu stellen und die Makleranbindung durch ein gut funktionierendes MVP umzusetzen (siehe zu der Spezifizierung im Versicherungswesen allgemeine Ausführungen von Schmid, Messmer 2005, S. 67). Auch wenn diese Maßnahmen passend und gut aufeinander abgestimmt sind, „kratzen" sie nur an der „äußeren Schale" des Versicherungsunternehmens. Eine wirkliche partnerschaftliche Maklerintegration wird sich dadurch nicht erzielen lassen. Dafür sind auch Veränderungen im „Inneren" des Unternehmens notwendig. Das heißt, ein Versicherungsunternehmen muss auch seine Prozesse, seine Strukturen und vor allem auch seinen „Kern" – seine Denk- und Verhaltensweisen, seine Werte, sein Selbstverständnis – anpassen. Nur eine stimmige Anpassung aller organisatorischen Gestaltungselemente eines Unternehmens führt zur erfolgreichen Umsetzung des strategischen Ziels: Mehr Absatz über Makler.

Was verstehen wir unter den organisatorischen Gestaltungselementen eines Unternehmens:

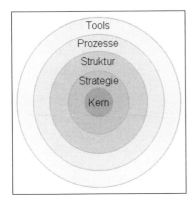

Abbildung 3: Organisatorische Gestaltungselemente eines Unternehmens

- Der Kern:
  Unter dem Kern des Unternehmens verstehen wir typische, gemeinsame Werte der Menschen im Unternehmen. Beispiele sind Zuverlässigkeit, Akzeptanz oder auch Glaubwürdigkeit. Mit den Werten gehen Denk- und Verhaltensweisen der Mitarbeiter im Unternehmen Hand in Hand. Sie spiegeln die ungeschriebenen Gesetze – das „wie gehen wir miteinander um" wider; also auch das Führungsverhalten sowie Kommunikationsmuster. Im Kern liegt auch das Selbstverständnis des Unternehmens –auch als „Mission" bezeichnet. Etwa „Die xy Versicherung ist für ihre Kunden ein starker Partner und bietet ganz individuell auf den Kunden angepasste Produkte an". Genauso gehört in unserer Definition auch die Vision zum Kern des Unternehmens: Wo möchte das Unternehmen langfristig hin? Was sind die langfristigen Ziele des Unternehmens?

- Die Strategie:
  Unter der Strategie verstehen wir, wie das Unternehmen die langfristig gesetzten Ziele (Vision) umsetzen will. Hier werden beispielsweise die folgenden Fragen beantwortet: Welche Produkte gehören in mein Portfolio und welche Produkte möchte ich welchen Kundensegmenten anbieten? Wie ist meine Vertriebsstrategie: Möchte ich meine Produkte nur durch eigene Agenturen vertreiben oder setze ich vermehrt auf den Maklervertrieb? Konzentriere ich mich als Versicherungsunternehmen auf meine Kernkompetenzen – die Einschätzung von Risiken und die Tarifierung – und kaufe andere Kompetenzen hinzu oder stelle ich alle Funktionen selbst?

- Die Struktur:
  Unter der Struktur verstehen wir die Aufbauorganisation des Unternehmens; sie umfasst alle Stellen, Rollen und Verantwortlichkeiten im Unternehmen. Damit definiert die Struktur nicht nur die Bereiche, Hauptabteilungen, Abteilungen und Referate/Teams und ihre jeweilige Größe sondern auch, wie diese Einheiten zueinander stehen, wie Berichtslinien aussehen und wie Verantwortlichkeiten aufgeteilt werden. Die Festlegung einer funktional geteilten Organisation, einer prozessorientierten Organisation oder auch einer Matrixorganisation fällt somit auch in diese Kategorie.

- Die Prozesse:
  Unter dem Begriff „Prozesse" fassen wir alle Elemente der Ablauforganisation eines Unternehmens zusammen. Hier wird im Wesentlichen die Frage beantwortet, wie ein Unternehmen seine Wertschöpfung erzielt und welche zusätzlichen steuernden und unterstützenden Aktivitäten notwendig sind. Prozesse können in Unternehmen in unterschiedlichen Reifegraden ausgeprägt sein. Der Reifegrad eines Prozesses ist beispielsweise sehr gering, wenn der Prozess „zufällig abläuft" und immer wieder in anderer Art und Weise ausgeführt wird (gemäß Capability Maturity Model Integration[1], kurz CMMI-Grad 1, vgl. o. Verf. 2009). Ein Prozess ist mäßig reif, wenn er grundsätzlich beschrieben ist und immer wieder auf gleiche Art und Weise ausgeführt wird (CMMI-Grad 3). Von einem sehr reifen Prozess spricht man, wenn der Prozess anhand bestimmter Kenngrößen gesteuert und regelmäßig optimiert wird (CMMI-Grad 5). Wie reif Prozesse in einem Unternehmen werden können, ist ganz stark vom Kern des Unternehmens abhängig. Denn nur, wenn die Menschen in einem Unternehmen passende Werte und Denkweisen haben, können sie überhaupt einen Prozess in entsprechender Reife ausführen.

- Die Tools:
  Unter Tools fassen wir alle Werkzeuge zusammen, die das Unternehmen zum Laufen bringen und halten, wie etwa Budgetierungsregeln, Qualifizierungsmaßnahmen, Arbeitszeitregeln, Führungssysteme, Vergütungs- und Belohnungssysteme. Genauso finden wir hier aber auch alle IT-Systeme, die im Unternehmen und über seine Grenzen hinweg eingesetzt werden, um die Prozesse zu unterstützen.

Dabei steht die Anordnung der einzelnen Gestaltungselemente als Ringe um einen Kern (siehe Abbildung 3) im Zusammenhang mit der Schwierigkeit, eine Veränderung umzusetzen. Der Kern eines Unternehmens, der im Inneren des Unternehmens dargestellt ist, ist das am schwersten zu ändernde Gestaltungselement. Die Ebene der Tools ist die am einfachsten zu verändernde Schicht. Wir bezeichnen daher Veränderungen auf der Toolebene auch als „Kratzen an der äußeren Schale eines Unternehmens". Überhaupt hängen all diese Gestaltungselemente stark voneinander ab und beeinflussen sich gegenseitig. Zum Beispiel definiert die Strategie auch die „Wichtigkeit" einer Abteilung und hat damit Einfluss auf deren Größe und Zusammensetzung.

---

1 O. Verf. 2009: „CMMI beschreibt den Grad der Reife eines einzelnen Prozessgebiets durch so genannte „Fähigkeitsgrade" (capability levels). Ein Fähigkeitsgrad bezeichnet den Grad der Institutionalisierung eines einzelnen Prozessgebiets."

Diese Tatsache führt Manager selbstverständlich immer mehr zu der Erkenntnis, dass isolierte Eingriffe und kurzfristige Maßnahmen nicht zum gewünschten Resultat führen. Immer mehr Manager verstehen, dass sie alle organisatorischen Gestaltungselemente ihres Unternehmens – Tools, Prozesse, Strukturen, Strategie und den Kern – zu betrachten haben, um erfolgreich zu sein. Den Verantwortlichen ist die Wichtigkeit der Zusammenhänge zunehmend bewusst. Sie wissen, dass alle Facetten in ihrer Ausgestaltung miteinander harmonieren und das Zielbild aller dieser organisatorischen Gestaltungselemente stimmig und passend sein müssen. Doch bei der konkreten Umsetzung und der Implementierung stehen sie nicht selten vor zwei großen Fragestellungen, bei deren Beantwortung uns ein Framework, das auf dem Graves-Value-System aufbaut, hilft:

- Wie sieht das Zielbild der organisatorischen Gestaltungselemente konkret aus? Welche Tools werden in welchem Mix benötigt? Welche Prozesse müssen wie angepasst werden? Welche zusätzlichen Prozesse werden benötigt? Welche strukturellen Veränderungen haben diesen Prozessen zu folgen? Und wie muss das Unternehmen im Innersten, im Kern, funktionieren, damit sich all dies umsetzen lässt?

- Wie kann eine solche Veränderung tatsächlich umgesetzt werden? Ein Tool einzuführen ist relativ „einfach". Auch für die dazu notwendigen Prozessanpassungen gibt es mittlerweile hervorragende Vorgehensweisen. Doch je weiter eine Veränderung ins Innere des Unternehmens hinein wirkt (d.h. auf den Kern des Unternehmens zusteuert, siehe Abbildung 3), umso größer wird die Aufgabe, sie umzusetzen. Eine umfangreiche strukturelle Veränderung stößt häufig auf Blockaden. Beteiligte sehen Vorteile aus Rollenänderungen nicht, fürchten – menschlicherweise – um ihren Einflussbereich. Und eine Veränderung des Unternehmenskerns – seiner Denk- und Verhaltensweisen, seiner inneren Werte, seines Selbstverständnisses – stellt eine noch größere Herausforderung dar.

3 Das Framework des Graves-Value-Systems

In der Literatur finden sich zahlreiche Wissenschaftler, die sich dem Thema Ausgestaltung von Organisationen in Abhängigkeit von vorliegenden Rahmenbedingungen widmen.[2] Für unsere Arbeit in Veränderungsprozessen hat sich als ganzheitlicher Ansatz das im Ursprung von Professor Graves entwickelte Modell erwiesen, das von Bär, Krumm und Wiehle für die Anwendung in der Unternehmens-Praxis übertragen und dabei in ein Framework gegossen wurde (vgl. Bär et al. 2007).[3] Es liefert Herangehensweisen zur Analyse von Unternehmen in ihren organisatorischen Gestaltungselementen, zur Konzeption eines passenden und stimmigen Zielbildes sowie zur Definition von Maßnahmen, um die notwendige Veränderungsarbeit erfolgreich zum Ziel zu führen (vgl. Bär et al. 2007, S. 17 ff). Im Wesentlichen besteht das Framework aus folgenden zwei Teilen:

---

2 Vgl. das 3-Phasen-Modell von Kurt Lewin 1958, als einen der ersten Vertreter, die sich systematisch mit Veränderungsprozessen in Organisationen auseinandersetzten oder auch die Konfiguration von Henry Mintzberg 1979.
3 Viel Grundlagenarbeit zum Graves-Value-System findet sich im Buch von Beck und Cowan wider (vgl. Beck, Cowan 1996).

a. Einordnung von Unternehmen in Entwicklungsstufen (Reifegrade).
Unternehmen durchlaufen wie alle sozialen Systeme bestimmte, stets gleichartige Entwicklungsstufen. Diese bauen strikt aufeinander auf. Die Stufen werden repräsentiert durch erworbene Fähigkeiten sowie durch Denk- und Verhaltensweisen (Werte). Sie finden eine Entsprechung in allen organisatorischen Gestaltungselementen eines Unternehmens. Die Entwicklungsstufen unterscheiden sich grundlegend voneinander, so dass eine Veränderung von einer Stufe in die nächste für die Organisation einen regelrechten Quantensprung bedeutet.

b. Beschreibung der Veränderungsarbeit, um ein Unternehmen innerhalb seiner Entwicklungsstufe zu optimieren oder es um eine Stufe weiterzuentwickeln. Zielsetzung ist es dabei immer, dass die angestrebte Entwicklungsstufe die passende ist. Damit Veränderungen stattfinden können, müssen wesentliche Voraussetzungen stets erfüllt sein. Diese Voraussetzungen beziehen sich zum einen auf die speziellen Fähigkeiten der Organisation – das Können – und zum anderen auf die grundsätzliche Veränderungsbereitschaft – das Wollen. Mithilfe jeweils spezieller, auf die Unternehmenssituation angepasster Begleitvarianten kann in einem Unternehmen eine erfolgreiche Veränderung bewirkt werden. In diesem Zusammenhang werden dem Management wirkungsvolle Werkzeuge an die Hand gegeben, um gewollte Veränderungen zielgerichtet vorzubereiten und ebenso erfolgreich wie nachhaltig umzusetzen. Der Ansatz zielt also im Wesentlichen auf das Schaffen der Voraussetzungen für die Veränderung sowie die Konzeption und Umsetzung der neuen Organisation mit ihrem Kern, der Strategie, den Strukturen, den Prozessen sowie den Tools.

Bevor wir die einzelnen Entwicklungsstufen vorstellen, ist es wichtig, folgendes zu wissen: Jeder Mensch ist in seiner Denk- und Handlungsweise der einen oder anderen Entwicklungsstufe mehr oder weniger stark zugeneigt. Das hat etwas mit den eigenen Werten zu tun, die im tiefen Inneren des Menschen verwurzelt sind. So haben alle Entwicklungsstufen ihre Daseinsberechtigung, auch wenn einem einzelne persönlich fremd oder nicht sympathisch sind. Im Folgenden wird auf wichtige Axiome des Graves-Value-Systems hingewiesen mit der Bitte, diese beim Lesen des Beitrags im Hinterkopf zu behalten:

- Das Graves-Value-System beschreibt, wie Menschen *denken* und handeln, nicht wie sie *sind*. Es gibt Aufschluss, *warum* Menschen sich so verhalten, wie sie es tun.
- Es gibt *keine gute oder schlechte* Entwicklungsstufe eines sozialen Systems, sondern nur *passende und unpassende* Entwicklungsstufen. Die Qualität einer Entwicklungsstufe hängt immer davon ab, wie gut sich das Unternehmen seiner Umgebung angepasst hat und auch, was das Unternehmen selbst aktuell leisten kann.
- Jede Entwicklungsstufe entsteht aus den vorausgehenden Ebenen und *als Reaktion* auf Veränderungen in der Umwelt.
- Die Entwicklung geht *strikt von Ebene zu Ebene* – ein Überspringen von Ebenen ist nicht möglich.

3.1 Entwicklungsstufen

Das Graves-Value-System unterscheidet derzeit acht verschiedene Entwicklungsstufen. Wir beschreiben im Folgenden immer zuerst die Rahmenbedingungen der Umwelt und das vom Unternehmen angestrebte Geschäftsmodell. Dann leiten wir die dazu passenden organisatorischen Gestaltungselemente des Unternehmens ab. Da es uns hierbei besonders wichtig ist, über welche Fähigkeiten ein Unternehmen auf einer Entwicklungsstufe verfügt, stellen wir diese gesondert dar.

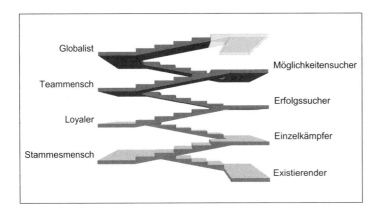

Abbildung 4: Entwicklungsstufen „Das Graves-Value-System Modellhaus". Quelle: Vgl. Bär et al. 2007, S. 32

Der Existierende:

Auf der Ebene der Existierenden geht es den Menschen um das nackte Überleben. Nahrung finden und satt werden ist die einzige Fähigkeit. Verständlicherweise gibt es keine Unternehmen, die sich auf dieser Entwicklungsstufe befinden, wohl aber Menschen wie Säuglinge oder sehr stark behinderte Menschen, die auf die Zuwendung der Umgebung angewiesen sind.

Das Stammesmensch-Unternehmen:

Rahmenbedingungen und Geschäftsmodell: Der Markt des Stammesmensch-Unternehmen zeichnet sich durch einen stabilen, planbaren Absatz aus (Verkäufermarkt). Die Unternehmen produzieren sehr einfache Produkte mit geringem Innovationsbedarf und einem hohen Grad an Selbstfertigung. Häufig sind diese Unternehmen im Besitz von Einzelpersonen bzw. handelt es sich um Familienbetriebe. Die Unternehmensgröße ist in Mitarbeiterzahl und Umsatz eher klein. Endkunden sind zumeist Einzelkunden, auch bei Lieferanten handelt es sich häufig um Einzelpersonen bzw. sehr kleine Unternehmen.

Das Stammesmensch-Unternehmen ist vom *Kern* her patriarchalisch geprägt. Harmonie und Einklang mit dem Umfeld stehen hier im Vordergrund. Von den Mitarbeitern wird von der Geschäftsführung und den Kollegen eine hundertprozentige Treue zur Organisation bis hin zur Aufopferung erwartet. Der Führungsstil des „Patriarchen" ist sehr eng und direkt und wird zuweilen als autoritär erlebt. Die Entscheidungen sind durch eine starke Kommunikation geprägt. Jeder hat das Recht, seine Meinung frei zu äußern und sie allen mitzuteilen. Der Patriarch bildet anschließend den Konsens – diesem folgen alle.

Es gibt weder eine formulierte *Strategie* noch definierte Maßnahmen zu deren Umsetzung. Unternehmensziele manifestieren sich hauptsächlich in Sicherheit für die Angestellten und Absicherung der Grundbedürfnisse. Besonderes Wachstum oder eine Vormachtstellung im Markt wird nicht angestrebt. Der Status Quo soll gehalten werden.

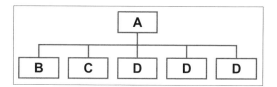

Abbildung 5: Stammensmensch-Unternehmen. Quelle: Vgl. Bär et al. 2007, S. 62

Die *Struktur* ist eine zweistufige Hierarchie. Es gibt eine Führungspersönlichkeit an der Spitze des Unternehmens und eine Reihe von Mitarbeitern auf der zweiten Hierarchiestufe. Die Mitarbeiter der zweiten Ebene können in eine feste Rangfolge eingeordnet werden. Es gibt jedoch formal keine weiteren Hierarchieebenen. Obwohl Mitarbeiter entsprechend ihrer Fähigkeiten eingesetzt werden, gibt es keine klar definierten Zuständigkeiten.

Es wird sehr kollaborativ ohne definierte *Prozesse* nach den Anweisungen des Vorgesetzten gearbeitet. Nur die Kernprozesse, die wenig komplex sind, sind klar strukturiert und definiert. Diese Prozesse gehen Schritt für Schritt immer den gleichen Weg. Somit gibt es einige wenige, wertschöpfende Prozesse im mittleren Reifegrad. Steuernde Prozesse sind praktisch nicht vorhanden.

Auf der Ebene der *Tools* gibt es faktisch keine Personalentwicklungsmaßnahmen. „Beförderungen" folgen entsprechend der Seniorität bzw. der „Rangfolge". Allein dem Patriarchen stehen Statussymbole zu. Eine IT-Unterstützung ist, falls überhaupt vorhanden, rudimentär und nicht integrativ.

Die *Fähigkeiten* liegen darin, für eine Gruppe Entscheidungen zu treffen sowie die Zusammenarbeit zu organisieren.

Beispiele sind landwirtschaftliche Unternehmen oder auch kleine Familienunternehmen (z.B. aus der Gastronomie oder Hotellerie), auf die das oben dargestellte Geschäftsmodell zutrifft.

Das Einzelkämpfer-Unternehmen:

Rahmenbedingungen und Geschäftsmodell: Einzelkämpfer-Unternehmen finden wir bei der aggressiven Erschließung neuer Märke sowie im Verdrängungswettbewerb, wenn der Markt eng wird. Der schnelle Vorteil „ohne Rücksicht auf Verluste" prägt dabei das Vorgehen. Das Einzelkämpfer-Unternehmen konzentriert sich in der Regel auf einfache Produkte oder Dienstleistungen mit geringem Innovationsgrad, die in Massenfertigung erstellt werden können. Häufig zielt das Unternehmen dabei auf die Kostenführerschaft. Die Unternehmensgröße kann stark unterschiedlich sein: von der Einzelperson bis hin zu mehreren hundert Mitarbeitern.

Im *Kern* des Einzelkämpfer-Unternehmens sind Werte wie Macht und die unbedingte Wahrung der Unabhängigkeit kennzeichnend. Die Mitarbeiter beziehen einen Großteil ihrer Motivation aus dem Respekt gegenüber der erfolgreichen Führungskraft. Wichtig ist ebenso das Dazugehören-Wollen, aber auch die eigene Position auszubauen und Macht über andere ausüben zu können. Autokratische und autoritäre Führungsstile sind häufig ein gut erkennbares Ausprägungsmerkmal dieser Ebene. Entscheidungen werden „von oben nach unten" getroffen. Allerdings geht es auch darum, für seinen Chef und sich selbst Fehler, Misserfolge und damit „ Schande" zu vermeiden. Denn Fehler werden hier bestraft. In dieser Kultur kann im Prinzip jeder alles erreichen, wenn er stark genug ist und das System durchschaut. Quereinstiege und Machtübernahmen sind möglich.

Auch auf dieser Ebene wird keine *Strategie* formuliert. Zielsetzungen sind weder langfristig noch nachhaltig. Sie beziehen sich auf das kurzfristige im Erobern neuer Märkte, auf das „schnelle Geldverdienen" und auf die Ausübung von Macht. Unter diesen Voraussetzungen ist es das Ziel, schnell zu wachsen.

Die *Struktur* des Unternehmens ist streng hierarchisch aufgebaut. Jeder Vorgesetzte hat eine größere Anzahl von Mitarbeitern, die für ihn arbeiten. Das Unternehmen beschäftigt eine breite Masse an „Arbeitern", die möglichst austauschbar sind. Die unterschiedlichen Arbeitsgruppen üben die gleichen oder sehr ähnlichen Tätigkeiten aus, Funktionen werden häufig gedoppelt.

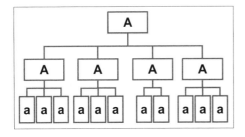

Abbildung 6: Einzelkämpfer-Unternehmen. Quelle: Vgl. Bär et al. 2007, S. 65

Die wenig definierten Routine*prozesse* sind beschrieben und werden stets gleich ausgeführt. Der Vorgesetzte erteilt Anweisungen und Vorschriften, die Arbeiter führen sie aus. Auch auf dieser Ebene gibt es noch keine planenden und steuernden Prozesse. Vorgesetzte auf gleicher Ebene kämpfen häufig um knappe Ressourcen – wer **mächtiger** ist, setzt sich durch.

Tools: Es gibt keine geregelten Arbeitszeiten. Konkrete Anwesenheitszeiten, Feierabend, Pausen etc. werden durch den Chef bestimmt. Die Bezahlung orientiert sich sehr stark an der individuellen Leistung des Mitarbeiters – etwa nach der produzierten Menge oder nach

Absatzzahlen – fixe Gehaltsanteile sind eher gering, das Gehaltsgefälle ist sehr groß. Auch hier ist eine IT-Unterstützung eher rudimentär vorhanden und nicht integrativ.

Fähigkeiten: Unternehmen auf dieser Ebene sind sehr schnell, schlagkräftig und durchsetzungsstark. Führungspersonen werden nach Dominanz und Durchsetzbarkeit beurteilt, diese wiederum bewerten die Mitarbeiter danach, ob und wie gut sie für die eigenen Zwecke einsetzbar sind.

Beispiele für Unternehmen auf dieser Ebene sind schnell expandierende Handelsunternehmen. Unternehmen, die nach dem Akkord-Lohn-Prinzip arbeiten (Einzelakkord). Ein aktuelles Beispiel sind Investment-Banker, die auf diese Art und Weise die Finanzmarktkrise verursacht haben.

Das Loyale Unternehmen:

Rahmenbedingungen und Geschäftsmodell: Dieses Geschäftsmodell behauptet sich in deutlich reiferen Märkten. Das Unternehmen ist etabliert und kann nun in der Expansion deutlich langsamer vorgehen. Der Marktdruck ist hier also erheblich geringer. Die Produkte des Loyalen Unternehmens sind komplexer, vorrangig geboten ist nun die korrekte Erfüllung der Aufgaben. Regeln werden nun aus Gründen von Handhabbarkeit und Sicherheit geschaffen, dies führt zu vermehrter Arbeitsteilung und Spezialisierung. Dennoch erbringt das Loyale Unternehmen fast alle Teile seiner Wertschöpfung selbst. Es handelt sich um große, gesattelte Organisationen mit mittlerem Innovationsgrad und einem guten Markenimage.

Kern: Die höchsten Werte sind Loyalität, Ordnung, Sicherheit und Gerechtigkeit. Es wird versucht, möglichst viel zu regulieren und zu dokumentieren. Mitarbeiter sind oft ihr gesamtes Arbeitsleben lang bei dem Unternehmen beschäftigt – dies erstreckt sich auch über Generationen hinweg. Kompetenzen sind klar definiert und Entscheidungen werden innerhalb des definierten Rahmens im eigenen Zuständigkeitsbereich getroffen. Ziel ist es, die Aufgaben zuverlässig zu erledigen, die einem übertragen werden. Denken und Handeln über den definierten Rahmen hinweg wird von den Mitarbeitern nicht erwartet und ist auch nicht gewünscht. Ein prozessuales Denken existiert folglich noch nicht.

In Loyalen Unternehmen wird eine *Strategie* formuliert, die darauf zielt, die Existenz und Größe des Unternehmens zu sichern. Es gibt jedoch häufig keine einheitlichen Mechanismen zur Definition von Maßnahmen, um die Strategie umzusetzen. Strategie ist hier die Aufgabe des Top-Managements und die von Stabsstellen. Eine Beteiligung der Mitarbeiter bei der Formulierung und Ausgestaltung der Strategie ist nicht gegeben.

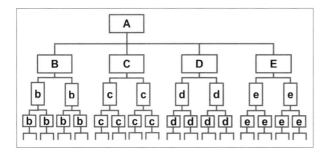

Abbildung 7: Loyales Unternehme. *Quelle: Vgl. Bär et al. 2007, S. 65*

Eine streng hierarchische *Struktur* sorgt für Klarheit und Gerechtigkeit. Die Organisation ist funktional aufgebaut. Es gibt eindeutige Verantwortlichkeiten sowie ein fest definiertes „Oben und Unten".

Arbeits*prozesse* sind klar geregelt und beschrieben, Dabei ist das Vorgehen oft stark zergliedert und berücksichtigt zahlreiche Zuständigkeitsbereiche. Die Prozesse sind somit nicht an der Wertschöpfungskette des Unternehmens ausgerichtet. Die Mitarbeiter orientieren sich mehr an der Hierarchie als an den Abläufen. Planende und steuernde Prozesse sind in einem geringen Reifegrad beschrieben und implementiert, wobei diese wenig über Bereichsgrenzen (z.B. Sparten) hinweggehen und sich zumeist auf abgeschlossene Einheiten beziehen.

Auf der Ebene der *Tools* sind Arbeitsplatzsicherheit, eine kontinuierliche Steigerung der Löhne und Kündigungsschutz Ausdruck der Loyalität des Unternehmens zu seinen Mitarbeitern und tragen zu lebenslanger Treue bei. Titel und Ränge spiele in dieser Welt eine große Rolle. Arbeitszeiten sind fest geregelt. Es gibt sehr viele Regeln im Unternehmen – Verfahrensanweisungen, Nutzerhandbücher und Qualitätsstandards. Kennzahlen liegen in sehr detaillierter Form vor, allerdings fällt es den Mitarbeitern in Loyalen Unternehmen schwer, diese zu aggregieren. Die IT-Unterstützung ist vielfältig, für fast jeden Arbeitsablauf gibt es ein IT-System (mit fest definierten Zugriffsrechten), wobei die Unternehmen mit einer großen Unterschiedlichkeit der Systeme und einer mangelnden Integration der Systeme zu kämpfen haben.

Die *Fähigkeiten* der Mitarbeiter dieser Ebene bestehen im Einhalten von Regeln. Führungskräfte können große Organisationen aufbauen und führen sowie Planungen innerhalb der konkreten Zuständigkeiten durchführen. *Beispiele* sind Ämter und Behörden wie Polizei und Finanzämter; viele deutsche Großunternehmen, aus dem Bereich der Produktion (z.B. Automobil), der Dienstleistung (z.B. Mobilität); viele Banken und Versicherungen.

Das Erfolgssucher-Unternehmen:

Rahmenbedingungen und Geschäftsmodell: Märkte wachsen zusammen, Binnenmärkte sind zunehmend gesättigt, es entsteht ein Nachfragermarkt, Innovationszyklen werden immer kürzer. Folglich ergibt sich ein zunehmender Kostendruck auf die Unternehmen. Effizienzsteigerung, Konzentration auf die Kernkompetenzen, Lean Management, Customer-Relationship-Management sind Modelle, die im Erfolgssucher-Markt wirksam eingesetzt werden. Hinzu kommt eine wachsende Komplexität der Produkte. Geschäftsmodelle von Erfolgssucher-Unternehmen sind somit gekennzeichnet durch eine Orientierung an der langfristigen Kundenbindung, einem starken Vertrieb, einer schlanken Administration und strategischen, gut funktionierenden Partnerschaften.

Folgende Werte sind im *Kern* des Erfolgssucher-Unternehmen vorrangig: Mitarbeiter tun alles zum Besten des Unternehmens. Erfolgreich ist, wer für ein erfolgreiches Unternehmen arbeitet. Die Kunden- und Marktorientierung ist im Denken der Mitarbeiter fest verankert. Die unbedingte Zielorientierung und der Wille zur Verantwortungsübernahme auf allen Hierarchieebenen des Unternehmens stehen im Vordergrund. Im täglichen Arbeitsablauf wird viel delegiert, Verantwortung und Handlungskompetenz gleichermaßen. Es wird vom Mitarbeiter erwartet, unternehmerisch zu denken und zu handeln. Die Kommunikation ist sehr offen und funktioniert bereichsübergreifend. Die Kooperationsbereitschaft mit anderen Unternehmen ist wesentlich höher als im Loyalen Unternehmen. Hier wird aus dem „Lieferanten" ein Partner auf der gleichen Augenhöhe.

Die *strategischen* Ziele der Erfolgsucher-Unternehmen sind gekennzeichnet durch das Streben nach Erfolg, die Umsatzsteigerung bzw. die Kostensenkung. Strategie hat auf der Ebene der Erfolgssucher eine zentrale Bedeutung. Eine Strategie wird in Beteiligung der Mitarbeiter erstellt, und sie wird auch mit Leben gefüllt. Es gibt effiziente Prozesse und Tools, die mit der Implementierung der Strategie im Unternehmen verknüpft sind.

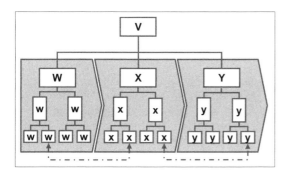

Abbildung 8: Erfolgssucher-Unternehmen. Quelle: Vgl. Bär et al. 2007, S. 73

Die *Struktur* der Erfolgssucher-Unternehmen ist gekennzeichnet durch flache, schlanke Hierarchien. Es bildet sich eine prozessuale Struktur heraus. Verantwortungsbereiche umfassen gesamte Prozesse der Wertschöpfungskette. Prozessorientierte und verantwortungsbereichsübergreifende Berichtswege werden hinzugefügt. Funktionierende Projektorganisation und Produktmanagement entstehen, Stabsfunktionen erhalten Durchgriff zur Prozess- und Organisationsveränderung. In der Administration arbeiten nur noch wenige Mitarbeiter.

Das Erfolgssucher-Unternehmen ist *das* prozessorientierte Unternehmen. *Prozess*design hat Hochkonjunktur. Effizienz und Effektivität sind Entscheidungskriterien hierfür. Prozesskennzahlen werden definiert und gemessen, Prozesse laufend optimiert. Hier kommen Prozesse in hohem Prozessreifegrad vor, auch die planenden und steuernden Prozesse.

Tools: Personalentwicklung, Gehaltsentwicklung und Beförderungen orientieren sich an den zumeist jährlich neu gesetzten, messbaren Mitarbeiterzielen. Kennzahlen haben hier eine große Bedeutung, die Balanced Scorecard hält Einzug. Die Arbeitszeiten sind flexibel. Die Prozesse werden durchgängig und integriert durch IT unterstützt, so z.B. durch ERP-Systeme. Customer-Relationship-Managment-Prozesse und -Systeme laufen effizient.

Kennzeichen der *Fähigkeiten* der Erfolgssucher-Unternehmen sind: Planung über Bereiche hinweg, Strategien entwickeln und umsetzen, eigenverantwortlich Entscheidungen treffen, sowie über den Tellerrand sehen; Denken in „win-win-Kategorien".

Viele Marktführer in der Fertigungsindustrie und Dienstleistung sowie Unternehmen mit stark ausgeprägtem Produktmanagement sind gute *Beispiele* für diese Ebene.

Das Teammensch-Unternehmen:

Rahmenbedingungen und Geschäftsmodell: Der Markt, zu dem das Teammensch-Unternehmen passt, ist weiterhin ein Nachfrager-Markt und verlangt hoch innovative, komplexe Produkte in hoher Qualität. Das Teammensch-Unternehmen ist als Innovator bzw. Nischenanbieter aufgestellt. Teammensch-Unternehmen sind in der Regel von der Mitarbeiterzahl eher kleine Unternehmen wobei der Umsatz durchaus der eines Großunternehmens sein kann. Dies weist einen hohen Grad an Outsourcing und eine Konzentration auf die Kernkompetenzen aus. Im Teammensch-Unternehmen steht der Mitarbeiter als Person im Mittelpunkt.

Kern: Das Leitbild könnte lauten: „Als starke Gemeinschaft unterschiedlicher Menschen können wir unsere Ziele erreichen, wovon alle im Unternehmen profitieren." Die Motivation der Mitarbeiter funktioniert dementsprechend über eine gemeinschaftsorientierte Sinngebung und gemeinsamen, langfristigen Erfolg. Unterschiedlichkeit der Menschen ist anerkannt und wichtig. Es wird erkannt, dass die Mitarbeiter die entscheidenden Assets eines Unternehmens sind. Entscheidungen werden im Konsens des Teams gebildet. Der Führungsstil dieser Ebene ist kooperativ und partizipativ. Hier entsteht eine neue Fehlerkultur. Die Teammenschen sehen Fehler als etwas Natürliches an, wollen die Zusammenhänge und Hintergründe verstehen und dann Abhilfe schaffen.

Die *Strategie* auf der Ebene Team-Mensch ist ähnlich wie die der Erfolgsucher-Unternehmen gekennzeichnet durch das Streben nach Erfolg, die Umsatzsteigerung, die Kostensenkung, um mittel- und langfristig den Unternehmenswert zu steigern. Hinzu kommt hier noch eine stärkere menschliche Komponente. In der Strategie richtet sich nicht alles am bloßen Erfolg aus, auch nachhaltige Ziele auf der Ebene der Mitarbeiter werden formuliert.

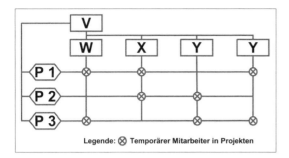

Abbildung 9: Teammensch-Unternehmen. Quelle: Vgl. Bär et al. 2007, S. 78

Es bilden sich Matrix-*Strukturen* mit mehrfachen Berichtswegen und multifunktionalen, in ihren Fähigkeiten komplementären Arbeitsteams heraus, die für bestimmte Aufgaben immer wieder neu zusammengestellt werden. Auch Kompetenz-Pools kombiniert mit einer echten Projektorganisation bilden sich heraus. Für ein Projekt werden die richtigen und kompetenten Mitarbeiter in einem Projektteam zusammengeführt. Innerhalb dieses Teams gelten neue, auf die Rollen und konkreten Aufgaben im Team bezogene Entscheidungskompetenzen.

Die *Prozesse* sind sehr reif. Neu sind Prozesse, die vorhandene Ressourcen (Mitarbeiter und Geld) flexibel und zielgerichtet steuern können. Die Prozesse sind stark kollaborativ, damit jeder sein Bestes für die gemeinsamen Ziele einbringen kann. Aufgrund der besonderen Bedeutung der Mitarbeiter sind zudem Personal-Governance-Prozesse in hoher Reife eingeführt.

Die *Tools* der Erfolgsorientierung werden beibehalten. Hinzu kommen Teamprämien und es wird noch stärker auf die technologische Unterstützung gesetzt. Diese wird insbesondere auch zur Verbesserung der Kommunikation und inhaltlichen Zusammenarbeit eingesetzt (Kollaborationssysteme). Wissensmanagement-Konzepte kommen hier zum Leben. Im Gegensatz zum Erfolgssucher-Unternehmen sind hier die Gehaltsstrukturen möglichst homogen, für jeden verständlich und vielfach transparent für alle. Die Arbeitszeiten sind nicht unbedingt fest geregelt, müssen aber sozial verträglich sein.

Die *Fähigkeit* der Teammenschen liegt darin, zu akzeptieren, dass Menschen anders sind. Sie nutzen diese im kooperativen Sinn oder können sich selbst im Interesse aller zurücknehmen.

Beispiele sind Innovative Modelle in der Automobil- und Fertigungsindustrie, Dienstleistungsunternehmen, die Kompetenzpools eingeführt haben, multifunktionale Projektteams.

Das Möglichkeitensucher-Unternehmen:

Rahmenbedingungen und Geschäftsmodell: Auch der Markt des Möglichkeitensucher-Unternehmens ist ein Nachfrager-Markt und verlangt hoch innovative, komplexe Produkte in hoher Qualität – nur ist dieser Markt noch schneller als der des Teammensch-Unternehmens. Das Geschäftsmodell des Möglichkeitensucher-Unternehmens ist das eines Netzwerks, in dem mehrere Unternehmen in einem Verbund – mit einem gemeinsa-

men Ziel – flexibel zusammen arbeiten. Dementsprechend sind die einzelnen Unternehmen stark auf ihre jeweilige Kernkompetenz fokussiert. Sie positionieren sich als Innovato-
ren bzw. Nischenanbieter.

Kern: Integrationsfähigkeit ist entscheidend, basierend auf dem Verständnis, offen und
partnerschaftlich mit anderen zusammenarbeiten zu können. Flexibilität und der Wille, das
eigene Wissen bestmöglich einzubringen, prägen das Grundverständnis der Mitarbeiter
und wirken als Motivation. Die offene Kommunikation ist sehr wichtig, vor allem der Austausch von Wissen. Die Kunst des Möglichkeitensuchers liegt in der Kreativität, Kommunikationswege und Arbeitsmodelle zu optimieren. Selbstverantwortung ist ein wichtiger Wert,
und so werden die Mitarbeiter auch geführt.

Die *Strategie* des Erfolgssuchers ist die eines hoch innovativen Nischenanbieters, der in
einem Netzwerk von Geben und Nehmen gedeiht. Hier geht es stärker um das Produkt
bzw. die Dienstleistung an sich als um das Unternehmen. Natürlich ist es auch wichtig,
nachhaltig Leistungen zu erbringen.

Die *Struktur* formt sich als Netzwerk, auch „virtuelle Unternehmen" können sich hier bilden.
Dieses Netzwerk koppelt die verschiedensten Arbeitsmodelle der anderen Ebenen des
Graves-Value-Systems an oder kreiert sie gezielt. So werden etwa Projektteams aufgestellt, die als Team im direkten Graves-Verständnis konfiguriert sind – oder es werden eine
erfolgsorientierte Vertriebseinheit und eine loyale Qualitätssicherungseinheit aufgebaut.

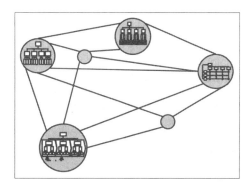

Abbildung 10: Möglichkeitensucher-Unternehmen Quelle: Vgl. Bär et al. 2007, S. 83

Die *Prozesse* sind sehr reif und unterliegen einer ständigen Optimierung, so dass sie
schnell und flexibel an die aktuelle Situation angepasst werden können. Für die Steuerung
von Zielvorgaben müssen funktionierende Governance-Prozesse (z.B. Übergreifend, IT,
Personal) im Unternehmen verankert sein. Diese sichern eine hinreichend einheitliche Arbeitsweise.

Tools: Die Steuerung erfolgt über Zielvorgaben und ein verbindliches und sehr klares Regelwerk. Der Einsatz von Informationssystemen ist sehr wichtig. Es überwiegen Kollaborationssysteme, Kommunikationssysteme sowie Wissensmanagement-Systeme. Die Arbeitszeiten sind flexibel, jeder kann selbst entscheiden, wann, wo und wie er arbeiten möchte.

Die *Fähigkeit* der Möglichkeitensucher liegt in der Organisation und hochflexiblen Nutzung von Netzwerken; es werden die Vorteile aller vorhergehenden Ebenen geschätzt und eingesetzt

Beispiele sind schnell (anorganisch) wachsende Unternehmen, die ihre Tochterunternehmen in Netzwerken organisieren, Think Tanks, Wissensnetzwerke

Das Globalisten-Unternehmen:

Unternehmen auf dieser Ebene sind sehr selten. Meist sind es Organisationen, die sich einem hoch stehenden ethischen Wert verpflichtet fühlen und ihm dienen. Wirtschaftlich orientierte Unternehmen auf dieser Ebene haben wir noch nicht angetroffen. Die Handlungsfähigkeit und das Verständnis von Selbstverantwortung der Möglichkeitensucher werden bei den Globalisten in einen größeren, allumfassenden, globalen Zusammenhang gestellt. Das Individualziel muss in einen gesellschaftlichen und ökologischen Sinn- und Gesamtzusammenhang eingeordnet werden. Dieser geht deutlich über die Ideen und Prinzipien der loyalen Welt hinaus und speist sich aus dem Verständnis sehr großer, globaler Wirkungszusammenhänge.

3.2 Veränderungsarbeit

Wie oben beschrieben, zielt der zweite wesentliche Baustein des Graves-Value-System Frameworks auf die Beschreibung der Veränderungsarbeit. Veränderung passiert nicht zum Selbstzweck. Eine umfassende Veränderung – eine Weiterentwicklung des Unternehmens auf eine neue Entwicklungsstufe, hinein in einen neuen Reifegrad – ist nur dann notwendig, wenn sich die Rahmenbedingungen des Marktumfeldes gravierend verändert haben oder wenn das Unternehmen sein Geschäftsmodell verändern möchte. Weniger umfangreiche Veränderungen – innerhalb der aktuellen Entwicklungsstufe – sind dann notwendig, wenn die aktuelle Entwicklungsstufe zwar passt, aber noch Optimierungspotenzial besteht. Von daher ist zu Beginn der Veränderungsarbeit genau zu prüfen, wie umfassend eine Veränderung sein muss.

Die Stärke des Ansatzes aus dem Graves-Value-System besteht in der Flexibilität, die notwendigen Schritte zur richtigen Zeit umzusetzen, um sowohl die aktuelle Themenstellung (z.B. Veränderung des Geschäftsmodells) zu lösen als auch sicherzustellen, dass solche Konzepte im Unternehmen funktionieren und nachhaltig verankert werden. (vgl. Bär et al. 2007, S. 95).

Um die Navigation durch den Ansatz des Frameworks zu erleichtern, stellen wir an dieser Stelle einen generischen Rahmen zur Durchführung von Veränderungsprozessen vor. Die Begleitung eines Veränderungsprozesses ist häufig in einem Projekt organisiert, kann aber auch als Coaching des Top-Managements durchgeführt werden. Erfolgskritisch ist in jedem Fall eine aktive Beteiligung der Entscheider.

Ausgehend von der gegebenen Themenstellung wird eine kurze, prägnante Graves-Standort-Analyse durchgeführt und das Veränderungsziel definiert. Dabei wird auch die Ausgestaltung der Zielorganisation – die organisatorischen Gestaltungselemente: Kern, Strategie, Struktur, Prozesse und Tools – grob konzipiert. Die Veränderungsarbeit besteht im Wesentlichen darin, geeignete Maßnahmen umzusetzen, um die Voraussetzungen für eine Veränderung zu erreichen. Parallel wird in vielfältigen Schritten die Ausgestaltung der Zielorganisation verfeinert, validiert und geprobt. Parallel und zeitlich genau abgestimmt unterstützt eine gut geplante, zielgerichtete Kommunikation den Prozess. (vgl. Bär et al. 2007, S. 96 ff).

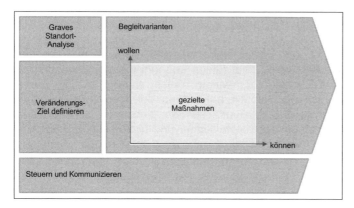

Abbildung 11: Der Veränderungsrahmen. Quelle: Bär et al. 2007, S. 96

Die Standortanalyse:

Die Standort-Analyse dient dazu, schnell und pragmatisch Klarheit über die aktuelle Situation im Unternehmen zu gewinnen. Sie beantwortet dabei die Kernfrage, auf welcher Graves-Ebene das Unternehmen im Ganzen einzuordnen ist. Auch Unternehmensteile und Schlüsselpersonen werden mit einbezogen und bei Bedarf separat betrachtet. Bei der Analyse geht es zum einen um die organisatorischen Gestaltungselemente des Unternehmens vom Kern bis zu den Tools, aber auch die Fähigkeiten der Organisation werden hinterfragt. Ziel ist es, konkrete Anhaltspunkte zu erhalten, wo sich die Organisation in Bezug auf das definierte Vorhaben befindet.

Das Veränderungsziel:

Abhängig von der übergeordneten Themenstellung (Fusion, Outsourcing oder z.B. Maklerintegration) und den Ergebnissen der Standortanalyse wird nun das Veränderungsziel definiert, und die erforderlichen Schritte des Veränderungsprozesses werden geplant. Im ersten Schritt werden grob die Prinzipien, nach denen eine Zielorganisation gestaltet sein muss, konzipiert. Diese Prinzipien basieren auf den erforderlichen Fähigkeiten sowie auf den Denk- und Verhaltensweisen der Organisation in ihrem Kern. Aufbauend darauf werden die organisatorischen Gestaltungselemente von der Strategie bis zu den Tools entwickelt. Implizit wird hiermit auch festgelegt, in welchem Reifegrad sich das Unternehmen nach der Veränderungsarbeit befinden soll.

Umsetzung des Veränderungsziels (die Begleitvarianten):

Das Framework des Graves-Value-Systems fasst sieben Voraussetzungen für Veränderungen zusammen, die abhängig vom Veränderungsziel erfüllt sein müssen, um eine Veränderung in einem Unternehmen herbeizuführen. Die konkrete Veränderungsarbeit besteht aus der Definition und Umsetzung von Maßnahmen, um einerseits die Voraussetzungen für Veränderungen zu schaffen und andererseits das zuvor erstellte Konzept der organisatorischen Gestaltungselemente zu schärfen, zu proben und letztlich zu implementieren. Die Voraussetzungen für Veränderungen lassen sich wie folgt zusammenfassen

- KANN das Unternehmen eine Veränderung: Das Verständnis von Können bezieht sich schwerpunktmäßig auf die für das Arbeiten in einem veränderten Unternehmen erforderlichen Fähigkeiten und das entsprechende Wissen. Als Grundlage dafür dient das Können in der aktuellen Ebene, denn nur, wenn die „Welt, aus der man kommt", gut beherrscht wird, kann man sich später in einer noch anspruchsvolleren bewegen.

- WILL das Unternehmen eine Veränderung: Die Mitarbeiter im Unternehmen müssen veränderungsbereit sein. Veränderungsbereitschaft ergibt sich zum einen aus Druck und Unzufriedenheit mit der aktuellen Situation. Zum Zweiten muss ein attraktives Ziel verfolgt werden, das die Veränderung bedingt. Diese beiden Motivationsfaktoren wirken zusammen. Hinzu kommt die grundsätzliche Offenheit für Veränderungen.

Das KÖNNEN im Zusammenhang mit Veränderungen ist ebenso wichtig wie das WOLLEN. Die folgende Tabelle gibt einen Überblick über die sieben Voraussetzungen für Veränderungen.

Können / Veränderungsfähigkeit	Wollen / Veränderungsbereitschaft
• **Potenzial** für Veränderungen (Fähigkeiten und Fertigkeiten, das inhaltliche Vorbereitet-Sein) • **Souveräne Lösungen** für die aktuelle Ebene des Graves-Value-Systems • **Geeigneter Umgang mit Hindernissen**, die im Veränderungsprozess auftreten • Konsolidierung, **Integration des Gelernten**	• **Offenheit** für die Notwendigkeit von Veränderungen und einen Veränderungsprozess • **Dissonanz**, also das Unbehagen in der jetzigen Stufe des Graves-Value-Systems bzw. in der gegebenen Situation • **Einsicht** in die Vorteile der Veränderung, den durch die Veränderung erreichbaren Nutzen und die Tatsache, dass eine Veränderung als Prozess abläuft

Abbildung 12: Dimensionen des Könnens und Wollens. Quelle: Bär et al. 2007, S. 47

Das *Potenzial* beschreibt die Summe von individuellen und kollektiven Fähigkeiten und Fertigkeiten. Es drückt sich in der Frage aus: Mit welchem Maß an zusätzlicher Komplexität kann jeder Einzelne in einer Organisation umgehen – und wie geht die Organisation als Ganzes mit Komplexität und veränderten Anforderungen um?

Die Kernfrage bezüglich der *Souveränen Lösungen* ist: Kann die Organisation das leisten, was bisher von ihr erwartet wird, und wo sind noch Verbesserungen erforderlich? Dies ist wesentlich, weil die Fähigkeiten auf der nächsten Ebene auch gebraucht werden. Wenn die aktuellen Probleme der Organisation über den Kopf wachsen, ohne dass Veränderungen aus der Umwelt oder neue Anforderungen etwas damit zu tun hätten, ist an eine Veränderung auf eine höhere Ebene des Graves-Value-Systems nicht zu denken.

Der veränderte und konstruktive *Umgang mit Hindernissen* ist weiteres zentrales Thema. Zu Veränderungsprozessen gehört, dass eine Organisation lernen muss, mit veränderten Aufgabenstellungen geeignet umzugehen. Und es geht hier um die gesamte Organisation. Eine Veränderung kann nicht stattfinden, wenn ausschließlich das Management oder externe Berater mit Hindernissen umgehen können. Ihrem Wesen nach sind sie die fundamentalen neuen Herausforderungen, Vorboten der künftigen Unternehmenswelt. Daher müssen sie gelöst, umgangen oder neutralisiert werden.

Integration von Gelerntem: Zentral ist, aus der Lösung von Problemen zu lernen und das Gelernte allen zugänglich zu machen. Dann werden Lösungen künftig schneller gefunden oder Probleme treten erst gar nicht mehr auf. Mittel und Wege dafür gibt es prinzipiell viele, sie müssen jedoch der gegebenen Situation und den zu erwartenden Aufgaben angemessen sein. Wichtig ist zudem, wie die Erhaltung des Gelernten organisiert wird – das gilt für Wissen und Können.

Für eine Unternehmensveränderung ist eine grundsätzliche *Offenheit* erforderlich. Veränderungsdruck oder Einsicht alleine genügen beileibe nicht, um das erforderliche Wollen zu erreichen. Druck kann helfen, das Unbehagen zu fördern. Am Anfang steht aber immer die grundsätzliche Offenheit, die Bereitschaft zu Veränderungen. Zu viel Druck erzeugt zumeist noch mehr Widerwillen und Widerstand. Offenheit hat auf der einen Seite etwas mit der Grundeinstellung der Menschen zu tun, auf der anderen Seite aber auch mit dem Eingehen auf sie und ihre Bedürfnisse.

Ausreichendes Unbehagen – *Dissonanz* – über die aktuelle Situation muss als Voraussetzung für Veränderungen ebenfalls gegeben sein. Die Betroffenen müssen unzufrieden sein, es ist in Kauf zu nehmen – und sogar erforderlich –, dass sie im Lauf der Veränderung unzufrieden werden. Nur müssen die Maßnahmen, die gewollt zu Unbehagen und Dissonanz führen, in direktem Zusammenhang mit den veränderten Herausforderungen und dem Ziel des Veränderungsprozesses stehen. Das bloße Erzeugen von Druck würde den erforderlichen Lern- und Veränderungsprozess stören und damit das Ergebnis in Frage stellen.

Für eine erfolgreiche Veränderung muss von den Mitarbeitern verstanden werden, dass eine Veränderung eine gute Lösung bringt. Wesentlich ist hier auch die *Einsicht*, dass es sich um einen Veränderungsprozess handelt, der zu planen und durchzuführen ist. Die Einsicht in die Vorteile der Veränderung, den durch die Veränderung erreichbaren Nutzen, zu fördern – das ist die zentrale Aufgabe. Dabei geht es weniger um das abstrakte Ziel der Veränderung, vielmehr sprechen wir von den konkreten Vorteilen, die sich durch die veränderte Situation erreichen lassen. In einem Unternehmen kann das sehr anspruchsvoll sein. Die Idee, aus der Transformation eines bürokratischen Apparats in ein schnelles und agiles Dienstleistungsunternehmen kämen Vorteile, will für die Betroffenen erst einmal aufgebaut sein. Die Chancen – das Mehr an Gestaltungsfreiheit und Verantwortung, an persönlicher Entwicklungsmöglichkeit – werden oft nicht gesehen, wohl aber mehr Arbeit, mehr Tempo, weniger Ruhe, weniger Sicherheit. (vgl. Bär et al. 2007, S. 47 ff)

Wie erwähnt, ist die Erfüllung der Voraussetzung für Veränderungen abhängig vom Veränderungsziel. Die dazu erforderlichen Maßnahmen und die individuelle Begleitung durch den Veränderungsprozess lassen sich in drei wesentliche Begleitvarianten gliedern. Sie können iterativ oder auch isoliert voneinander umgesetzt werden – immer unter der Prämisse, dass die Voraussetzungen passen.

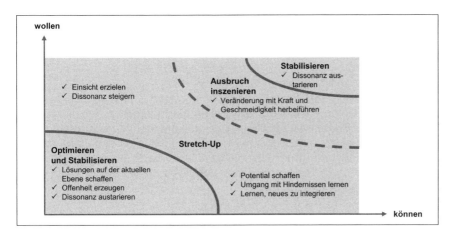

Abbildung 13: *Begleitvarianten und Voraussetzungen für Veränderungen.* Quelle: Bär et al. 2007, S. 106

Optimieren und Stabilisieren

Sollen lediglich Optimierungen auf der gleichen Ebene des Graves-Value-Systems stattfinden oder herrscht in einem Unternehmen Chaos, wird die Begleitvariante „Optimieren und Stabilisieren" angewandt.

Die wesentliche Voraussetzung für Veränderungen, an denen in diesem Fall gearbeitet wird, ist „souveräne Lösungen für die aktuelle Ebene des Graves-Value-Systems zu schaffen". Dies ist für den Fall der Optimierung ganz klar, Bestehendes wird optimiert. Aber auch im Falle des Chaos hilft es dem Unternehmen, wieder in sich stimmig zu sein, so dass die Fähigkeiten wieder mit den organisatorischen Gestaltungselementen zusammenpassen. Somit kann ein gutes Stück Druck aus dem Unternehmen genommen werden. Auch weitere Maßnahmen zum Austarieren der Dissonanz sind zu ergreifen. Dissonanz austarieren heißt in diesem Zusammenhang: Übermäßigen Druck aus dem Unternehmen herausnehmen aber nicht zu viel, da ohne Druck eine Veränderung nicht möglich ist – auch nicht eine Veränderung auf der aktuellen Ebene des Graves-Value-Systems. Parallel sind Maßnahmen geboten, um generelle Offenheit für Veränderungen zu erzeugen. Als Ergebnis wird ein gesundes Maß an Ruhe und Stabilität erzielt.

Stretch-Up

Soll die Veränderung in die jeweils nächste Ebene stattfinden und sind zumindest die Voraussetzungen „Lösungen auf der aktuellen Ebene" und „Offenheit für Veränderungen" erfüllt, ist das Unternehmen stabil und erfüllt seinen Geschäftszweck angemessen gut, kommt die Begleitvariante „Stretch-Up" zur Anwendung.

Gezielte Maßnahmen helfen dem Unternehmen zum einen, Potenzial aufzubauen, mit Hindernissen umzugehen und das Gelernte integrieren zu können. Zum anderen wird Einsicht erzeugt und die Dissonanz auf das richtige Maß gesteigert. Auch hier wird, wie in der zuvor beschriebenen Begleitvariante, parallel das Zielbild der organisatorischen Gestaltungselemente erprobt, validiert, überarbeitet und verfeinert. Im Stretch-Up ist dies aber aufgrund der vielfältigen Veränderungen wesentlich stärker präsent. Sind alle Voraussetzungen für die Veränderung erfüllt, werden die Ausprägungen in den Facetten des Zielbildes schrittweise implementiert, so entsteht nach und nach die Organisation mit ihrem neuen Gesicht.

Die Auswahl und die Kombination der einzelnen Maßnahmen sind sehr stark von der spezifischen Situation in einem Unternehmen abhängig. Die Maßnahmen zielen darauf ab, Lernerfahrungen und positive Erlebnisse bezüglich der anstehenden Veränderung zu erzeugen, vorhandenes Potenzial zu aktivieren und neues Potenzial zu schaffen. Andere Maßnahmen zielen auf die Steigerung der Dissonanz. Denn die Erfahrungen mit einer veränderten Situation können noch so positiv sein, Veränderung findet nur dann statt, wenn in der aktuellen Situation der Schuh drückt.

Ausbruch inszenieren

Läuft der Veränderungsprozess mittels Stretch-Up nicht sauber ab und bleibt das Unternehmen mitten in der Veränderung stecken, kann sich eine krisenhafte Situation entwickeln. Das Unternehmen schafft es nicht, die Veränderung durchzuführen, der Rückweg ist aber auch abgeschnitten, da schon zu viel verändert wurde und entsprechender Druck in der Organisation herrscht. Die Organisation bleibt dann buchstäblich in der Krise gefangen. Um das Unternehmen aus der Krise zu führen, kann ein Ausbruch inszeniert werden. Hierbei müssen vom Management ganz gezielte und intensive Maßnahmen ergriffen werden. Man könnte sagen, der Organisation wird mit viel Kraft und Geschmeidigkeit ein starker Schub verliehen.

Um den Ausbruch zu gestalten, braucht es auf den Ebenen Stammesmensch bis Loyales Unternehmen Maßnahmen, die auf harte, konkrete und unmittelbare Änderungen zielen. Klares Voranschreiten seitens des Managements und konkrete Handlungsanleitungen sind gefordert. Bei den Ebenen Erfolgssucher bis Möglichkeitensucher sind Maßnahmen bezüglich abstrakterer, größerer und weiter entfernter Ziele angemessen.

Der Ausbruch erfasst in seiner Wirkung die ganze Organisation. Mitarbeiter, die der anstehenden Veränderung sehr positiv gegenüber stehen, werden am meisten Energie daraus ziehen, aber auch Skeptiker bewegen sich mit. Die Wirkung bezüglich der Voraussetzungen entfaltet sich sehr stark beim Umgang mit Hindernissen und bei der Fähigkeit, Gelerntes zu integrieren, auch die Einsicht in die neuen Möglichkeiten wächst beinahe schlagartig.

4 Schaffung der organisatorischen Voraussetzungen im Versicherungsunternehmen zur effektiven Anbindung des Maklers

Nachdem Sie nun das Framework des Graves-Value-Systems kennengelernt haben, wollen wir die „Theorie" auf den konkreten Fall der Maklerintegration anwenden. Wir werden erläutern, wie ein Versicherungsunternehmen optimalerweise organisatorisch ausgestaltet sein sollte, um Makler effektiv anzubinden. In der Bearbeitung der Fallstudie stützen wir sämtliche Aussagen und Erkenntnisse auf unsere langjährige Praxiserfahrung.

Wie wir beobachten, lassen sich große Teilbereiche von Versicherungsunternehmen in die Ebene der Loyalen Organisationen einordnen; wohl sind sie aber auch in manchen Teilen auf dem Weg in die erfolgsorientierte Welt. Dies passt mit den Anforderungen, die der Markt an die Versicherungsunternehmen stellt, zusammen: Noch vor 10-15 Jahren befanden sich Versicherungsunternehmen in einer sehr komfortablen Lage. Sie hatten treue Kunden, der Absatz ihrer Produkte war so gut wie gesichert, die Unternehmen waren durchweg finanziell gut ausgestattet; sie konnten unbehelligt ihrem Geschäft nachgehen und in gewissem Umfang wachsen. Nun hat sich der Versicherungsmarkt gedreht. Der Wettbewerb ist härter geworden, die lange prophezeite Konsolidierung der Versicherungsunternehmen findet zunehmend statt.

Viele Versicherungsunternehmen reagieren auf den Marktdruck. Das Wort „Industrialisierung" beginnt langsam in der Versicherungsbranche Einzug zu halten. Es wird seit einiger Zeit an der Produktivität in den Versicherungsunternehmen gefeilt, wenngleich der Begriff „Fabrik" meistens noch verpönt ist. Langsam werden Shared Service Center für die Kundenbetreuung und für andere Querschnittsfunktionen aufgebaut. Auch die Spartenauflösung ist in manchen Häusern im Gange. Nach und nach werden Leistungen ausgelagert. Auch nach neuen Vertriebswegen wird gesucht: Der Absatz über Makler wird sukzessive von Versicherungen in der Strategie verankert. Während man Maklern noch vor einiger Zeit mit Distanz begegnet ist, werden sie heute vielfach umworben.

Natürlich sind Versicherungsunternehmen auf ihrem Weg von der Loyalen in die Erfolgssucher Organisation unterschiedlich weit fortgeschritten, was sich in ihrem Inneren widerspiegelt. Auch wenn es *die* Charakteristik *des* Versicherungsunternehmens nicht gibt – sie sind, wie gesagt, alle ganz unterschiedlich – haben wir uns erlaubt, die Checkliste zur **Standortanalyse** in wesentlichen Punkten auszufüllen. Wir stellen damit eine typische Situation dar, wie sie uns heute vielfach in Versicherungsgesellschaften begegnet.

• Gibt es eine klare Unternehmensvision? • Wie ist ihr Stellenwert im Unternehmen?	In fast allen Versicherungsgesellschaften wurde eine Vision formuliert. Die Mitarbeiter fühlen sich häufig aber nicht davon betroffen. Wir haben es sehr oft erlebt, dass die Vision in den Augen der Mitarbeiter ausschließlich etwas für das Top-Management oder das Marketing ist. Zuweilen begegnen uns auch ablehnende Haltungen: „Über so etwas Abgehobenes brauchen wir nicht zu reden" oder „Bringen Sie zum Visions-Workshop doch ein paar Räucherstäbchen mit."
• Welche Werte stehen im Vordergrund? • Wie lassen sich die Mitarbeiter motivieren? • Was ist das Selbstver-	Die Arbeitsplatzsicherheit ist zentraler Dreh- und Angelpunkt, daneben zeigen Mitarbeiter eine hohe Loyalität zum Unternehmen: „Ich arbeite für die xy-Gesellschaft" ist eine häufige, von Stolz geprägte, Aussage. Für sie ist es wichtig, ein Teil des Unternehmens zu sein und den eigenen Beitrag zu leisten. Planbare Gehaltssteigerungen und Respekt vor Position und Seniorität ge-

ständnis des Managements und der Mitarbeiter?	nauso wie „Goodies" (z.B. Gesundheitsvorsorge, Parkplätze, eine subventionierte Kantine), die der Arbeitgeber für seine Mitarbeiter leistet, haben einen hohen Stellenwert.
	Führungskräfte haben das Selbstverständnis, für ihre Mitarbeiter zu sorgen. Erwartet wird regelkonformes Handeln und die Einräumung des Rechts, die Entscheidungen zu treffen.
	Im Verhalten der Mitarbeiter aller Hierarchieebenen spiegelt sich die Vorsicht vor Fehlern und Kompetenzüberschreitungen wider. So wird häufig lieber keine Entscheidung getroffen als eine falsche.
• Welche ungeschriebenen Gesetze gibt es? Wie geht man miteinander um? • Welche Machtverhältnisse herrschen vor?	Im Allgemeinen treffen wir auf ein sehr kollegiales Miteinanderumgehen. Die Entscheidungen des Vorgesetzten werden von den Mitarbeitern akzeptiert, auch wenn sie persönlich anderer Meinung sind.
	Fehler, wenn sie einmal passieren, werden möglichst verborgen. Ist das nicht möglich, wird ein „Sündenbock" gesucht – einer ist für den Fehler zu bestrafen. Ein konstruktives aus Fehlern lernen gibt es sehr selten.
	Wir haben einmal bei der Einführung eines Beschwerdemanagements die Erfahrung gemacht, dass Kundenbeschwerden nicht vollständig eingegeben und ausgewertet wurden. Die Zielsetzung war ursprünglich, aus den Beschwerden der Kunden Schwachstellen zu identifizieren und zu beheben. Es herrschte aber eine viel zu große Angst davor, dass Fehler Einzelnen oder Abteilungen zugewiesen würden und dies einen Nachteil für die Beteiligten hätte.
	Machtverhältnisse findet man – wie in fast jedem Unternehmen – entlang der hierarchischen Strukturen. Daneben gibt es informelle Machtkonstellationen. In manchen Versicherungsunternehmen spielt es eine bedeutende Rolle, wer sich mit wem zum Mittagessen trifft. Dies wird von den Kollegen beobachtet. Entsprechende Schlussfolgerungen auf Macht und Einfluss werden gezogen.
• Welcher Führungsstil herrscht vor? • Wie sind Mitarbeiterführung und -entwicklung sowie Teamführung ausgestaltet?	Der Führungsstil ist zumeist demokratisch autoritärer. Das Delegieren von Aufgaben erfolgt – innerhalb gewisser Regeln – durch die Strukturierung von Arbeiten. Dabei definiert der Vorgesetzte die Vorgehensweise, die zur Erledigung der Aufgabe anzuwenden ist. Er gibt jedoch nicht die Verantwortung an einen Mitarbeiter weiter. Ergebnisse werden kontrolliert.
	Für die Mitarbeiterentwicklung gibt es standardisierte Programme und (eingeschränkt) Auswahlkriterien, wer daran teilnehmen darf – häufig ist jeder einmal dran, der lange genug gewartet hat.
• Wie ist der Kommunikationsstil? • Welche Argumentationsweisen sind ausgeprägt?	Kommunikation erfolgt im geregelten Rahmen – top-down. Es gibt teils sehr gut gestaltete Medien, um die Mitarbeiter gezielt zu informieren.
	Die Argumentation orientiert sich an den definierten Regeln und dokumentierten Verfahren. Kommt eine Person damit nicht weiter, hilft es ihr häufig, sich auf eine hochrangige Person zu berufen „Ich handle auf Anweisung von Frau x." oder „Herr y möchte das so haben."
• Wie ist die Wertschöpfungstiefe des Unternehmens? • Wie sind „Externe" an das Unternehmen angebunden? • Wie stark ist die Integration?	In vielen Versicherungen sind einige Leistungen extern vergeben, z.B. die Druckerei. Auch sind große Teile der IT schon lange ausgegründet, wobei die IT teilweise noch im Unternehmensverbund verblieben ist, d.h. durch eine IT-Tochter (Captive) erbracht wird, teilweise aber auch an externe Provider vergeben ist. Die Industrialisierung schreitet immer weiter voran, und in zahlreichen Versicherungen werden weitere Funktionen ausgelagert.
	Die Qualität der Anbindung von Firmen, an die Services ausgelagert wurden, ist unterschiedlich gut und häufig von Kontrolle geprägt. Oft finden wir unsaubere Schnittstellen und unklare Verantwortlichkeiten. Stellen in der Versicherung möchten nicht die Prozessverantwortung abgeben, und schreiben dem Dienstleister exakt vor, was wie zu tun ist. Dadurch fällt es dem Dienstleister schwer, Optimierungen zu erzielen. Der Wunsch in der Versicherung zur Steuerung des „Lieferanten" oder der „Fremdfirma" ist sehr hoch.
	Makler werden stark umworben, es herrscht das Verständnis, dass man sie

	braucht. Allerdings sind sie für die Versicherung nicht – wie andere Dienstleister – steuerbar. Die Anbindung funktioniert mehr oder weniger gut, an vielen Ecken und Enden knirscht es. Die Güte der Integration ist zudem sehr stark vom jeweiligen Maklerbetreuer und der Serviceorientierung des Back Office abhängig.
• Wie ist die Organisationsstruktur? • Nach welchen Prinzipien ist sie ausgestaltet?	Versicherungsunternehmen beginnen ihre Spartenstruktur aufzulösen und entwickeln sich langsam hin zu stärker prozessorientierten Strukturen. So werden beispielsweise zentrale First- und Second-Level-Service Einheiten geschaffen, genauso wie Shared Service Center. Große Teile der Versicherungen sind aber noch streng hierarchisch aufgebaut. Die Struktur orientiert sich größtenteils an den Funktionen, nicht an Prozessen.
• Welche Prozesse liegen in welchem Reifegrad vor? • Wie transparent sind die Unternehmenszahlen?	Versicherungsgesellschaften haben in der Regel sehr gut beschriebene Verfahren, beispielsweise für das Risikomanagement, das Schadensmanagement oder die Policierung. In der Prozessbeschreibung und Optimierung tun sich viele noch schwer. Ausnahme sind hier die neu eingeführten Service-Prozesse (First- und Second-Level-Service). Kennzahlen liegen häufig sehr detailliert vor (ausgenommen die Prozesskennzahlen). Wir beobachten allerdings, dass oftmals eine Steuerung anhand von Kennzahlen nicht effektiv erfolgt. Dies liegt zum großen Teil daran, dass es a) zu viele b) nicht die richtigen sind und, dass sie c) nicht aggregiert und in den Zusammenhang gebracht werden können.
• Wie ist die monetäre Entlohnung ausgestaltet? • Wie sind die Belohnungssysteme ausgestaltet?	In der breiten Schicht der operativen Mitarbeiter gibt es keine variablen Gehaltsanteile. Für Führungskräfte gibt es in der Regel einen kleinen variablen Gehaltsanteil. Abhängig vom Versicherungsunternehmen, und davon, wie weit es schon den Weg Richtung Erfolgsorientierung gegangen ist, werden dem Top-Management hohe Boni bezahlt.
• Wie ist die IT-Ausstattung des Unternehmens? • Wie gut werden die einzelnen Prozesse mit IT unterstützt? • Wie innovativ ist die IT des Unternehmens?	Die IT-Ausstattung in Versicherungsunternehmen beobachten wir als sehr vielseitig und leidlich integriert. Es existieren vielfach "alte" Systeme (Legacy), die seit Jahren nicht vollständig ersetzt sondern fortwährend ergänzt wurden. Aufgrund der „historischen Entstehung" gibt es auch häufig parallele Systeme mit ähnlichen oder sich überschneidenden Funktionalitäten. Die Systeme sind oft geschäftsobjekt- und nicht prozessbezogen gestaltet. Ausgeprägtes Spezialistenwissen über Systeme führt zu einer dezidierten Zuordnung von Mitarbeitern oder ganzen Teams zu Systemen für Weiterentwicklung und Betrieb. Häufig finden wir wenig übergreifendes Wissen über die gesamte IT-Landschaft, auch die Architekturkompetenz ist mehrfach schwach ausgeprägt. Dies macht die Gestaltung oder Einbindung von Vertriebssystemen schwierig, die häufig als vollkommen autarke Systeme mit viel redundanter Funktionalität entstehen.

Abbildung 14: Standortanalyse Versicherungsunternehmen in der heutigen Zeit

Fazit: Die organisatorische Ausgestaltung unserer „Musterversicherung" spiegelt die eingangs beschriebene Marksituation klar wider. Viele Versicherungsunternehmen haben mit dem Umbau zum Erfolgssucher-Unternehmen begonnen. Einige Teile des Geschäftsmodells (Outsourcing, Shared Service Center), Strukturen (Service-Einheiten), Prozesse und Tools (Prozesskennzahlen, Kommunikationsmedien, Systemschnittstellen auch an „Externe") deuten darauf hin. Elemente des Kerns – wie Führungsprinzipien, Motivationsfaktoren, die Einstellung / das Selbstverständnis vieler Führungskräfte und Mitarbeiter – sowie größere Teile der Strukturen und Prozesse sind allerdings überwiegend loyal.

Unserer Meinung nach sind Versicherungsunternehmen damit auf dem richtigen Weg, Makler effektiv integrieren zu können. Machen wir uns Gedanken darüber, wie eine Organisation ausgestaltet sein sollte, die Makler effektiv integriert, kommen wir unweigerlich zum Bild des Erfolgssucher-Unternehmens. Das Konzept eines **möglichen Zielbildes** in den organisatorischen Gestaltungselementen stellt sich – grob gesehen – folgendermaßen dar:

Der Kern: Hauptmotivationsfaktor sollte der Unternehmenserfolg im Ganzen sein. Mitarbeitern der Versicherung sollte es bewusst sein, dass sie in einem harten Wettbewerb mit anderen Versicherungsunternehmen stehen, und dass der eigene Arbeitsplatz nur dann sicher ist, wenn der Arbeitgeber eine gute und solide Position im Markt einnimmt. Ein unternehmerisches Denken und Handeln seitens der Mitarbeiter dient dem. Dazu gehört auch, dass das Unternehmen im Kern kundenorientiert ist. Erfolgreich ist die Versicherung nur dann, wenn Kunden die Produkte kaufen. Dies spielt auch der Maklerintegration in die Hand. Der Makler nimmt ja die Position einer Kundenschnittstelle ein. Ein Denken „hin zum Kunden" ist somit auch der Integration der Makler förderlich.

Um eine Integration der Versicherung- und Maklerprozesse erzielen zu können, sollte das Prinzip des „über den Tellerrand Schauens" gelebt werden. Das heißt, allen Beteiligten – den Führungskräften und Mitarbeitern der Versicherung und auch dem Makler – ist es klar, wer welchen Teil zum Gesamterfolg des Unternehmens beiträgt. Das funktioniert nur dann, wenn die eigene Sichtweise über ein „Silodenken" hinausgeht. Nur wer die Herausforderungen der anderen Bereiche kennt und sich in diese hereinversetzen kann, kann übergreifende, konstruktive Lösungen für alle schaffen.

Es muss möglich sein, dass Verantwortung von einer Seite abgegeben und von der anderen Seite angenommen wird. Das funktioniert genau dann, wenn keiner Angst vor Kontrollverlust hat. Mit allem vorher beschriebenen geht eine partnerschaftliche Zusammenarbeit auf Augenhöhe zwischen Versicherungsunternehmen und Makler Hand in Hand.

Über die *Strategie* brauchen wir an dieser Stellte nicht viele Worte zu verlieren. Ein Teil der Strategie ist „die Steigerung des Maklervertriebs durch den Aus- bzw. Aufbau von langfristigen Maklerbeziehungen". Um die Umsetzung der Strategie zu sichern, ist es wichtig, Fragen der Akzeptanz und der Operationalität der Strategie bereits in der Konzeptionsphase zu klären.[4] Dazu muss die Strategie allen im Unternehmen bekannt sein und seitens des Managements vorgelebt werden. Ziele, an denen sich alle orientieren können, sind entsprechend dieser Strategie zu definieren. Im besten Fall sind die Ziele auf Grundlage der strategischen Vorgaben des Managements auch bottom-up mit den Mitarbeitern erarbeitet. Dies erhöht die Akzeptanz bei den Mitarbeitern sowie den Umsetzungserfolg durch die Marktnähe der Mitarbeiter (vgl. Freund 2006, S. 114). So wird für jeden einzelnen deutlich, welchen Beitrag er leisten kann.

Die *Struktur* des Verscherungsunternehmens sollte in wesentlichen Punkten prozessorientiert sein. Der Weg, den einige Versicherungsunternehmen schon angetreten sind, sich zu einer „Fabrik" umzubauen, hilft unserem Anliegen der Maklerintegration. Es wäre an dieser

---

4 Vgl. Freund 2006, S. 2: Laut einer aktuellen Studie von Horváth & Partners, an der 50 der umsatzstärksten Unternehmen in Deutschland, Österreich und der Schweiz teilnahmen, schätzen über 30 % der Unternehmen ihre Strategie als eher nicht erfolgreich umgesetzt ein.

Stelle zu weit gegriffen, *die* optimale prozessorientierte Struktur einer Versicherungsgesellschaft aufzuzeichnen. Wir werden uns auf die Bereiche, die für die Maklerintegration die größte Relevanz haben, fokussieren: Vertrieb, Policierung, Bestandsmanagement und Schaden/Leistung sowie das Produktmanagement. Insbesondere eine Integration von großen Maklern sollte das Produktmanagement einschließen, da Makler-Versicherungsunternehmen Deckungskonzepte anbieten, die sie für große Makler auch exklusiv entwickeln.

Diese kundenorientierten Bereiche sollten organisatorisch zusammengefasst sein, im Folgenden wollen wir diese Einheit den „Kundenbereich" nennen. Neben dem Kundenbereich finden wir weiterhin die klassischen Bereiche einer Versicherungsgesellschaft wie beispielsweise das Risiko- und Anlagemanagement oder querschnittliche Einheiten.

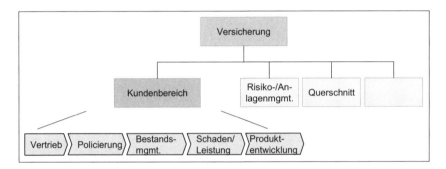

Abbildung 15: Einbettung des prozessorientierten Kundenbereichs in die Versicherung

Sehen wir uns nun den Kundenbereich näher an: Er sollte aufgrund seiner Größe weiter geteilt werden. Hier empfiehlt sich eine Gliederung nach Marktsegmenten, z.B.: Firmenkunden, Einzelkunden bzw. Agenturen und Direktvertrieb – hinzu kommt ein Bereich für Makler[5]. Jeder dieser Teil-Kundenbereiche steht selbständig und verfügt über alles Wissen und alle Kompetenzen (z.B. Versicherungsfachleute, andere Spezialisten wie Juristen und Ärzte), die notwendig sind, um die geforderten Aufgaben zu leisten.

---

5 Wir sprechen bewusst von Makler-Bereich, auf den wir im Folgenden im Detail eingehen wollen. In diesem Segment könnte man auch Banken und Handel subsumieren.

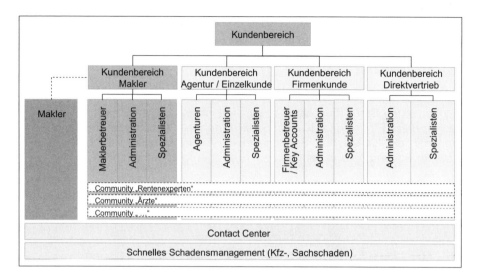

Abbildung 16: Struktur des Kundenbereichs

Innerhalb des Kundenbereichs gibt es ein übergreifendes Contact Center (der klassische 1st Level Service) und ein „schnelles" Schadensmanagement für die Abwicklung von Schäden, bei denen es darauf ankommt, dass einerseits dem Kunden schnell und pragmatisch Hilfe geboten wird und andererseits die Abwicklung kostensparend für die Versicherung geschieht (z.B. Kfz- oder Immobilienschäden). Diese Einheiten bilden eine direkte Schnittstelle zum Endkunden.

Kundenbereichsübergreifende Communities stellen den Austausch von Spezialistenwissen sicher und geben den Mitarbeitern eine fachliche Heimat. Sinnvoll sind hier zum Beispiel Communities von Rentenexperten oder Medizinern.

Die Teil-Kundenbereiche: Firmenkunden, Einzelkunden/Agenturen, Makler und Direktkunden[6] sind im Wesentlichen ähnlich ausgestaltet. Hier wollen wir uns auf den Maklerbereich konzentrieren und zunächst die Rollen beschreiben, die in der organisatorischen Einheit zusammenwirken:

- Makler mit der Verantwortlichkeit der Kundengewinnung und -betreuung. Hierzu gehören auch der Verkauf zusätzlicher Produkte (Cross-Selling) an einen Kunden, die Optimierung des Versicherungsportfolios eines Kunden sowie gegebenenfalls die Betreuung des Endkunden im Schadensfall.

- Maklerbetreuer kümmern sich im Wesentlichen um die Vertragsbeziehung zwischen Makler und Versicherung. Zu ihren Aufgaben gehören der Abschluss des Maklerver-

---

6 Direktkunden werden an dieser Stelle der Vollständigkeit halber aufgeführt, da sie i.d.R. nicht so stark vertreten sind.

trags und Regelung der Provisionierung, die jährliche Vereinbarung von Zielen und deren Incentivierung. Zudem dienen sie als Eskalationsinstanz und sind Schnittstelle zu Einheiten der Versicherung, die nicht Bestandteil des Kundenbereichs „Makler" sind (z.B. Produktentwicklung). Weitere Aufgaben sind die Planung und Betreuung von Fortbildungen für den Makler.

- Administrative Kräfte erledigen alle anstehenden operativen Arbeiten, wie beispielsweise die Pflege von Kundendaten.

- Spezialisten wie beispielsweise Versicherungsfachleute, Juristen, Mediziner, Sachverständige für Immobilien etc. stehen für spezielle Fragen zur Verfügung. Hauptsächlich sind sie in die Angebotserstellung und Antragsprüfung sowie die Erstellung der Versicherungspolice involviert. Auch sind sie verantwortlich für die versicherungsinterne Abwicklung in den Bereichen Schaden und Leistung. Die Abgrenzung zum bereichsübergreifenden Schadensmanagement ist hier abhängig von den Versicherungsprodukten. Das bereichsübergreifende Schadensmanagement kümmert sich um schnell abzuwickelnde Fälle wie beispielsweise um Kfz- oder Immobilienschäden, die Spezialisten innerhalb des Kundenbereichs „Makler" sind verantwortlich für Krankenkassenabrechnungen, Berufsunfähigkeit oder auch private Renten. Die Spezialisten übernehmen hier auch die Rolle eines 2nd Level Service, der eng an das Contact Center angebunden ist und auch telefonische Anfragen beantwortet. Hierfür sind geeignete Arbeitsmodelle zu schaffen.

Beim Aufbau des Kundenbereichs „Makler" kann es sinnvoll sein, die Zusammenarbeitsmodelle mit Maklern zu differenzieren. Als Selektionsmodell können an dieser Stelle bekannte Kundenwertmodelle zum Einsatz kommen. Das bekannteste und am häufigsten eingesetzte Modell ist die ABC-Analyse. Sie stellt ein Rechenmodell dar, mit dem in unserem Fall nicht Kunden, sondern Makler hinsichtlich ihres Wertbeitrags gemessen werden, so z.B. hinsichtlich ihres Deckungsbeitrags nach Schäden, Courtage und Betreuungskosten sowie hinsichtlich ihres weiteren Umsatzpotentials bzw. die Erweiterung der angebotenen Produktpalette (Maklerwert). Wichtig ist, dass neben einem Kriterium, das den Status Quo widerspiegelt, ein potentialbezogenes Kriterium heranzuziehen (z.B. weiteres Umsatzpotential). Auf diese Weise wird sichergestellt, dass in der Zukunft wichtige Makler bereits heute als „premium Partner" behandelt werden. (vgl. Freund 2006, S. 32)

Auch bezüglich der *Prozesse* wollen wir uns auf den Kundenbereich „Makler" konzentrieren und die wesentlichen wertschöpfenden Prozesse (Vertrieb inkl. Policierung, Bestandsmanagement und Schaden/Leistung) dieses Bereichs kurz beschreiben [7]. Den Governance-Prozess, der der Steuerung des Maklers dient, führen wir unter der Kategorie der „Tools" auf. Wir erheben an dieser Stelle nicht den Anspruch einer detaillierten Prozessbeschreibung. Wir konzentrieren uns auf die wesentlichen Prozessschritte sowie eine Auswahl zugehöriger Kennzahlen. Zielsetzung ist es bezüglich der Prozessreife, einen CMMI-Grad von mindestens 3 zu erzielen.

---

7 Abwicklungsprozesse wie die Vergütung und In-/Exkasso sind für Makler selbstverständlich ebenfalls wichtige Prozesse, werden hier jedoch nicht im Detail betrachtet.

Für alle Prozesse ist klar zu definieren und gemeinsam (Versicherung und Makler) zu vereinbaren, was am Ende eines Prozesses in welcher Qualität entstehen soll. Dafür, wie „die Produktion des Ergebnisses" geschieht, ist nur der jeweils Prozessverantwortliche zuständig. Wichtig ist dabei, dass gewisse Regeln eingehalten werden, die den Rahmen für das Handeln festlegen. Für die Maklerintegration bedeutet das beispielsweise: Der Makler akquiriert und betreut seine Kunden, der Versicherung sind dabei lediglich die Zufriedenheit der Endkunden, der Umsatz und die Schadenquote wichtig. Dies spielt sich innerhalb gesetzlicher Regeln ab (EU-Vermittler Richtlinie). Auf der anderen Seite ist es Verantwortung der entsprechenden Mitarbeiter der Versicherung, die Risiken eines Versicherungsantrags zu prüfen und die Policen zu erstellen. Wichtig für den Makler ist hierbei, dass die Leistung kundenorientiert erfolgt.

Der *Vertriebsprozess* ist in der Verantwortung des jeweiligen Maklers. Der Makler hat zur Beantwortung von Kundenanfragen direkten Zugriff auf die Produkte und Tarifierungssysteme der Versicherung. Dies wird heute häufig über Systemanbieter abgebildet, die dem Makler ein Web-Frontend zur Verfügung stellen. Zur Vorprüfung der Risiken und bei Rückfragen zur Ausstellung der Police hat der Makler direkten Zugriff auf die Spezialisten innerhalb dieses Kundenbereichs. Bei der finalen Prüfung der Risiken, und der Ausstellung der Police wechselt die Verantwortung vom Makler zum jeweiligen Spezialisten der Versicherungsgesellschaft. Dieser ist auch verantwortlich dafür, dass entsprechende Änderungen im Bestandskundenbereich vorgenommen werden.

Wichtige Prozesskennzahlen können neben verkauftem Volumen pro Makler / pro Produkt auch Prozessdurchlaufzeiten, die Profitabilität von Endkunden oder die Anzahl von Iterationen sein. Wie lange dauert beispielsweise der Prozess vom Eingang des Antrags bis zur Übersendung der Police an den Kunden? Wie viele Rückfragen stellt die Versicherung während der Prüfung an den Kunden?

Auch in den *Bestandsmanagementprozessen* ist der Makler zumeist der Prozessverantwortliche: Ob für Änderungen von Kundendaten, die Analyse des Versicherungsbestands eines Kunden oder die Unterbreitung von Vorschlägen zur Optimierung des Portfolios. Für all diese Prozesse sollte es zwischen Makler und Versicherung klar definierte Prozess- (und Tool-) Schnittstellen geben. Eine direkte Integration des Maklers in die Prozesse der Versicherung ist sinnvoll und heute vielfach noch nicht gegeben. Wendet sich der Kunde – beispielsweise zur Änderung seiner Adressdaten – direkt an die Versicherung, hält das Contact Center die Verantwortlichkeit für den Prozess. Der Makler wird über die Kontakte und geänderte Daten pro-aktiv durch das Contact Center informiert.

Prozessoptimierungen nach dem SixSigma-Vorgehen lassen sich in den Bestandsmanagementprozessen gut einsetzen. Prozesskennzahlen sind beispielsweise Kundenzufriedenheit, Anzahl von Kundenbeschwerden, Durchlaufzeiten, Anzahl von Rückfragen, Anzahl der Fehler.

Im *Schadensprozess* spielt der Makler die Rolle der Schnittstelle zum Endkunden analog des Contact Centers. Der Makler ist demnach ebenso in den Prozess integriert wie das Contact Center und hat neben dem Zugriff auf alle Daten (z.B. Bearbeitungsstatus) seiner Kunden auch Zugriff auf die Spezialisten der Versicherung. Der Makler kann somit Fragen seiner Kunden direkt klären oder aber auch Anliegen der Versicherung an seine Kunden weitergeben. Wendet sich der Kunde im Schadensfall an die Hotline der Versicherung, also das Contact Center, wird der Makler, wie auch im Bestandsmanagementprozess proaktiv hierüber informiert. Die Prozessverantwortung für den Schadens- bzw. Leistungsprozess liegt in der Hand des jeweiligen Experten des Kundenbereichs „Makler". Dieser prüft, ob und in welchem Umfang die Versicherung leistet, übernimmt die Stellungnahme der Versicherung und leitet die Leistung an sich ein.

Wichtige Prozesskennzahlen sind auch hier die Durchlaufzeiten der Prozesse und die Anzahl der Iterationen, sowie die Schadenquote, die Kundenzufriedenheit oder die Anzahl der Rechtsstreitigkeiten mit Anspruchstellern.

Wichtigstes *Tool* im Zusammenhang mit der Maklerintegration ist das MVP, das sämtliche oben beschriebene Prozesse und insbesondere die Schnittstellen zwischen Makler und Versicherung effektiv und effizient abbilden soll. Nun wird in diesem Buch in vielen Beiträgen sehr intensiv auf das MVP als solches eingegangen, so dass wir an dieser Stelle darauf verweisen wollen.

Wichtig ist uns in diesem Zusammenhang insbesondere der *Governance-Prozess*, der der Steuerung des Kundenbereichs „Makler" dient. In Anlehnung an die strategischen Ziele der Versicherung werden Ziele für Makler abgeleitet (z.B. Umsatz und Laufzeiten von Produkten, Kundenstrukturen, Umsatzvolumen und Anzahl Endkunden für den Kundenbereich „Makler"). In Abhängigkeit von z.B. dem bisherigen Erfolgsbeitrag, der Größe und dem Potenzial des Maklers bespricht der Maklerbetreuer jährlich individuelle Ziele mit dem Makler und schließt eine Zielvereinbarung mit der dazugehörigen Incentivierungsregelung und ggfs. einer Überarbeitung der Provisionierung. Auch Produktschulungen, weitere technische Unterstützung (z.B. im Verkaufsprozess) oder werbliche Unterstützung werden vereinbart, genauso findet eine gegenseitige Vereinbarung über relevante Prozesskennzahlen z.B. Laufzeiten statt. Die vereinbarten Ziele werden regelmäßig gemessen, bei Abweichungen ist der Maklerbetreuer für die Definition und Einleitung von Steuerungsmaßnahmen zuständig (z.B. Prozesse optimieren, innerhalb der Versicherung eskalieren, aber auch – bei Zielunter- oder -übererfüllung – die Incentivierung des Maklers anpassen). Somit steuert der Governance-Prozess effizient und übergreifend das Anreizsystem in Abhängigkeit vom „Maklerwert", es definiert den optimalen Mix aus Qualifizierung, Provision und Incentives. Und er liefert Anstöße für Verbesserungen und Veränderungen innerhalb der Versicherung.

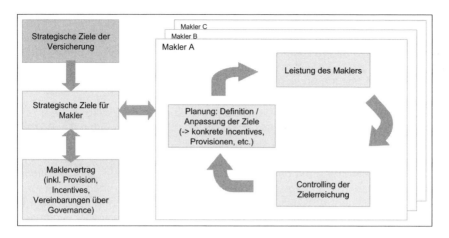

Abbildung 17: Der Governance-Prozess zur Steuerung des Kundenbereichs „Makler"

Wie unschwer zu erkennen ist, müssen sich viele Versicherungsgesellschaften auf dem Weg zur Maklerintegration im Sinne des Graves-Value-Systems ein deutliches Stück weiter vom Loyalen Unternehmen in Richtung Erfolgssucher-Unternehmen weiterentwickeln. In der Arbeit der Organisationsentwicklung handelt es sich um einen *Stretch-Up*. Hier gilt es:

- Potenzial bezüglich der Erfolgssucher Fähigkeiten aufzubauen. Das heißt insbesondere die Fähigkeiten aufzubauen:
  - Planung über Bereiche (z.B. alle Kundenbereiche) hinweg
  - Über den Tellerrand schauen; jeder kennt seinen Teil des Ganzen und weiß, wie er zum Erfolg beitragen kann
  - Verantwortung klar definieren, für ausgewählte Prozesse kann dem Makler die Verantwortung übertragen werden
  - Prozesse mindestens im CMMI Grad 3 durchführen
  - Strategien in einen Governance-Prozess für die Maklersteuerung übersetzen
- Dem Unternehmen beizubringen, wie es mit Hindernissen umgehen kann, die auf dem Weg zum Erfolgssucher-Unternehmen auftreten könnten
- Gelernte Erfolgssucher Fähigkeiten sinnvoll in den Alltag zu integrieren
- Einsicht zu erzeugen, dass neue Verhaltensweisen, eine neue Strategie, neue Strukturen, Prozesse und Tools das Versicherungsunternehmen als Ganzes weiter voranbringen werden
- Und letztlich, die Dissonanz der Mitarbeiter so weit zu steigern, dass sie sich auch weiterentwickeln wollen

Wie erwähnt, sollten alle Maßnahmen sehr spezifisch auf ein Unternehmen angewendet werden. Wir können an dieser Stelle ein Set von Maßnahmen vorstellen, die wirksam bei der Umsetzung der Maklerintegration sein können. Wie deren konkrete Ausgestaltung, Kombination und Reihenfolge im Einzelfall auszusehen hat, ist für jedes Unternehmen individuell zu gestalten.

Eine Empfehlung möchten wir an dieser Stelle aussprechen. Es sollte bei der Umsetzung des Zielbildes zunächst mit einer Einheit aus dem Kundenbereich, dem Kundenbereich „Makler" begonnen werden. Somit wird eine kleine „Insel" geschaffen, die über eine größere Reife als andere Einheiten der Versicherung verfügt und wesentlich effektiver und effizienter arbeitet als es im übrigen Teil des Unternehmens der Fall ist. Diese Insel kann als Vorbild und Vorreiter dienen. Je mehr solcher Inseln im Unternehmen entstehen, umso einfacher wird es sich im Ganzen weiterentwickeln können. Wichtig ist es, hierfür Mitarbeiter mit entsprechenden Kompetenzen auszuwählen, die für den Aufbau des Kundenbereichs „Makler" gebraucht werden. Es bietet sich zudem an, eine handvoll Makler anzusprechen, mit denen die Zusammenarbeit sehr gut und vertrauensvoll ist und aus diesen ein Team zusammen zu stellen.

An dieser Stelle ist das Zielbild zu konzipieren sowie die Maßnahmen zur Erfüllung der Voraussetzungen für Veränderungen zu definieren. Diese sollten in angemessener Reihenfolge umgesetzt werden. Es ist immer hilfreich, die neuen Prozesse und Regeln in einer „virtuellen Organisation" zu leben (d.h. es findet zunächst keine Umstrukturierung statt sondern die Umsetzung erfolgt in einer „Projektorganisation"). Sind die Voraussetzungen für Veränderungen erfüllt, kann das Zielbild strukturell umgesetzt werden. Die restlichen Einheiten sollten so belassen werden, wie sie derzeit sind. Makler sollten stufenweise integriert werden.

Ist der Kundenbereich „Makler" nach der organisatorischen Veränderung in sich stabil, können nach und nach weitere Kundenbereiche wie Firmenkunden, Einzelkunden / Agenturen, Direktkunden aufgebaut werden. Die Reihenfolge ist hierbei stark vom Management und den Mitarbeitern des Versicherungsunternehmens abhängig.

Folgenden Maßnahmen bieten sich dazu an, die Voraussetzungen für Veränderungen zu schaffen:

- Qualifikation und Ausbildung für Balanced Scorecards (BSC) und die SixSigma Methode
- Fachliche Schulungen zu übergreifendem Wissen für alle Mitarbeiter eines Bereichs. Diese geben Einblick in die Prozesszusammenhänge und das Zusammenspiel der einzelnen Rollen, so findet jeder seinen Platz in der Organisation und weiß, welchen Beitrag er leistet.
- In Workshops können neue, angestrebte Verhaltensweisen durch eine gezielte Moderation erlernt und erlebt werden. Diese Workshops können inhaltlicher Natur sein, dafür bieten sich insbesondere die folgenden Themen an:
  - Workshops zur Grundausbildung aller Mitarbeiter des Kundenbereichs „Makler" in fachlichen Themen (z.B. neue und innovative Produkte)
  - Workshops bezüglich über alle Kompetenzen quer liegender Themen z.B. Definition von Prozesskennzahlen, Optimierung dieser, die Entwicklung einer gemeinsamen BSC
  - Workshops zur Bearbeitung von markt- bzw. produktbezogenen Themenstellungen z.B. die Konzeption eines neuen Produktes, Produktverbesserungen
- Inhaltliche Projekte als Vehikel nutzen: Menschen wachsen mit ihren Aufgaben – dies lässt sich ganz gezielt für die Veränderungsarbeit einsetzen. Das Vorgehen ist dabei

im Prinzip sehr einfach. Aus den zahlreichen für die Implementierung des Zielbildes anstehenden inhaltlichen Arbeiten werden einzelne ausgesucht, als Projekt oder Aufgabe beschrieben und an Verantwortliche klar adressiert. Themen können hier z.B. sein:

- Prozessoptimierungsprojekte zum Verkürzen von Durchlaufzeiten
- Das Schaffen bzw. Optimieren von IT Schnittstellen zwischen Versicherung und Makler
- Die Definition des Arbeitsmodells für die Spezialisten des Kundenbereichs „Makler"

Die Bearbeitung der Themen schafft Potenzial sowie Einsicht in die Veränderung – und die Dissonanz steigt, weil die Themen und Zusammenhänge für die Unternehmung sehr greifbar werden. Positive Auswirkungen kann die inhaltliche Arbeit auch bei der Fähigkeit zum Umgang mit Hindernissen und zur Integration von Gelerntem haben

- Neben den oben genannten „Hard Fact"-Schulungen und -Seminaren gehört auch die Qualifikation im Bereich des persönlichen Verhaltens zu den effektiven Maßnahmen im Stretch-Up. So können Seminare beispielsweise zum Konfliktmanagement, zur Kommunikation, zur Kundenorientierung ebenso gezielt in Bezug auf die erfolgsorientierte Ebene des Graves-Value-Systems konzipiert werden.
- Seminare zur kongruenten Mitarbeiterführung[8] unterstützen, einen Führungsstil zu entwickeln, der angemessen zu den hier geforderten Denk- und Verhaltensweisen ist. Mit der Veränderung des Führungsstils wird zudem Dissonanz beim Mitarbeiter erzeugt. Da loyale Mitarbeiter die Rolle der Führungskraft unter anderem darin sehen, die Aufgaben zu strukturieren und den Lösungsweg vorzugeben, kann Druck erzeugt werden, indem die Führungskraft ihren Mitarbeitern zeigt, dass von nun an zunehmende Flexibilität und Selbstverantwortung gefordert sind. Zudem zielt die Führungskraft darauf ab, dass ihre Mitarbeiter die Verantwortung für das Ergebnis ihrer Arbeit übernehmen.
- Individuelle Motivation und Nutzenargumentation auf der Graves-Ebene Loyales Unternehmen: In Einzelgesprächen können Mitarbeiter am besten von der anstehenden Veränderung überzeugt werden, wenn die verwendete Argumentation auf ihre aktuellen Bedürfnisse und die bestehende Ausrichtung des Unternehmens passt. Hier kann einem Loyalen Mitarbeiter die Erfolgsorientierung schmackhaft gemacht werden, wenn er überzeugt wird, dass Sicherheit für ihn und das Unternehmen nur dann gegeben ist, wenn das Unternehmen die anstehende Veränderung vollzieht.
- Gezielte und werthaltige Kommunikation, kann das richtige Maß an Dissonanz und Einsicht schaffen. Bei einer guten Change Kommunikation ist darauf zu achten, dass genau dann kommuniziert wird, wenn die „Story" reif ist und die *ganze* Geschichte erzählt werden kann. Alle späteren Botschaften können zu einem späteren Zeitpunkt an

---

8 Bär et al 2006, S. 91: „Erfolgssucher-Mitarbeiter erwarten Belohnung für ihren Einsatz und ihre Arbeit. Die Tätigkeit sollte Flexibilität und die Möglichkeit der individuellen Initiative ermöglichen. Ebenso benötigt der Mitarbeiter ein großes Maß an Eigenverantwortung. Der Mitarbeiter ist gewillt, Erfolg für das Unternehmen zu erwirtschaften, wenn es sich für ihn lohnt. Der Führungsstil ist wettbewerbsorientiert und benötigt daher drei Elemente: Belohnungssysteme, Sanktionen und klare Grenzen, in denen sich der Mitarbeiter bewegen kann."

die Geschichte angebaut werden. Dabei sollte sich die kommunizierende Person niemals rechtfertigen. Es ist hilfreich, sich so auszudrücken, dass die Akteure den Hintergrund verstehen und bemerken, dass sie als Entscheider selbst ähnlich gehandelt hätten. In der Kommunikation sollte auch immer über Werte gesprochen werden. Das Ziel ist stets in den Mittelpunkt der Kommunikation zu stellen. Es sollte darauf geachtet werden, dass zum Ausdruck gebracht wird, mit welcher Haltung das Ziel erreicht werden soll. Druck kann nur sukzessive aufgebaut werden, um die Organisation nicht langfristig zu destabilisieren. Desgleichen muss der Druck auch immer wieder über positive Themen aufgelöst werden können. Ziel ist es, Botschaften zu penetrieren, die den geplanten Handlungen entsprechen und zur richtigen Zeit auf die richtigen Personen treffen.

- Stellenbesetzungen: Eine Veränderung des Unternehmens im Ganzen kann nur dann sinnvoll stattfinden, wenn die Schlüsselpositionen mit den passenden Personen besetzt sind. Insbesondere die Führungsmannschaft eines Unternehmens muss hinter den geplanten Veränderungen stehen. Sie muss verstehen, was diese Veränderungen bewirken, und die neue Kultur verkörpern. Hier ist es manchmal unerlässlich, Stellenbesetzungen zu verändern und Führungskräfte / Mitarbeiter, welche die anstehende Veränderung nicht mittragen, zu ersetzen. Parallel zum positiven Effekt, eine Position mit der passenden Person zu besetzen, wird durch eine solche Maßnahme auch sehr großer Druck in der Organisation aufgebaut.

- Gezielte Einstellungen: Unabhängig von der Neubesetzung bestimmter Schlüsselpositionen können auch vorausschauend neue Führungskräfte und Mitarbeiter ins Unternehmen geholt werden. Diese sollten große Erfahrung im erfolgsorientierten Arbeiten haben. Und es ist wichtig, dass diese Mitarbeiter geschützt und gestärkt werden.

5 Umsetzungshinweise für Makler und MVP-Hersteller

Bis hierhin haben wir viel zur Maklerintegration mit Fokus auf Versicherungsunternehmen geschrieben. An dieser Stelle möchten wir den Fokus verändern und Hinweise darauf geben, wie sich die Maklerintegration aus den Blickwinkeln der Makler und MVP-Hersteller gestalten kann.

Für Makler wie für MVP-Hersteller stellen sich Herausforderungen auf mehreren Ebenen:

- Positionierung des eigenen Geschäftsmodells
- Umsetzungshinweise auf dem Weg zum Erfolgssucher-Unternehmen

Wir beginnen in der Betrachtung mit den *Maklern*. Ausgehend von der zunehmenden Erfolgsorientierung der Versicherungen werden Makler ihr Geschäftsmodell entsprechend verändern und sich an die veränderten Rahmenbedingungen anpassen – auch Makler werden zu Erfolgssucherunternehmen[9]. Die Motivation liegt im Interesse, den Kunden gute Beratung, hochwertige Produkte und erlebbar kundennahen Service zu bieten. Letzteres gilt insbesondere für das Schadensmanagement und für die Bearbeitung spezifischer Kundenwünsche. Entsprechend der herausragenden Eigenschaft der Prozessorientierung von Erfolgssucherunternehmen werden auch Makler ihre Prozesse zunehmend verschlanken und automatisieren wollen. Und Versicherungsunternehmen schaffen mit ihrer neuen Aufstellung die optimalen Voraussetzungen dafür.

Um nun den Zielsetzungen „kundennaher Service" und „Prozessorientierung" nachzugehen, werden sich Makler ebenfalls strukturell und technisch so aufstellen, dass sie sich effektiv in die Versicherungsprozesse integrieren können und im Rahmen vereinbarter Reaktionszeiten Ergebnisse gegenüber dem Versicherungsunternehmen bringen. Konkret bedeutet das, dass das Organisationsmodell der Makler näher an die Prozesse der Versicherung heran rückt. Es ergibt sich eine tiefe Integration in die Systeme der Versicherungsunternehmen; die Rolle des Maklers als Intermediär ist jedoch weiterhin klar: Die Vermittlungs- und Beratungstätigkeit erfolgt für den Kunden durch den Makler. Der Makler wickelt jedoch seine Tätigkeiten sehr nah an den Prozessen der Versicherungsunternehmen ab.

Natürlich setzt eine solche Entwicklung der Makler entsprechende Kompetenzen, Kapazitäten und technische Unterstützung voraus.

Um diese Entwicklung voranzutreiben, wird es dem Makler helfen, zu verstehen, welche der Mitarbeiter des Versicherungsunternehmens erfolgsorientiert und damit Unterstützer seiner Integration sind. Diese wird er vermutlich in der Maklerbetreuung und in Service-Einheiten finden. Sucht sich der Makler auf dieser Basis die jeweils „richtigen" Ansprech-

---

9 Es können sich auch Maklerunternehmen auf „höheren" Entwicklungsstufen des Graves-Value-Systems herausbilden. Zum Geschäftsmodell des Maklers passend sind ebenso Teammensch- und Möglichkeitensucher-Unternehmen. Wichtig ist, dass zumindest die Fähigkeiten, prozessorientiert und „hin zum Kunden zu denken" gut ausgeprägt sind.

partner bzw. weiß er, wie er mit den jeweiligen Ansprechpartnern agieren kann, so wird sich manches in den täglichen Abläufen erleichtern lassen.

Ebenfalls kann der Makler gegenüber Maklerbetreuern wie auch über die Schiene der Lobby-Verbände, die allgemeine Forderung nach der entsprechenden Entwicklung der Versicherer positionieren. Hier geht es darum, den grundsätzlichen Erwartungshorizont entsprechend klar zu formulieren.

Ausgehend von der Entwicklung von Versicherungsunternehmen und Maklern ist für die *MVP-Hersteller* nun die Frage zu beantworten, wie sich einerseits die Produkte aber auch die Geschäftsmodelle der MVP-Hersteller verändern werden, um unter den neuen Rahmenbedingungen zu „passen". Heute sind sie vielfach als die Hersteller für Software positioniert, mit denen sich der Makler „auf seiner Insel" optimal organisieren kann. Hinzu kommen zahlreiche Schnittstellen oder Umgehungslösungen, um mit den technischen Systemen der Versicherer kooperieren zu können – dies bedeutet in vielen Fällen den bloßen Austausch von Daten und administrativen Informationen.

Die „eins-zu-viele" Beziehung zwischen Makler und Versicherungen wird sich jedoch grundsätzlich zu einer „viele-zu-viele" Beziehung ändern. Die MVPs werden somit zunehmend zu Plattformen für die Prozessintegration zwischen Maklern und Versicherungsunternehmen. Da Makler immer näher an die Prozesse mehrerer Versicherungsunternehmen heranrücken und auch immer mehr Verantwortung im Wertschöpfungsprozess der Versicherungsunternehmen übernehmen, bedarf es einer Veränderung der MVPs. Makler brauchen eine passende technische und organisatorische *Lösung*, um die wertschöpfenden Prozesse optimal abzuwickeln. Beispielsweise muss ein Makler in das Management eines Schadens einsteigen können ohne dabei auf zahlreiche Spezifika einer Versicherungsgesellschaft eingehen zu müssen. Auch die Systeme der Versicherungsgesellschaft wird er nicht nutzen wollen.

Dies bedeutet, dass die Themenstellungen der MVP-Hersteller nicht nur aus der IT-Perspektive sondern auch aus der Perspektive der Prozessintegration und der Weiterentwicklung ihrer Produkte hin zu Lösungen für Makler und Versicherungsunternehmen zu betrachten sind.

Die Herausforderung für den MVP-Hersteller, sich als Prozess-Integrator und nicht primär als Systemintegrator zu positionieren, ist sicher gewaltig. Dies verlangt nicht nur veränderte technische Lösungen sondern auch neue Betriebsmodelle. Der Makler wird dabei immer mehr zum Nutzer der „MVP-Integrationsdienstleistung" und er hat immer weniger ein „MVP-Tool" im Einsatz.

6 Literatur

Bär M, Krumm R., Wiehle H. (2008): Unternehmen verstehen, gestalten, verändern. Das Graves-Value-System in der Praxis, Wiesbaden.

Beck D.E., Cowan C.C. (1996): Spiral Dynamics – Mastering Values, Leadership and Change, Williston.

Bergermann M., Hergert S. (2008): Versicherungsbranche auf schwierigem Kurs. URL: http:// http://www.wiwo.de/unternehmer-maerkte/versicherungsbranche-auf-schwierigem-kurs-304063/3/; Stand: 19.8.2008; Abfrage: 23.3.2009.

Freund S. (2006): Kundenbewertung im Strategischen Issue Management, Jena.

Lewin K. (1947): Frontiers in group dynamics. In: Human Relations, 1, 1947, S. 5-41.

Mintzberg H. (1979): The Structuring of Organizations, New Jersey.

o. Verf. (2007): Ein ausgezeichneter Maklerversicherer rüstet auf – WWK verstärkt Partnervertrieb. URL: http://www.lifepr.de/index.php?page=druckversion&boxid=16085&si; Stand: 12.9.2007; Abfrage: 16.3.2009.

o. Verf. (2009): Capability Maturity Model Integration. URL: http://de.wikipedia.org/wiki/Capability_Maturity_Model_Integration; Stand: ohne Angabe; Abfrage: 16.3.2009.

Schmid B., Messmer A. (2005): Systemische Personal-, Organisations- und Kulturentwicklung, Bergisch Gladbach.

Schmidt, K. (2009): Münchner Verein richtet Maklervertrieb neu aus. URL:http://www.dasinvestment.com/investments/news/news-print/datum/20; Stand: 22.1.2009; Abfrage: 16.3.2009.

Technische Grundlagen für zukünftige Maklerverwaltungsprogramme

Von den Utopien zur Zukunft der IT

„Ein Gelehrter in seinem Laboratorium ist nicht nur ein Techniker; er steht auch vor den Naturgesetzen wie ein Kind vor der Märchenwelt."

Marie Curie

Utopien zu entwickeln ist eine Sache, sie zu realisieren eine andere. Was ist mit heutigen Mitteln denkbar oder in Reichweite, welches werden die Mittel der Zukunft sein?

Im nachfolgenden Beitrag geht es um Technik. Wie sie sich entwickelt hat und wie sie sich vermutlich entwickeln wird. Dazu werden gegenwärtige und vergangene Trends analysiert und Metatrends herausgearbeitet, also Strömungen, die verschiedenen Technologien gemeinsam sind. Der eine große Metatrend ist die Individualisierung, also weg von starren, unflexiblen Systemen hin zu solchen, die an die Bedürfnisse der Benutzer (besser) angepasst werden können. Dies zeigt sich bei Hardware, bei Betriebssystemen, bei Anwendungsprogrammen und bei Softwarearchitekturen wie der SOA. Der zweite Metatrend ist die Konvergenz, also das Zusammenwachsen verschiedener Technologien wie etwa PC und Fernseher oder Mobiltelefon und Computer oder Internet und Telefon.

Über Technik so zu schreiben, dass das Ergebnis für Techniker verständlich ist, ist üblich und einfach. Über mögliche Anwendung von Technologien so zu schreiben, dass das Ergebnis für die potenziellen Anwender verständlich ist, auch. Verständlich für beide Gruppen zu schreiben, ist schwierig. Der folgende Beitrag versucht, die Entwicklung der Technik so darzustellen, dass die potenziellen Anwender einschätzen können, wie die Zukunft aussehen wird. Um dabei gleichzeitig für die an der harten Technik Interessierten genügend Futter zu bieten, enthält er in den Fußnoten zahlreiche Anmerkungen, die auf die Details eingehen und – noch weitergehend – auf tiefer gehende Literatur verweisen.

Die Herausgeber

Wie wird die Zukunft der IT aussehen? Handys, Appliances und Web 2.0

Till Hänisch

Ein möglicher Ansatz für die Prognose zukünftiger Entwicklungen ist die Extrapolation bestehender Trends. Es ist sicher vernünftig anzunehmen, dass derzeit wichtige Anwendungen und Technologien weiterentwickelt werden.

Betrachtet man etwa die Entwicklung von grafischen Oberflächen, Textverarbeitungsprogrammen oder Office-Anwendungen, so stellt man eine kontinuierliche Evolution in Bezug auf Komfort und Funktionalität fest[1]. Vermutlich wird ein Office-Paket in zehn Jahren ähnliche Grundfunktionen bieten wie heute. Da der Bedarf nach Software zur Erstellung von Dokumenten, Präsentationen und Grafiken weiter bestehen wird, wird auch entsprechende Software weiter entwickelt und verkauft werden.

Eine andere Frage ist die nach der Plattform, etwa dem Betriebssystem, auf der diese Software betrieben wird. Da diese nicht unmittelbar mit dem Nutzen (und der Nutzung!) dieser Anwenderpakete verknüpft ist, ist sie im Grundsatz austauschbar[2]. Aus diesem Grund ist sie für den Anwender auch nicht wirklich von Interesse und deshalb nicht primär Gegenstand dieser Betrachtung.

Betrachten wir die Evolution von Software an zwei Beispielen etwas näher:

- Im Jahr 1974 stellte das Xerox Palo Alto Reserach Center mit Bravo und ein Jahr später mit Gypsy das erste Textverarbeitungsprogramm mit grafischer Benutzeroberfläche vor[3]. Im Lauf der Zeit wurde diese Entwicklung kommerzialisiert[4] und in immer komfortableren Versionen weiter verbreitet. Die erste Version für Windows erschien 1989. Es dauerte also 15 Jahre, um die existierende Idee in ein weit verbreitetes Produkt umzusetzen.

- Ein wesentliches Merkmal des WWW ist das der Links: Dokumente (oder allgemeiner beliebige Ressourcen) können miteinander verknüpft werden. Dadurch können verschiedene (auch persönliche) Sichten auf Informationen realisiert werden. Das Konzept verlinkter Dokumente wurde im Jahr 1945 durch Vannevar Bush (vgl. Bush 1945) vor-

---

1 Ob dagegen die Zahl der Fehler abnimmt, ist fraglich. Dazu Bill Gates in einem Focus-Interview: „Neue Versionen sind nicht dazu da, Fehler zu beheben. Ich habe noch nie einen so abwegigen Grund gehört, eine neue Version auf den Markt zu bringen. [...] Niemand würde wegen Fehlern in der alten Version eine neue kaufen." (Scriba 1995).
2 Dies zeigt sich grade bei den Netbooks, kleinen, preisgünstigen Laptops. Diese werden (aus Kostengründen) oft mit einem vorkonfigurierten Linux Betriebssystem ausgestattet, was die Windows-gewöhnten Anwender anscheinend nicht stört.
3 Hier wurden etwa Funktionen wie „cut & paste" zum ersten Mal realisiert (vgl. Allan 2001).
4 1981 wechselte Charles Simony von PARC zu Microsoft und wurde dort der leitende Entwickler von Word, Multiplan und Excel.

geschlagen, Ted Nelson prägte 1965 den Begriff Hypertext und konzipierte mit Xanadu ein Hypertext-Informationssystem. Eine weit verbreitete Realisierung erfolgte erst in den 90er Jahren mit dem WWW: „A ‚web' of notes with links (like references) between them is far more useful than a fixed hierarchical system" (vgl. Berners Lee 1989).

Zwischen der Idee und der Umsetzung liegt bei diesen beiden Beispielen ein erheblicher Zeitraum. Warum ? Diese Frage wird im nächsten Abschnitt untersucht. Für den Moment stellen wir fest, dass die Vorhersage der Zukunft der IT möglicherweise nicht erfordert, neue Ideen zu erraten, sondern herauszufinden, welche Ideen sich (irgendwann) durchsetzen werden.

1 Woher kommen Innovationen?

Die Computer der sechziger Jahre waren große Zentralrechner, die Anwender konnten über so genannte dumme Terminals interagieren. Die Software wurde üblicherweise mit der Hardware zusammen beim gleichen Hersteller gekauft. Kunden konnten ein komplettes System etwa von IBM (dem Marktführer) leasen. Diese monopolistischen Strukturen wurden in den siebziger Jahren durch zwei Effekte aufgebrochen:

Eine ganze Reihe von Herstellern wie DEC, Data General und andere entwickelten vergleichsweise billige Minicomputer, die von Instituten, Arbeitsgruppen oder kleineren Firmen gekauft wurden. Sie konnten nicht nur mit verschiedenen Betriebssystemen (etwa Unix) betrieben werden, dies war eher eine Notwendigkeit. Die Hersteller konzentrierten sich auf die Entwicklung der Hardware und überließen die Softwareentwicklung (und auch die Entwicklung von Peripherie) den Kunden und anderen Anbietern. Dadurch entstand eine Vielzahl von Anbietern; jedermann konnte mit einer guten Idee und wenig Aufwand ein Produkt schaffen und sich eine Marktlücke suchen.

Die heutigen PCs stammen von der zweiten Entwicklung ab: Ende der siebziger Jahre wurden unter Hobbybastlern Homecomputer populär, zunächst als Bausatz (vgl. Abbate 1999), dann als vergleichsweise simple Geräte, wenig mehr als eine CPU mit dem notwendigsten Zubehör. Die erfolgreichen Beispiele dieser Gattung wie Tandy TRS-80, Sinclair ZX80/81, Texas Instruments TI 99/4 und vor allem in Deutschland Commodore C64 und Atari waren für Privatanwender erschwinglich und leistungsfähig genug, um einfache Anwendungen zu entwickeln. Mitgelieferte Standardsoftware gab es praktisch nicht. Die Anwendungen für diese Rechner wurden von Hobbybastlern und kleinen Startups entwickelt.

Unpraktischerweise waren diese Systeme alle inkompatibel, so dass ein Austausch oder eine Marktdurchdringung eines für ein System erfolgreichen Produkts erschwert wurde. Aber durch diese vergleichsweise primitiven Systeme wurde der Boden für ein bürotaugliches System bereitet, den IBM-PC (vgl. Haigh 2006). IBM entwickelte nur die Hardware, genauer gesagt die Spezifikation, und ermöglichte dadurch einer Vielzahl von Herstellern, ihre Produkte für diese Plattform zu entwickeln (unter anderem einer Garagenfirma namens Microsoft). Innerhalb kurzer Zeit entstand eine Vielzahl von Anwendungen.

Der Schlüssel dazu war die Möglichkeit, Anwendungen selbst zu programmieren. Dadurch wurden auch Nischenmärkte (beziehungsweise solche, die von den etablierten Firmen für solche gehalten wurden) bedient. Die Entwicklung neuer Applikationen erfolgte zumindest am Anfang nicht durch etablierte, große Firmen, sondern durch „Bastler", kleine Garagen-firmen oder spin offs. Falls das Produkt für eine größere Zahl von Anwendern interessant und damit ökonomisch auch für die großen Anbieter interessant wurde, versuchten diese entweder den Entwickler aufzukaufen oder ähnliche Produkte zu entwickeln. Ein Beispiel für letzteres ist die Entwicklung des IBM PC, die erste Variante ist die übliche: Cisco, eines der ersten großen Unternehmen, das diese Strategie in großem Umfang umsetzte, kaufte zwischen 1993 und 2005 107 andere Unternehmen auf (vgl. McHugh 2006).

Ein typisches Beispiel für diese Art der Software-Entwicklung ist VisiCalc, das erste Tabel-lenkalkulationssystem für Desktop-Computer: Dan Bricklin hatte während einer Vorlesung die Idee eines Über-Taschenrechners, der Berechnungen in Tabellenform darstellen kann. Es gab zwar schon Tabellenkalkulationsprogramme, aber „introducing personal computers to the financial and business communities" gelang erst mit dieser preiswerten PC [5] Soft-ware. Für viele Business-Anwender waren VisiCalc und Lotus 1-2-3 der Grund, einen PC zu kaufen; es war die Killer-Applikation [6]. Aber VisiCalc war weit mehr als das: „Approxi-mations, trial and error, simulations -- VisiCalc is an intellectual modeling clay. It lets you program without knowing it" (vgl. Gassee 1987). Durch die Flexibilität dieser Programme wurde es Unternehmensanwendern ermöglicht, eigene Anwendungen durch „Program-ming By Example" zu entwickeln [7]. Oder wie Michael Schrage ausführt: "...low-cost spreadsheet software effectively launched the largest and most significant experiment in rapid prototyping and simulation in the history of business" (Schrage 2000). So wurde die-ser Weg der Innovation also auch Nicht-Programmierern zugänglich gemacht.

Für typische Büroaufgaben existierten durchaus leistungsfähigere Systeme, etwa zur Textverarbeitung (beispielsweise der Flexowriter und seine Nachfolger). Diese Appliances waren auf eine bestimmte Aufgabe hin optimiert und vergleichsweise einfach bedienbar. Durch die, verglichen mit allgemein einsetzbaren PCs, kleinen Stückzahlen wurden diese Systeme allerdings preislich bald unattraktiv. Diese „klassischen" Alternativen, für einen bestimmten Zweck geschaffene Systeme aus einer Hand, verschwanden innerhalb kurzer Zeit vom Markt.

Das gleiche Schema findet man bei der Entwicklung des Internets und des WWW. Auch hier waren einzelne oder kleine Gruppen von Entwicklern oder Forschern aktiv und entwi-ckelten zunächst Systeme für den Eigenbedarf. Offensichtlich trafen diese Entwicklungen

---

5 VisiCalc wurde ursprünglich für den Apple II, einen eher zum Spielen gedachten Hobbycomputer entwickelt. Die spätere Portierung auf den IBM-PC wurde nie so populär; dort setze sich 1983 Lotus 1-2-3
   durch.
6 Man kann in der Tat spekulieren, ob sich der PC derartig verbreitet hätte, hätte es nicht Tabellenkalkulationsprogramme gegeben, oder ob sich im Unternehmensumfeld nicht abgeschottete Spezialsysteme zur
   Textverarbeitung usw. durchgesetzt hätten.
7 Dieser Trend hält bis heute an. Die Zahl von Excel-Reports in Unternehmen ist Legion. Nicht jeder SAP-
   Administrator ist davon begeistert, die Anwender anscheinend schon.

auf ein Bedürfnis bei zahlreichen Anwendern und verbreiteten sich[8]. Die „professionellen" Vorgänger, proprietäre Netze der Hardwareanbieter wie DECNET oder geschlossene Informationssysteme wie Compuserve oder BTX, verschwanden zugunsten offener, von kleinen Gruppen entwickelter Technologien.

Diese Beispiele zeigen, dass es schwierig sein kann, eine zukünftige Entwicklung vorherzusagen: Wenn die zukünftigen Trends von Außenseitern gesetzt werden, ist es schwierig zu entscheiden, welche Ideen und Trends sich durchsetzen werden.

Eine beliebte Möglichkeit, Trends vorherzusagen, ist die Suche nach neuen Technologien. Wenn diese zum Trend erklärt werden, kann das allerdings schief gehen, die Beispiele sind zahlreich: Bildtelefonie hat sich nicht durchgesetzt, die Akzeptanz von UMTS ist eher schleppend. Die großen Trends wie die Entwicklung des Internets, des PCs, des WWW oder der Erfolg von Short Messaging Service (SMS) wurden im Voraus nicht erkannt.

Auch die Suche nach neuen Märkten kann unerwartete Ergebnisse haben: Die Idee des One-Laptop-Per-Child Projekts (vgl. OLPC 2009) war, Kinder in Entwicklungsländern mit kostengünstigen, für die Ausbildung geeigneten Computern zu versorgen, den 100$-Laptops. Statt, wie geplant, bis zum Jahr 2007 150 Millionen Stück herzustellen (vgl. o.Verf. 2005), wurden bis Mai 2009 nur einige hunderttausend produziert (vgl. Kraemer et al. 2009). Die Nachfrage nach diesen günstigen Laptops in Ländern der ersten Welt führte aber zur Entwicklung der Netbooks, der Asus eePC wurde bereits in den ersten 4 Monaten in 300.000 Stück verkauft und führte damit zur Etablierung einer neuen Gerätegattung: Kleine, billige Laptops, die vergleichsweise lange Akkulaufzeiten haben und im wesentlichen für den mobilen Internet-Zugang genutzt werden.

Die angeführten Beispiele zeigen, dass große Innovationssprünge kaum vorhergesagt werden konnten. Sie kamen meist nicht von den etablierten großen Unternehmen oder Organisationen, sondern aus der großen Zahl von Anwendern[9]. Warum sollte dies in der Zukunft anders sein?

Allerdings lassen sich durchaus Schlüsse für die Zukunft ziehen: In den letzten beiden Jahrzehnten haben sich hauptsächlich offene Plattformen, die den Anwendern eine möglichst flexible Nutzung erlauben, durchgesetzt.

---

8 Interessant ist hier, dass das WWW zunächst als ein internes Informationssystem für das Wissensmanagement im CERN konzipiert wurde, sich dann aber als weltweites Informationssystem durchsetzte. Erst später wurden diese Technologien in Unternehmen für den ursprünglichen Zweck als Intranet eingesetzt.
9 Hier lassen sich Parallelen zum Long-Tail- Phänomen (vgl. Anderson 2004) ziehen: Bei Online-Music-Stores und Online Buchhändlern kann man beobachten, dass ein erheblicher Teil des Umsatzes mit Nischenprodukten gemacht wird, ja sogar, dass Nischenprodukte durch Empfehlungen anderer Käufer plötzlich populär werden, also letztlich eine Demokratisierung des Marketings und Vertriebs bewirken.

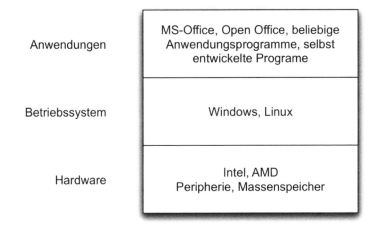

Anwendungen	MS-Office, Open Office, beliebige Anwendungsprogramme, selbst entwickelte Programe
Betriebssystem	Windows, Linux
Hardware	Intel, AMD Peripherie, Massenspeicher

Abbildung 1: Architektur des Systems PC

Ein gutes Beispiel hierfür ist der PC (Abbildung 1): Die offene Definition der Hardware er-laubte es zahlreichen Herstellern, IBM-kompatible PCs anzubieten. Dies führte zu einer Vielzahl von Innovationen im Bereich der Hardware. Das Betriebssystem dieser PCs war nicht festgelegt; so konnten sich mehrere Betriebssysteme etablieren. Jedes dieser Be-triebssysteme erlaubte es dem Anwender, beliebige Programme zu installieren und das System so seinen Bedürfnissen anzupassen. Das System PC ist also nicht nur auf einer Ebene, sondern auf mehreren flexibel.

Der Trend geht klar zu offenen Systemen. Dieser Trend lässt sich auch bei Mobiltelefonen beobachten: Diese sind im Allgemeinen nur eingeschränkt durch eigene Software erwei-terbar. So war beispielsweise Apples iphone zunächst nicht erweiterbar, inzwischen sind über 40.000 Anwendungen verfügbar (vgl. 148apps 2009). RIM, der Hersteller des Black-berry, der zunächst ein abgeschlossenes System favorisierte, ist auf den Geschmack ge-kommen und wirbt um Entwickler, die ihre Ergebnisse in einem Marktplatz, ähnlich wie bei Apple, anbieten sollen. „Showcase your talent and submit your applications to be featured on BlackBerry App World" (RIM 2009).

Nur diese Flexibilität bietet die Möglichkeit zur Entwicklung einer großen Zahl von Anwen-dungen und damit neuer Nutzungsformen, die dann die Chance erhalten, sich am Markt durchzusetzen. Flexible Plattformen haben allerdings auch Nachteile, die Flexibilität kann sich auch gegen den Anwender richten: Kann ein Anwender beliebige Programme auf sei-nem PC installieren, kann er eben auch Viren, Trojaner und anderen so genannten „bad code" installieren.

2 Sicherheit

Die früheren Großrechner stellten ein abgeschottetes System dar in dem Sinn, dass die Software vom Hersteller installiert und danach vom Anwender nur noch genutzt werden konnte. Dieser manipulierte nur die Daten im System, die strikt vom Code getrennt waren. Grundsätzlich gibt es natürlich auch bei solchen Systemen Sicherheitsprobleme durch Programmierfehler, aber diese können vergleichsweise einfach vom Hersteller behoben werden[10]. Bei PCs installiert der Anwender Software aus den unterschiedlichsten Quellen; hier ist die Trennung zwischen Daten und Programmen aufgehoben. Dadurch können Programme – etwa aus dem Internet – das System nach Belieben modifizieren. Eine einfache Abhilfe ist nicht möglich. Microsoft empfiehlt etwa, bei einem Virenbefall das System komplett neu zu installieren: „When you are dealing rootkits and some advanced spyware programs, the only solution is to rebuild from scratch. In some cases, there is really no way to recover without nuking the system from orbit" (Naraine 2004). Dies wird von vielen Privatanwendern in Kauf genommen; im Unternehmensumfeld ist dies nicht akzeptabel.

Diese Situation lässt sich durch eine kontrollierte Umgebung zwar entschärfen; letztlich sind aber alle Versuche, diese Situation in den Griff zu bekommen, gescheitert. So kann man zwar den Anwender daran hindern, Software zu installieren; geschieht dies konsequent, kann die wesentliche Stärke eines PCs, eben seine Flexibilität, nicht genutzt werden[11]. Soll der PC als Appliance verwendet werden, also nur eine bestimmte Anwendung (oder nur eine beschränkte Auswahl) ausführen, existieren technische Mittel, die das System vor Korrumpierung schützen. Im Extremfall läuft die zu verwendende Software auf einem Terminalserver und der PC dient nur noch als grafisches Terminal zur Ein- und Ausgabe. Konzeptionell handelt es sich um eine ähnliche Architektur wie beim Großrechner.

Im Unternehmensumfeld handelt es sich also wieder um im Wesentlichen abgeschottete Systeme. Dies geht solange gut, wie lokal (im Unternehmen selbst) installierte Anwendungen genutzt werden. Soll mit dem Internet gearbeitet werden, ist eine effektive Abschottung nicht mehr möglich. Eine übliche Empfehlung ist etwa, die Nutzung von JavaScript abzuschalten. Damit sind die meisten (interessanten) Anwendungen im Internet allerdings nicht mehr nutzbar.

---

10 Dies gilt nicht nur für Computersysteme, sondern für beliebige technische Systeme. Beispielsweise wurde beim Telefonnetz der AT&T ein Signalton verwendet, um eine freie Leitung zu signalisieren. Wurde dieser (etwa durch eine Spielzeugpfeife) vom Anwender erzeugt, konnte kostenlos telefoniert werden. AT&T konnte diese Lücke einfach schließen, da sie die vollständige Kontrolle über das System hatte (vgl. Hafner 1995).
11 Dies ist in Unternehmen üblich. Dabei existieren verschiedene Grade an Abschottung, beginnend bei der Einschränkung von Benutzerrechten bis hin zur Sperrung lokaler Datenträger. Ob diese Verbesserung in Bezug auf die Systemsicherheit allerdings den möglichen Verlust an Flexibilität aufwiegt, ist fraglich.

Dies ist zum einen für Privatanwender nicht akzeptabel, da dann ein wesentlicher Teil der gewünschten Nutzung des PCs nicht mehr möglich ist. Zum anderen wird dadurch die Innovation durch eine Vielzahl von flexibel nutzbaren Anwendungen unterbunden.

Andererseits stellt sich die Frage, wie lange die Vielzahl von Sicherheitslücken tragbar bleibt. Ohne zusätzliche Schutzmaßnahmen wie Virenscanner und Personal Firewalls ist ein unter Windows laufender Rechner praktisch nicht mehr betriebsfähig: "One study estimated that the time between when a new computer is turned on and the first attack is underway is usually less than 10 minutes" (Lehtinen/Gangemi 2006).

Derzeit akzeptieren die meisten Anwender diese Risiken, insbesondere auch, weil sie insofern theoretischer Natur sind, als die meisten Anwender noch keinen inakzeptablen Schaden davon getragen haben. Selbst wenn 90% der Rechenleistung und Bandbreite von Botnetzen verbraucht werden, reicht der verbleibende Rest für die meisten Anwendungen aus; wenn nicht, wird eben ein schnellerer Rechner gekauft.

Für die Zukunft sind verschiedene Szenarien denkbar:

- Der Status quo, ein dynamisches Gleichgewicht zwischen verfügbarer Leistung und Verlust von Ressourcen durch bad code, bleibt erhalten.

- Die Situation eskaliert. Ein immer höherer Prozentsatz der Rechner ist von Trojanern befallen und in Botnetzen aktiv. Durch die fortschreitende Steigerung der Rechenleistung und Bandbreiten bei gleichzeitigem Mangel an Anwendungen, die diese ausnutzen, wird dieser Zuwachs teilweise kompensiert. Da der Leidensdruck immer größer wird, wird die Entwicklung von Spamfiltern, Virenscannern, Backup-Lösungen und Netzwerk-Firewalls gefördert; Innovation findet hauptsächlich in diesem Bereich statt.

- Es kommt zu einem „Digital Pearl Harbour" (Clarke 2001). Durch einen besonders bösartigen Virus entsteht ein Schaden, der nicht mehr toleriert werden kann[12]. Dadurch kommt es zu einem Bruch in der Entwicklung. Ist der angerichtete Schaden groß genug, gehen genügend Daten verloren oder wird sogar Hardware beschädigt, wird die Forderung nach „sicheren" Systemen so massiv, dass es zu einem Paradigmenwechsel kommt.

Angesichts der Tatsache, dass inzwischen etwa 95 % der E-Mails Spam sind und Botnetze mit mehr als einer Million Rechnern existieren (vgl. heise 2009) scheint die erste

---

12 Dieses Szenario ist nicht so abwegig, wie es vielleicht auf den ersten Blick scheint. Es ist im Gegenteil erstaunlich, dass es bisher noch nicht zu einem solchen Vorfall gekommen ist. Der Loveletter Virus richtete, obwohl technisch recht primitiv, erheblichen Schaden an; Schätzungen zufolge wurden etwa 45 Millionen Rechner infiziert, Abschätzungen des Schadens bewegen sich zwischen 100 Millionen und 10 Milliarden US $ (vgl. Hinde 2000). Vom technischen Standpunkt ist ein Virus vorstellbar, der durch eine clevere Taktik bei einem erheblich größeren Anteil von Rechnern erheblich größeren Schaden anrichtet. Ein besonders problematisches Szenario wäre eine weit verbreitete kommerzielle Software (etwa ein Betriebssystem), das Schadcode enthält, der durch die Closed-Source-Entwicklung nicht erkannt wird und zu einem bestimmten, synchronisierten Zeitpunkt zuschlägt und Daten korrumpiert.

Alternative unwahrscheinlich. Die Frage ist, wohin diese Entwicklung führen wird. Eine mögliche Entwicklung ist die hin zu Appliances, abgeschotteten Endgeräten für einen bestimmten Zweck (vgl. Zittrain 2008). Diese Entwicklung wäre nur konsequent, betrachtet man die derzeitige Entwicklung in Unternehmen hin zu eben solchen abgeschotteten Systemen. Die hierbei auftretenden Einschränkungen bei der Nutzung, also keine Installation von Software durch den Nutzer, ist allerdings erstens unangenehm und würde zweitens die Weiterentwicklung stark bremsen. Wenn der Anwender keine Software mehr installieren kann, muss dies vom Hersteller durchgeführt werden. Dieser hat damit die alleinige Kontrolle über das Verhalten und die Funktionalität dieser Systeme.

Ein wesentlicher Faktor bei der Entwicklung des Internets und seiner interessanten Applikationen ist die Offenheit und Flexibilität der zugrunde liegenden Protokolle. Die Art der Nutzung wird praktisch nur durch die Endpunkte der Verbindung bestimmt; das Netz dazwischen ist ursprünglich transparent. Das bedeutet aber auch, dass es keine Kontrollmöglichkeit im Netz gibt, die potentiellen Schaden abwenden könnte. Im Lauf der Entwicklung des Internets wurde diese Situation irgendwann untragbar. Um Sicherheitsprobleme in den Griff zu bekommen, wurden Netze segmentiert, das heißt, durch Firewalls abgeschottet. Waren diese anfangs meistens so konfiguriert, dass unerwünschte Anwendungen blockiert wurden, ist heute das Gegenteil üblich, es werden nur noch erwünschte Anwendungen zugelassen. Diese Firewalls können natürlich auf Wunsch von Anwendern umkonfiguriert werden, so dass neue Anwendungen genutzt werden können, aber dies erfordert üblicherweise einen bürokratischen Vorgang und stellt damit eine Hemmschwelle dar. Darüber hinaus muss üblicherweise diese Umkonfiguration begründet werden, so dass ein einfaches Ausprobieren neuer Anwendungen erschwert wird. Aber auch diese Perimeter-Firewalls (allein) bieten nicht die gewünschte und notwendige Sicherheit. Anstatt diese immer leistungsfähiger zu machen und mit neuen Filtertechniken auszustatten, entwickelt sich derzeit die Idee, überhaupt nur noch vorher festgelegte Verbindungen zuzulassen (vgl. Jericho 2009). Dies könnte zu einer noch stärkeren Einschränkung der Flexibilität führen; letztlich stellen diese Ansätze eine Art von Appliance im Bereich der Netzwerkverbindungen dar.

Ob diese Einschränkungen in Kauf genommen werden, hängt stark vom vermuteten Schaden ab. Ob der per Flatrate mit dem Internet verbundene PC ein paar Spam-Mails verschickt, stört kaum jemanden; wenn das Mobiltelefon kostenpflichtige SMS verschickt, schon eher. Insofern wird bei diesen Geräten eine Einschränkung der Flexibilität eher hingenommen, als bei allgemein einsetzbaren (und eingesetzten) Computern. Aber auch bei Mobiltelefonen ist der Trend zur individuellen Installation von Software nicht zu übersehen. Plattformen wie Apples appStore zeigen deutlich, wohin die Entwicklung führt. Früher oder später werden hier auch Sicherheitslücken ausgenutzt werden und entsprechender Schaden entstehen. Die Verbreitung von Virenscannern für Mobiltelefone wird nicht lange auf sich warten lassen. Sicherheit bedeutet aber nicht nur Sicherheit vor Angriffen aus dem Internet, sondern auch Sicherheit der eigenen Daten. Entwicklungen wie serviceorientierte Architekturen und Cloud Computing (siehe unten) werden dazu führen, dass die eigenen Daten nicht mehr auf dem (vermeintlich sicheren) eigenen Computer gespeichert werden, sondern bei einem Dienstleister[13]. Die Frage, wie dann der Zugriff anderer auf diese privaten Daten geregelt beziehungsweise verlässlich unterbunden wird, ist offen. Eine ausführliche Diskussion dieser „Privacy 2.0" findet sich bei Zittrain (2008).

3 Metatrends

Die letzten Abschnitte haben gezeigt, dass es schwierig ist, neue Entwicklungen vorherzusagen. Die Informationstechnik bietet eine umfangreiche Sammlung an Beispielen für falsche Vorhersagen; für einige Beispiele siehe Bell/Gray (1997). Kurzfristige Vorhersagen sind meistens zu optimistisch, langfristige meist zu pessimistisch. Möglicherweise lassen sich aber allgemeinere Strukturen erkennen, die über aktuelle, mit Technologien verknüpfte Trends hinausgehen; diese werden im Folgenden als Metatrend bezeichnet.

Die ersten Computer konnten nur von ihren Entwicklern bedient und programmiert werden; die frühen Mainframes wurden nur von Fachkräften bedient und von einer größeren Zahl von Anwendern benutzt. Diese mussten ihr Problem (ihr Programm und die zugehörigen Daten) in einem Rechenzentrum abgeben und erhielten irgendwann das Ergebnis zurück. Eine wesentliche Neuerung waren die time-sharing-Systeme: Jeder Anwender hatte ein Terminal, durch das er den Zentralrechner bedienen und seine Programme ablaufen lassen konnte. So hatte jeder die Illusion, dass er der alleinige Nutzer des Computers war[14]. Die Vision eines eigenen Computers für jeden Anwender wurde jedoch erst viel später durch die PCs Realität[15]. Man kann also eine Individualisierung des Computers erkennen.

Betrachten wir die Entwicklung von Software. Programme für Großrechner wurden hauptsächlich von deren Herstellern geschrieben und den Anwendern übergeben[16]. PC-Programme entstanden oft in kleinen Unternehmen (siehe unten) oder sogar den sprichwörtlichen Garagenfirmen. Durch die Einführung der Spreadsheets wie VisiCalc[17] wurden die Anwender selbst in die Lage versetzt, Programme zu erstellen: Die Anwender wurden durch geeignete Werkzeuge in die Lage versetzt, ihr Problem in einer für den Computer

---

13　Der entscheidende Vorteil des Cloud Computing ist, dass es nicht nötig wäre, sich auf einen Dienstleister dauerhaft festzulegen, sondern je nach Bedarf und Angeboten flexibel zu wechseln. Im Extremfall wäre dem Anwender nicht mehr bekannt beziehungsweise bewusst, wo er seine Daten eigentlich speichert.

14　Erreicht wurde das durch einen Trick: Jedes Programm und damit jeder Anwender erhält den Zugriff auf den Zentralrechner für eine kurze Zeit, etwa einige Millisekunden. Dann kommt das nächste Programm an die Reihe. Da Programme oft auf irgendetwas warten, beispielsweise auf eine Eingabe, kann diese Zeit genutzt werden, um andere Programme auszuführen.

15　In diesem Sinne sind PDAs die eigentlichen Personalcomputer; sie gehören einem Anwender, werden nur von diesem benutzt und sind immer dabei. Vor allem enthalten sie hauptsächlich persönliche Daten (mein Adressbuch, meine Musik usw.).

16　Dies ist natürlich eine Vereinfachung; Unternehmen entwickelten durchaus auch selbst Anwendungen. Insbesondere passten sie die gekauften Programme an. Damals war es durchaus üblich, dass zu Programmen der Quelltext mitgeliefert wurde. Nach einigen Jahrzehnten des closed-source-Prinzips, bei dem der Quellcode geheim gehalten wird, scheint sich diese ursprüngliche Idee mit der Open-Source-Bewegung wieder durchzusetzen.

17　Und später durch viele andere wie etwa Datenbanksysteme (dbase und seine Nachfolger wie Paradox, Filemaker und Microsoft Access) oder etwa Lotus Notes.

verständlichen Form zu formulieren. Heutige Plattformen wie etwa das Dashboard von Apple erlauben es dem Anwender, sich seine eigene Oberfläche aus den gewünschten Komponenten zusammenzustellen. Die Nutzung von Computern wurde also ebenfalls individualisiert.

Diesen Trend zur Individualisierung findet man auf die eine oder andere Art überall in der IT, sei es auf der Ebene von Einzelpersonen oder Unternehmen. Beispielsweise erzielen große Soft- und Hardware-Hersteller einen immer größeren Anteil ihres Umsatzes mit Beratungsleistungen; dabei handelt es sich häufig um Anpassungen. IBM beispielsweise erzielt inzwischen etwa die Hälfte des Umsatzes mit Beratung[18].

Die Erstellung und Verbreitung von Informationen war in der Prä-Internet-Zeit in der Hand weniger Unternehmen und Institutionen. Die Erstellung war auf eine vergleichsweise kleine Zahl von Autoren und Redakteuren, ihre Verbreitung im Wesentlichen auf Verlage und Sender[19] beschränkt. Mit der Entwicklung des WWW entstand für eine große Zahl von Menschen die Möglichkeit, ihre Sicht der Dinge zu publizieren[20]. Durch die Notwendigkeit, HTML-Seiten zu erzeugen, blieb dies allerdings auf einen Kreis von technisch versierten Anwendern beschränkt. Durch blogs[21] ist diese Möglichkeit allen Anwendern zugänglich. Man erkennt also eine Individualisierung der Inhalte.

Die Individualisierung ist also womöglich der große Metatrend. Diese Individualisierung wird weiter gehen. Im Bereich der Computerhardware führt dies zum Ubiquitious Computing[22]. Heute hat jeder Anwender einen (oder wenige) eigene Computer. In Zukunft wird jedes „Ding" einen eigenen Computer mit Verbindung zum Internet haben. Fernseher, DVD-Rekorder, Stereoanlagen, Wecker, Armbanduhren oder Mobiltelefone enthalten heute bereits leistungsfähige Computer auf einem Chip, sogenannten Microcontrollern[23]. Der Preis eines Microcontrollers liegt heute bereits in einem Bereich[24], der die Integration in praktisch alle Gerätschaften des täglichen Lebens erlaubt. Zukünftig werden alle Haushaltsgeräte (der berühmte Internet-Kühlschrank), Lichtschalter, Leuchten usw. solche Computer enthalten. Nicht (nur), weil diese Gadgets cool sind (vgl. Hudson/ Viswanadha 2009), sondern weil dies die billigste, effizienteste Weise zur Umsetzung ihrer Funktion ist. Jedes dieser Geräte mit allen denkbaren Funktionen und Verbindungen zu versehen, ist kaum sinnvoll. Stattdessen werden alle untereinander vernetzt und können gegenseitig angebotene Dienste nutzen. Enthält beispielsweise jeder Schlüssel einen Microcontroller,

---

18 Im Jahr 2006 48,3 Milliarden US-$ bei einem Gesamtumsatz von 91,4 Milliarden US $, im Jahr 2008 58,9 Milliarden US $ vs. 103,6 Milliarden US $. Der Anteil der Dienstleistungen steigt also weiter. Bei Unternehmen wie Oracle und SAP ist die Situation vergleichbar.
19 Die sich zunächst nur in staatlicher Hand befanden.
20 Man kann soweit gehen und sagen, der wesentliche Grund für den Erfolg des WWW war und ist: Die Möglichkeit, unzensiert seine Meinung zu verbreiten. Dies lässt Maßnahmen zur Zensur des WWW in keinem guten Licht erscheinen.
21 In den letzten drei Jahren wurde dies durch Twitter nochmals verstärkt; die Publikation ist durch jeden jederzeit überall möglich. Über den Nutzen und den Informationsgehalt lässt sich natürlich streiten.
22 Der Begriff wurde von Mark Weiser geprägt (vgl. Weiser 1991).
23 Ein vollständiger Rechner auf einem Chip. Solche miniaturisierten Computer werden hauptsächlich für Steuerungsaufgaben eingesetzt. Ein modernes Auto enthält etwa 100 davon.
24 Einfache Microcontroller kosten etwa 20 Cent.

gehört der verlorene Schlüsselbund der Vergangenheit an. Natürlich enthält der Schlüssel keinen GPS-Empfänger[25], sondern kommuniziert mit den anderen Sensoren in dem Raum, in dem er liegt, und erfährt so, wo er sich befindet. Diese Information kann er dann an andere weitergeben, die letztlich dann beim – suchenden – Anwender landen (vgl. Cerf 2007). Die dazu notwendigen Technologien und Netzwerkprotokolle werden derzeit für Sensornetze für technische und wissenschaftliche Anwendungen entwickelt.

Aber nicht nur im Bereich der Informationssysteme zeigt sich der Trend zur Individualisierung, sondern bei alltäglichen Produkten. Der eigene Computer lässt sich etwa bei Dell oder Apple aus einem Baukasten zusammenstellen. Analog zum Anwender, der durch geeignete Werkzeuge als Programmierer tätig wird, wird hier der Kunde zum Hersteller. Derzeit beschränkt sich dies meist noch auf Mass Customization, die Auswahl von Varianten eines vorgegebenen Produkts, beispielsweise bei Schuhen von Puma oder Nike, durch den Kunden. Die Individualisierung von Mobiltelefonen durch eigene Klingeltöne[26] oder Skins geht eigentlich noch weiter: Hier individualisiert der Kunde ein Produkt durch Komponenten von Drittanbietern. Der nächste Schritt wäre die vollständig individuelle Gestaltung etwa durch 3D-Prototyping-Technologien[27]. Diese Technologie ist in der Science-Fiction schon länger verbreitet, etwa die Replikatoren bei Star Trek. Seit gut 10 Jahren sind solche Geräte, die nach verschiedenen Verfahren, etwa nach dem Prinzip eines Tintenstrahldruckers, dreidimensionale Gebilde erzeugen können, für die Erstellung von Prototypen im industriellen Einsatz. Noch sind die Kosten für diese 3D-Drucker für die private Nutzung zu hoch[28], aber dies kann sich rasch ändern.

Abbildung 2: Mit 3D Printing gefertigte Objekte *(Sorrel 2008)*

Die eigentliche Fertigung wird nicht mehr nach China vergeben, sondern vom Endkunden (oder in einer Übergangsphase einem lokalen Dienstleister) ausgeführt. Selbst komplexe

---

25 Selbst wenn der GPS-Empfänger so gut miniaturisiert werden könnte, dass sein Preis keine Rolle mehr spielt, würde er vermutlich zu viel Energie verbrauchen. Der Energieverbrauch ist übrigens eines der interessantesten, im wesentlichen ungelösten Probleme des ubiquitous computing.
26 Immerhin ein Markt von 39 Millionen EUR, allein in Deutschland (o. Verf. 2009).
27 Für einen Überblick siehe (vgl. Boeing 2006).
28 Einstiegsmodelle kosten etwa 10.000 EUR, es gibt allerdings eine Art Open-Source-Projekt fab@home.org mit einer Bauanleitung für Bastler. Vielleicht nimmt diese Technologie den gleichen Weg wie die frühen Homecomputer, die auf ähnliche Weise populär wurden.

individuelle Objekte lassen sich kostengünstig fertigen, das rechte Objekt in Abbildung 2 verursacht Materialkosten von etwa 1$, das linke von etwa 37 Cent (vgl. Sorrel 2008). Sollten sich diese 3D-Drucker verbreiten, führt dies zu einem völlig geänderten Markt: Verkauft wird nicht mehr das Produkt, sondern der Bauplan[29].

Ein zweiter Kandidat für einen Metatrend ist die Konvergenz: Die verschiedenen Netze wachsen zusammen (Abbildung 3). Ursprünglich waren Sprach- und Datennetze praktisch völlig getrennt[30]. Mit Voice over IP und insbesondere den Mobilfunknetzen wird diese Trennung aufgehoben. Mit Wimax beginnt sich ein Standard zu etablieren, der sowohl WLAN, als auch DSL und die Mobilfunknetze ersetzen könnte.

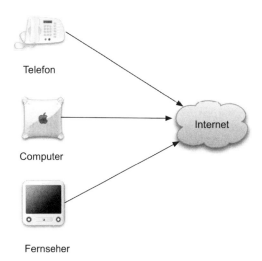

Abbildung 3: Konvergenz der Netze. Aus den ursprünglich getrennten Netzen für Telefonie, Fernsehen und Computer wird ein einziges Netz.

Diese Tendenz zeigt sich auch bei den Endgeräten. Mobiltelefone und PDAs wachsen zusammen, MP3-Player sind integriert, es gibt nur noch ein mobiles Endgerät für Telefonie, Unterhaltung, persönliche Daten und Internet-Zugang. Der Computer dient immer mehr als Unterhaltungsmedium. Laut BITKOM (o. Verf. 2009b) hat sich der Umsatz mit Musikdownloads in Deutschland zwischen 2005 und 2008 auf 80 Millionen Euro pro Jahr verdoppelt. Der Anteil der Downloads auf Mobiltelefone stieg ebenfalls auf 8,8 Millionen Euro im Jahr 2008. Experten sind sich einig, dass IPTV die klassischen Methoden der Dis-

---

29 Noch dramatischer wird diese Entwicklung, wenn man weiter in die Zukunft schaut: Das kommende Jahrhundert wird nach Ansicht mancher Autoren zum Jahrhundert der Biotechnologie werden. Produkte werden dann gentechnisch erzeugt; es zählt nur noch der Bauplan, die Herstellung ist praktisch kostenlos (vgl. Sterling 2002).
30 Genau genommen wurden bei den ganz frühen Datennetzen Telefonleitungen und Modems, also nur ein Netz verwendet. Dies wurde allerdings nur in der Anfangsphase und in der Verbindung zum Endkunden praktiziert; die eigentlichen Verbindungen zwischen Computern verwendeten andere Technologien.

tribution von Fernsehprogrammen verdrängen wird. Der Fernseher wird also durch den Computer ersetzt, oder – anders formuliert – es werden zukünftige Fernseher viel Ähnlichkeit mit einem Computer aufweisen.

Die spannende Frage hier ist, ob es sich um (verschiedene) Appliances handeln wird, oder ob einer oder wenige allgemein verwendbare Computer alle diese Aufgaben übernehmen werden. Die derzeitige Entwicklung scheint mehr in Richtung Appliances zu verlaufen; die Anzahl von HD-Rekordern, TV-Settop-Boxen, Internet-Radios wächst ständig. Flexiblere Lösungen wie Microsoft Media Center Edition (vgl. Microsoft 2009) scheinen sich (noch) nicht durchzusetzen.

Dies hat sicher mehrere Ursachen, eine davon ist die Bedienung. Weder ein Mobiltelefon noch einen Fernseher möchte der Anwender mit Tastatur und Maus bedienen[31]. Hier sind spezialisierte Appliances im Vorteil; deren Bedienung kann auf den jeweiligen Anwendungszweck hin optimiert werden. Neue Konzepte für Benutzeroberflächen und Ein-/Ausgabegeräte existieren zwar in mehr oder weniger marktreifer Form, durchgesetzt hat sich aber bisher keines. Spracherkennungssoftware ist auf Nischenmärkte beschränkt, alternative Displays kommen eben erst auf den Markt.

Abbildung 4: Carl Zeiss cinemizer (Zeiss 2009).

Der cinemizer von Zeiss (Abbildung 4) projiziert auf einer Spezialbrille ein Stereo-Bild; ein Monitor oder eine Leinwand sind nicht mehr nötig. Würde man diese Brille mit einer handlichen 3D-Maus, beispielsweise in Form eines Rings am Finger, und einer leistungsfähigen Spracherkennung kombinieren, ließen sich zusammen mit einem mobilen Computer in der Größe eines PDAs oder Mobiltelefons viele Anwendungen des Computers ohne klobiges Equipment nutzen[32].

---

31 Im Fall des Mobiltelefons kommt noch der kleine Monitor erschwerend hinzu.
32 Zumindest die, die der Unterhaltung dienen. Aber insbesondere auch mobile Dienste wie Location Based Services könnten erheblich von solcher Peripherie profitieren.

Andere Lösungen wie etwa Projektionstastaturen[33] haben sich zumindest bisher nicht durchsetzen können. Es ist noch offen, ob die Anwender die Komforteinbuße durch das Tragen einer Brille akzeptieren, aber verglichen mit einem herkömmlichen Laptop ist erstens das Gewicht erheblich kleiner und die Bildqualität, zumindest für Unterhaltungsmedien, in vielen Situationen erheblich besser. Vermutlich sehen so die zukünftigen Computer beziehungsweise deren Schnittstellen aus (vgl. Cerf 1997). Wie die Beispiele im ersten Abschnitt zeigen, kann es allerdings relativ lange dauern, bis sich neue Ideen durchsetzen. Möglicherweise bleibt uns also die konventionelle Bedienung mit Tastaturen und Bildschirmen oder Touchscreens noch längere Zeit erhalten.

4 Software

Der Erfolg des WWW führte dazu, dass Anwendungen nicht mehr als klassische Client-Programme, sondern für die Nutzung mit einem Browser entwickelt werden. Dies bedingt eine erhöhte Komplexität: Statt einer vergleichsweise einfachen Client-Server-Architektur wie in Abbildung 5 gezeigt, findet man mehrschichtige, verteilte Anwendungen.

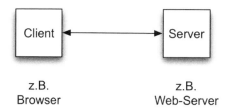

Abbildung 5: Client-Server-Architektur. Der Server ist typischerweise für die Datenhaltung zuständig, die Geschäftslogik – die eigentliche Anwendung – kann entweder auf dem Client (Fat Client) oder auf dem Server (Thin Client) realisiert sein.

Um diese effizient zu entwickeln, wurden Technologien wie J2EE (vgl. SUN2009) entwickelt, die jedoch so komplex sind, dass der Aufwand für die Einarbeitung beinahe untragbar wird (vgl. Tate 2005). Diese Entwicklung führte hin zu Skriptsprachen wie Ruby oder Python und leichtgewichtigen Frameworks wie Rails (vgl. Rails 2009) oder Django (vgl. Django 2009), die eine schnelle Entwicklung von Anwendungen erlauben[34]. Vergleicht man etwa die Zugriffe auf wikipedia, so findet man, dass etwa ebenso viele Zugriffe auf Ruby oder Python wie auf Java erfolgen. Die spannendste Entwicklung im Backend-Bereich ist aber der Trend weg von klassischen verteilten Systemen hin zu serviceorientierten Architekturen.

---

33 Angeboten etwa von celluon
34 Diese beiden sind natürlich nicht die einzigen Frameworks, die in den letzten Jahren an Popularität gewinnen. Der Leidensdruck bei der Verwendung von Java oder PHP scheint enorm zu sein. Es lässt sich derzeit aber nicht absehen, welche dieser Technologien sich durchsetzen wird, die jeweilige Popularität schwankt saisonal. Eine interessante neuere Entwicklung ist die Sprache Scala und das zugehörige Framework Lift. Hier scheinen die Vorteile von Java und Ruby/Rails zusammen mit der Eleganz funktionaler Programmiersprachen kombiniert zu sein (vgl. Ghosh, Vinoski 2009). Es handelt sich hierbei aber eher um ein Forschungsprojekt, von Marktreife kann man wohl noch nicht reden.

5 Service-orientierte Architekturen

Ein, wenn nicht das zentrale Problem bei der Softwareentwicklung ist die Beherrschung der Komplexität. Große Softwareprojekte geraten in die Gefahr zu scheitern, wenn deren Komplexität durch die Ausführenden nicht mehr beherrschbar ist. Dies führte zu der so genannten Softwarekrise (vgl. Brooks 1975 und Dijkstra 1972).

Diese Komplexität zu reduzieren ist das Ziel der Software-Architektur: Ein großes Problem wird in mehrere kleinere, möglichst unabhängige Probleme zerlegt. Dieses Ziel steckt hinter zahlreichen Innovationen wie der Modularisierung, der strukturierten Programmierung, und der objektorientierten Programmierung; diese betreffen aber hauptsächlich den mikroskopischen Aspekt der Programmierung, die Organisation einzelner Code-Abschnitte. Softwarearchitektur befasst sich mit der Strukturierung im Großen.

In den letzten Jahren hat sich eine Strömung entwickelt, die letztlich die gleichen Ideen und Kriterien verwendet, aber in drastisch stärkerem Maß: "The same old principles that have been helping [...] for the last 45 years, [...] increased modularity and abstraction[...] But the real shift is that we are making fundamental tradeoffs in efficiency in favor of abstraction and modularity" (vgl. Sabbah/Weisser 2005).

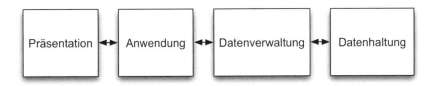

Abbildung 6: Beispiel einer 4-tier-Architektur.

Software-Architektur ist ein wichtiges, schwieriges und teilweise verwirrendes Thema. Im Prinzip ist alles ganz einfach; die Architektur legt fest, aus welchen Einzelteilen ein Programm besteht und wie diese zusammenspielen. Es gibt eine Vielzahl von Architekturen für bestimmte Anwendungsarten[35]. Großrechneranwendungen hatten typischerweise eine monolithische Architektur, mit den PCs kam dann die Client-Server-Architektur, Web-Anwendungen haben typischerweise eine Multi-Tier-Architektur (Abbildung 6). Für jede Architektur gibt es Beispiele, wie diese erfolgreich eingesetzt wurden.

Ein wesentlicher Unterschied (und eines der Hauptprobleme bei der Entwicklung einer Architektur) ist die Flexibilität in Bezug auf Änderungen der Anforderungen: Eine Softwarearchitektur lässt sich nachträglich kaum noch ändern, ist also eine Entscheidung, die für den ganzen Lebenszyklus einer Software erhalten bleibt. Die Anforderungen an eine Software ändern sich jedoch typischerweise im Lauf der Zeit. Die Frage (und der heilige

---

35 Für einen Überblick siehe etwa Sommerville (2007).

Gral der Software-Architektur) ist also: Wie muss eine Architektur aussehen, die es leicht macht, die Software später abzuändern? Hierzu gab es im Lauf der Zeit eine ganze Reihe von Ansätzen, von der Objektorientierung bis zu den Komponentensystemen. An diesem Problem sind aber letztlich alle gescheitert.

Die Grundidee hinter anpassbarer (und wieder verwendbarer) Software ist die folgende: Ein Programm, das aus vielen kleinen, möglichst unabhängigen Teilen besteht, lässt sich leicht ändern beziehungsweise die einzelnen Teile lassen sich bei anderen Projekten wiederverwenden. Das Problem dabei sind die Abhängigkeiten. Die klassische objektorientierte Programmierung erzeugt durch Vererbungshierarchien eine starke Kopplung zwischen den einzelnen Klassen, die eine gezielte Wiederverwendung erschweren[36]. „Object orientation has failed but component software is succeeding" (vgl. Udell 1994).

Um eine stärkere Unabhängigkeit („lose Kopplung") zwischen den Elementen zu haben, muss man mehrere zusammenfassen, die dann eine Funktion erfüllen, die von anderen unabhängig ist und so leicht wiederverwendet beziehungsweise geändert werden kann. Eine solche Komponente stellt eine black-box dar, die mit anderen zu sinnvollen Programmen kombiniert werden kann.

Die Verbindung der Komponenten erfolgt durch Middleware. Die Schwierigkeit dabei ist allerdings, zu definieren, was alles zu einer solchen Komponente gehört: Enthält sie zu viel, landet man letztlich wieder bei einer monolithischen Architektur; enthält sie zu wenig, werden die Beziehungen zu anderen Komponenten zu eng und die Wiederverwendbarkeit leidet. Es gibt verschiedene Möglichkeiten, diese Grenze zu definieren, beispielsweise: Was im selben Prozess abläuft, gehört zu einer Komponente (vgl. Sessions 2004).

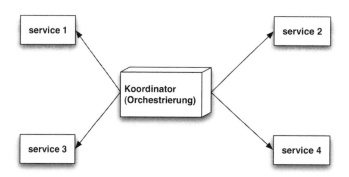

Abbildung 7: Orchestrierung von (Web-) Services. Der zentrale Koordinator ruft die einzelnen Services in der richtigen Reihenfolge auf.

---

36 Nicht nur die Wiederverwendung. Insbesondere bei der Verwendung mehrerer Klassenbibliotheken können sich interessante Probleme ergeben. Zwar hat die Entwicklung von Klassenbibliotheken (also per Definition wiederverwendbarer Software) seit den Anfängen von C++ viele Fortschritte gemacht, aber das eigentliche Problem bleibt ungelöst.

Einen Schritt weiter geht die serviceorientierte Architektur: Hierbei besteht eine Anwendung (genauer: Alle Anwendungen) aus einzelnen, unabhängigen Services. Diese werden dann zusammengestellt und in der richtigen Reihenfolge mit den richtigen Daten aufgerufen (orchestriert) (Abbildung 7). Die Beschreibung der einzelnen Schritte erfolgt mit der Business Process Execution Language (BPEL, siehe Abbildung 8).

```
<process name="ticketOrder">
<partners>
....
</partners>
...
<flow>
<links>
<link name="agent-to-airline"/>
<link name="agent-to-hotel"/>
</links>

<invoke partner="airline1"
portType="ticketOfferPT"
operation="getOffer"
...
```

Abbildung 8: Definition eines Prozesses mit BPEL, hier die Buchung eines Tickets. Die eigentliche Anwendung ist eine Beschreibung des Prozesses, nicht mehr ein an der technischen Umsetzung orientiertes Programm.

Bei den konventionellen Strukturierungsverfahren wie der Objektorientierung lag der Fokus darauf, die Abhängigkeiten zwischen den Bestandteilen eines Programms zu reduzieren. Bei der serviceorientierten Architektur geht es letztlich darum, viele unabhängige Programme, eben die Services, zu erstellen und zu neuen Programmen zu kombinieren[37]. Diese Basis-Dienstleistungen müssen nicht selbst erstellt werden, sondern können von Dienstleistern bezogen werden. Es handelt sich hier um eine Art von Software-as-a-Service auf der Ebene einzelner Funktionalitäten, quasi eine Art Infrastructure as a Service. Betrachtet man sich die Entwicklungen der großen Internet-Firmen in den letzten Jahren, zeigt sich, dass diese exakt diese Entwicklung erwarten: Amazon etwa bietet eine ganze Reihe von Basisdiensten wie etwa Datenspeicher, Messaging, Rechenleistung an.

Dies hat zwei wichtige Konsequenzen: Erstens müssen Anwendungen (zumindest in der Theorie) nicht mehr programmiert werden, sondern werden aus Services zusammengestellt. Zweitens ist das Innenleben eines Services nicht von Bedeutung; solange er die einmal definierte Aufgabe erfüllt, sind die technischen Details unerheblich. Das bedeutet aber auch, dass es letztlich egal ist, von wem er implementiert wurde und wo er abläuft.

---

37 Man kann hier durchaus eine Analogie zur UNIX-Philosophie der kleinen Programme, die durch Pipes zu komplexeren Anwendungen kombiniert werden, entdecken. Dabei ist allerdings das Kommunikationsmittel – die Middleware – sehr simpel. Textdateien, die aus einzelnen Zeilen bestehen, sind die einzige mögliche Schnittstelle zwischen den sequentiell ausgeführten Programmen.

Der zweite Punkt ist der Grund, warum die serviceorientierten Architekturen (SOA) nicht nur ein Thema für Informatiker sind. Wenn es praktisch beliebig ist, wie und wo eine Funktionalität realisiert wird, kann diese beispielsweise jederzeit an einen Outsourcing-Partner abgegeben werden. Wenn beispielsweise zwei Unternehmen fusionieren, ist keine langwierige Konsolidierung der IT-Landschaft nötig; es werden einfach die jeweils günstigeren[38] Services verwendet, die anderen werden abgeschafft. Damit dies funktioniert, sind zwei Dinge nötig:

Erstens müssen die Services „vergleichbar" sein, also bei verschiedenen Unternehmen in etwa die gleichen Funktionalitäten abdecken. Die Services müssten also entweder standardisiert werden (unrealistisch), oder aber „zufällig" ungefähr das gleiche tun und leicht ineinander umgewandelt werden können. Man muss bei der Erstellung von Services also nach Funktionalitäten suchen, die bei allen Unternehmen im Wesentlichen ähnlich sind. Dies sind Teilschritte von Geschäftsprozessen. Die kompletten Prozesse sind natürlich bei jedem Unternehmen unterschiedlich, die Teilschritte aber oft nicht. So wird beispielsweise praktisch jedes Unternehmen einen Service brauchen, um eine E-Mail an einen Kunden zu verschicken. Natürlich wird sich die Implementierung dieses Services jeweils unterscheiden, das spielt aber eben keine Rolle mehr.

Zweitens muss es ein universales Kommunikationsmittel geben, über das Services über Unternehmensgrenzen hinweg aufgerufen werden können. Mit den üblichen Middlewaretechnologien wie etwa CORBA, RMI oder COM ist dies nicht möglich: Erstens werden hier viele technische Einzelheiten vorausgesetzt, die bei jedem Unternehmen verschieden sind; zweitens gibt es eben unterschiedliche Middlewaretechnologien und keinen allgemein akzeptierten Standard.

Dies ändert sich derzeit mit den Web-Services. Diese wurden ursprünglich entwickelt zur Nutzung von Webdiensten durch Programme in Form von so genannten Mashups. Das wohl bekannteste Beispiel ist das Einbinden von google maps in andere Webseiten oder Dienstleistungen (Abbildung 9). So könnte etwa ein Anbieter ohne großen Aufwand einen Hotelreservierungsservice mit google maps und einem Bezahlservice zu einer Buchungsanwendung kombinieren. Oder den mit einem Mobiltelefon fotografierten Barcode zur Preisrecherche bei Amazon verwenden um festzustellen, ob das vermeintliche Schnäppchen tatsächlich so günstig ist. Diese Technologie ist so viel versprechend, dass sie derzeit im Unternehmensumfeld übernommen wird, wie dies mit vielen anderen Internet-Technologien bereits geschehen ist.

Die Netzwerkprotokolle des Internets wurden im Lauf der Zeit als technologische Basis der Netze in den Unternehmen übernommen, nachdem das WWW im Internet so erfolgreich war, wurde es als Intranet auch im Unternehmen eingesetzt. Diese Entwicklung findet derzeit mit den Webservices statt. Damit wird in der Softwareentwicklung ein Ziel erreicht, dass bei realen Produkten noch in der Ferne liegt: Ein Produkt (Applikation) wird nicht mehr vom Hersteller gefertigt, der Kunde kauft nur den Bauplan (Ablaufbeschreibung der

---

38   Wie auch immer der Begriff „günstig" in diesem Zusammenhang interpretiert wird.

Services) und die Grundstoffe (Services). Der eigentliche Wert liegt im Bauplan. Hierfür etablieren sich Standards wie BPML und BPEL (vgl. Weerawarana et al 2005). Die zugrunde liegende Technologie, die dies erst ermöglicht, sind aber die Webservices.

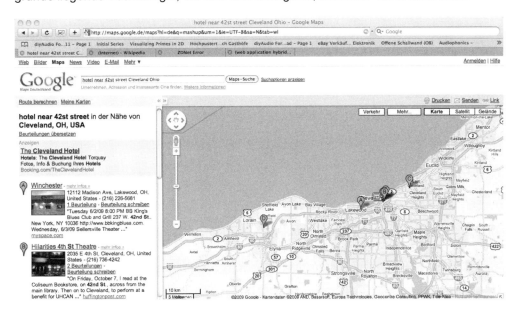

Abbildung 9: Beispiel für ein mashup. Verknüpfung von Google Suche nach einem Hotel mit der Kartendarstellung von google maps

6 Web Services

Das WWW ist das erfolgreichste Informationssystem aller Zeiten. Menschen können einfach und schnell auf eine weltumspannende Sammlung von Informationen über praktisch jedes Thema zugreifen. Die Idee, diese Informationen nicht manuell, sondern durch ein Programm zu nutzen, liegt nahe. Bei „normalen" Web-Anwendungen ist dies allerdings schwierig. Es gab und gibt zwar viele Beispiele, wo mit Programmen der HTML-Quelltext einer Seite analysiert, zerlegt und für andere Anwendungen weiterverarbeitet wird[39], dieser Ansatz ist aber problematisch: Ändert der Anbieter der Informationen etwa das Layout seiner Seite funktionieren die abhängigen Programme nicht mehr.

Dieses Problem ließe sich lösen, wenn HTML durch ein anderes Format ersetzt oder ergänzt würde, das nicht nur die Daten sowie Informationen zur Darstellung enthält, sondern auch zur Bedeutung der Inhalte. Dies war die ursprüngliche Idee bei XML (vgl. GDV 2002). Die Daten sollten als darstellungsunabhängiges Format an den Browser ausgeliefert werden, die Formatierung erfolgt dann im Browser durch Stylesheets. Einen verein-

---

39 Dieser screen scraping Ansatz ist keineswegs neu oder auf das WWW beschränkt. Entwickelt wurden diese Techniken und Werkzeuge, um alte Großrechneranwendungen in modernere IT-Systeme einzubinden.

fachten Vergleich der beiden Techniken zeigt Abbildung 10. Diese Anwendung von XML hat sich allerdings nicht durchgesetzt[40].

```
<TABLE>
<TH>Artikel</TH>
<TH>Preis</TH>

<TR>
<TD>4711</TD>
<TD>42,00</TD>
</TR>

. . .

</TABLE>
```

```
<PREISLISTE>

<ARTIKEL ID="4711">
  <PREIS CURRENCY="EUR">
    42,00
  </PREIS>
</ARTIKEL>

. . .

</PREISLISTE>
```

HTML   XML

Abbildung 10: *Vergleich von HTML und XML. HTML stellt nur das Layout und die Struktur dar, die XML-Version die Bedeutung der Inhalte. Deklarationen und Header sind in diesem Vergleich weggelassen.*

Ein neuerer Ansatz, dieses Problem zu lösen ist das Semantic Web (vgl. W3C 2009). Beim Semantic Web geht es darum, Web-Anwendungen zu schaffen, die sowohl für Menschen (mit Browser) als auch für Programme lesbar sind. "If HTML and the Web made all the online documents look like one huge book, RDF, schema, and inference languages will make all the data in the world look like one huge database" (Berners Lee 1999). Die Frage ist allerdings, wie. Bis sich ein solcher Standard durchsetzt, wird sicher noch einige Zeit vergehen[41], wenn es überhaupt jemals soweit kommt. Selbst der Vater dieser Ideen ist skeptisch: „This simple idea, however, remains largely unrealized" (Shadbolt et al 2006).

Etwas bescheidener[42] ist der Ansatz der Web-Services: Hier wird nicht die „sowohl als auch"-Idee verfolgt, sondern die Web-Technologien und Architekturen werden als Basis für verteilte Programme, als so genannte Middleware genutzt. Eine Anwendung stellt ihre Funktionalität als Dienstleistung für andere zur Verfügung, der Aufruf erfolgt über HTTP,

---

40 Gleichwohl der Internet-Explorer immer noch XML-Dateien anzeigen und mit Stylesheets formatieren kann. Anwendungen dafür sind aber kaum bekannt.
41 Derzeit ist noch nicht einmal ganz klar, welche Standards verwendet werden sollen. RDF ist naturgemäß ein starker Kandidat, RSS aber auch nicht uninteressant usw. Insofern stellt sich die Frage, ob diese im Web 2.0 enthaltenen Ideen nicht erst nach dem Web 4.0 Realität werden…
42 Der Verzicht auf eine allumfassende Lösung wie die des Semantic Web erlaubt allerdings auch heute schon eine Umsetzung. Insofern ist dieser Schritt wahrscheinlich zielführender. Mit Webservices lassen sich Anwendungen erstellen, die ohne großen Aufwand zwei alternative Schnittstellen bedienen können: Zum einen den direkten Aufruf durch andere Programme, zum anderen die Verwendung als Basis für klassische Web-Anwendungen. Dies erfordert zwar zusätzlichen Programmieraufwand zur Realisierung von zwei Schnittstellen, dieser ist aber nicht prohibitiv groß.

die Datenübertragung mittels XML. Die Wichtigkeit dieser Idee, ursprünglich XML-RPC (vgl. Winer 1999) genannt, wurde schnell erkannt und als SOAP (vgl. W3C 2009b) standardisiert[43]. Das zugrunde liegende Prinzip ist die Trennung zwischen Implementierung und Schnittstelle: Hält sich ein Service an die definierte Schnittstelle, ist seine konkrete Implementierung für den Nutzer ohne Bedeutung. Dazu wird die in Abbildung 11 dargestellte Architektur verwendet.

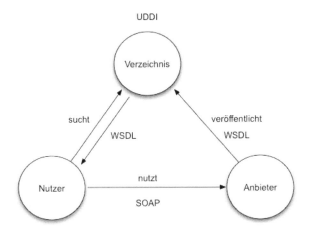

Abbildung 11: Zusammenhang der Webservice-Technologien. Der Anbieter eines Service veröffentlicht dessen Beschreibung in WSDL in einem UDDI-Repository. Der Nutzer sucht dort nach einem Service und erhält die WSDL-Beschreibung, die er dann nutzt, um den Service mittels SOAP aufzurufen.

6.1 SOAP

Die Grundfunktionalität von SOAP ist der Aufruf einer Funktion, die im Allgemeinen auf einem anderen Rechner realisiert ist. Für einen Funktionsaufruf müssen der Name der aufzurufenden Funktion sowie deren Parameter und deren Datentypen verschickt und das Ergebnis sowie gegebenenfalls Fehlermeldungen zurück übertragen werden. Zur Darstellung dieser Daten wird XML verwendet. Abbildung 12 zeigt ein Beispiel eines solchen Funktionsaufrufs.

---

43 Es gibt noch einen konkurrierenden (oder ergänzenden, je nach Sichtweise) Standard, REST (Representational State Transfer; Fielding 2000), der hinsichtlich des Interaktionsparadigmas mehr dem HTTP-Protokoll und damit dem ursprünglichen Web entspricht. Nach anfänglichem Interesse wurde es um REST eher ruhig (von einer aktiven Gemeinde um die Amazon-Programmierschnittstelle abgesehen), in letzter Zeit gewinnt REST aber wieder an Interesse. Da REST nicht beliebige Arten von Funktionsaufrufen unterstützt, sondern eben die Manipulation von Ressourcen (anlegen, lesen, modifizieren, löschen), ist die Kopplung zwischen Services weniger eng und besser definiert. Da die lose Kopplung ein wesentliches Ziel serviceorientierter Architekturen ist, scheint REST eine durchaus sinnvolle Alternative zu SOAP zu sein.

```
<?xml version="1.0" encoding="UTF-8"?>
<SOAP-ENV:Envelope xmlns:xsd="http://www.w3.org/2001/XMLSchema"
    xmlns:SOAP-ENV="http://schemas.xmlsoap.org/soap/envelope/"
    xmlns:xsi="http://www.w3.org/2001/XMLSchema-instance">
  <SOAP-ENV:Body>
    <ns1:getBestand xmlns:ns1="http://www.tillh.de/">
      <ArtikelNr xsi:type="xsd:string">4711</testParam>
    </ns1:getBestand>
  </SOAP-ENV:Body>
</SOAP-ENV:Envelope>
```

SOAP Anfrage

```
<?xml version="1.0" encoding="UTF-8"?>
<SOAP-ENV:Envelope xmlns:xsd="http://www.w3.org/2001/XMLSchema"
    xmlns:SOAP-ENV="http://schemas.xmlsoap.org/soap/envelope/"
    xmlns:xsi="http://www.w3.org/2001/XMLSchema-instance">
  <SOAP-ENV:Body>
    <ns1:getBestandResponse xmlns:ns1="http://www.tillh.de/">
      <result xsi:type="xsd:int">127</result>
    </ns1:echoStringResponse>
  </SOAP-ENV:Body>
</SOAP-ENV:Envelope>
```

Antwort

Abbildung 12: *Beispiel eines SOAP Funktionsaufrufs. Aufgerufen wird die Funktion getBestand, die als Parameter die ArtikelNummer erhält. Zurückgeliefert wird der aktuelle Bestand. Der hervorgehobene Teil ist der eigentliche Aufruf bzw. die Antwort; der Rest ist der so genannte Envelope, der festlegt, dass es sich um eine SOAP-Nachricht handelt. Zusätzlich kann noch ein SOAP-Header-Element enthalten sein, in dem weitere Informationen, etwa zur Verschlüsselung, enthalten sind.*

Mit SOAP steht eine plattformunabhängige, programmiersprachenunabhängige Schnittstelle zur Verfügung, die es auf einfachste Weise erlaubt, Services zur Verfügung zu stellen und zu nutzen. Der Aufruf eines beliebigen Services über ein Netzwerk erfordert, wie Abbildung 13 zeigt, keine Installation von Software und nur wenige Zeilen Programmcode und stellt damit keine große Hürde mehr dar. Dies ist der wesentliche Unterschied zu früheren Middleware-Technologien wie etwa CORBA[44].

---

44 „The most obvious technical problem is CORBA's complexity" (Henning 2006). In der Tat ist dies wahrscheinlich einer der Hauptgründe, warum CORBA sich nicht stärker durchgesetzt hat; Komponententechnologien wie J2EE sind erheblich einfacher zu nutzen. Die CORBA-APIs erfordern einen hohen Einarbeitungsaufwand und die Übertragung von CORBA-Aufrufen über das Internet ist von der Firewallkonfiguration her nicht trivial.

```
proxy = SOAP::RPC::Driver.new(
    "http://localhost:8080/axis/StoreService.jws",
    "http://localhost:8080/axis/StoreService.jws")
proxy.add_method('getBestand', 'ID')
puts "verfügbar: #{proxy.getBestand("2")}"
```

Abbildung 13: Aufruf eines Services über SOAP (hier in der Programmiersprache ruby)

Ein Problem bleibt allerdings: Wie wird definiert, welche Funktionen es überhaupt gibt und welche Parameter diese haben? Ohne diese Informationen ist es schwierig, den richtigen Service zu finden und die zu entwickelnde Software konsistent zu halten. Dazu gibt es zwei Standards, WSDL (Web Service Description Language) und UDDI (Universal Description, Discovery and Integration).

6.2 WSDL

WSDL ist eine Technologie, um die Schnittstelle eines Webservices zu beschreiben. Unter einer Schnittstelle versteht man den Übergang zwischen unterschiedlichen Programmen oder Modulen. Beispiele für solche Schnittstellendefinitionen sind etwa die CORBA Interface Definition Language, Java Interfaces oder eben WSDL. Der Vorteil von WSDL ist, dass es auf XML aufbaut und unabhängig von der verwendeten Programmiersprache oder Plattform ist. Dies führt zwar zu einem etwas unübersichtlichen Aussehen (Abbildung 14), was aber kein Problem darstellt, da WSDL üblicherweise nicht von Menschen geschrieben oder gelesen wird, sondern von Programmen.

Der WSDL-Standard ist weithin akzeptiert und wird von praktisch allen Werkzeugen unterstützt. Dies bedeutet unter anderem, dass es möglich ist, aus einem existieren Service automatisch eine WSDL-Beschreibung zu erzeugen und aus einer Beschreibung die Deklaration einer Service-Implementierung. Beim Aufruf eines Services kann wiederum automatisch geprüft werden, ob dieser einer vorliegenden WSDL-Beschreibung entspricht. Dies führt dazu, dass die Schnittstellenbeschreibung als zentrales Element der Softwareentwicklung akzeptiert ist. Die tatsächliche Implementierung spielt keine Rolle mehr. Dies ist der Kern der serviceorientierten Architekturen. Dieser Trend wird sich sicher fortsetzen und WSDL sich als allgemein akzeptiertes Mittel zur Beschreibung von Service-Schnittstellen durchsetzen. Damit ist man dem Ziel einer losen Kopplung zwischen Software-Komponenten ein erhebliches Stück näher gekommen.

Ein Ziel einer serviceorientierten Architektur ist es ja, Anwendungen nicht mehr von Hand zu programmieren, sondern aus bestehenden Services zusammen zu setzen. Ein verwendeter Service kann dabei durch einen anderen (etwa eines anderen Anbieters) ersetzt werden. Wie aber findet man nun den Service, den man grade braucht? Etwa einen Ersatz für einen eingesetzten Service mit gleichen oder besseren Eigenschaften? Niedrigeren Kosten? Ein Ansatz, dieses Problem zu lösen ist UDDI.

```
...
<wsdl:message name="getBestandResponse">
    <wsdl:part name="getBestandReturn" type="xsd:int"/>
</wsdl:message>

<wsdl:message name="getBestandRequest">
    <wsdl:part name="ArtikelNr" type="xsd:string"/>
</wsdl:message>

<wsdl:portType name="StoreService">
    <wsdl:operation name="getBestand" parameterOrder="ArtikelNr">
        <wsdl:input message="impl:getBestandRequest"
  name="getBestandRequest"/>
        <wsdl:output message="impl:getBestandResponse"
  name="getBestandResponse"/>
    </wsdl:operation>
</wsdl:portType>

<wsdl:binding name="StoreServiceSoapBinding"
  type="impl:StoreService">
...
```

Abbildung 14: Auszug aus der WSDL-Beschreibung des getBestand-Service. Im operation-Element wird festgelegt, welche Nachrichten in welcher Reihenfolge ausgetauscht werden sollen. Die Bindungen, die festlegen, über welchen Mechanismus (beispielsweise HTTP) der Service aufgerufen wird, sind hier weggelassen. Diese WSDL-Beschreibung wurde durch apache axis automatisch aus einem existierenden Service erzeugt.

6.3 UDDI

Universal Description, Discovery and Integration ist ein Verzeichnisdienst, der Eigenschaften von (Web-) Services dokumentiert und zur Recherche zur Verfügung stellt. Die Idee dabei ist, eine Art von „Gelben Seiten" für Services zur Verfügung zu stellen. Die Informationen zu den Services werden in einem Repository, einer speziellen Datenbank, gespeichert. Die Beschreibung der Services erfolgt wiederum im XML-Format. Das Repository bietet eine Suchfunktion, mit der ein potentieller Anwender geeignete Services finden kann. Ein Beispiel hierfür ist http://seekda.com/.

Es gibt im Wesentlichen zwei Arten von möglichen Suchanfragen: Entweder man sucht zu einem gegebenen Service einen Ersatz, das heißt, man hat eine WSDL Beschreibung vorliegen und sucht einen zweiten Service, der diese implementiert. Existiert ein solcher Service, kann er aufgrund der im UDDI- Repository enthaltenen Daten gefunden werden.

Oder man sucht einen Service, der ein bestimmtes Problem löst, etwa die Validierung einer E-Mail-Adresse. Das Problem dabei ist, eine geeignete Suchanfrage zu formulieren:

150

Die Beschreibung der Funktionalität der Services erfolgt letztlich als Freitext, also muss nach den geeigneten Begriffen gesucht und das Ergebnis (eben wieder Freitext) interpretiert werden. Dazu müssten etwa Synonyme und Homonyme geeignet abgebildet und Ontologien erstellt werden.

Dieses Problem, im Prinzip das selbe wie beim Semantic Web, ist im wesentlichen ungelöst und wird vermutlich auch auf lange Sicht ungelöst bleiben. Zur automatischen Interpretation von Freitext ist das Verständnis von natürlicher Sprache notwendig, ein Problem, das die Forschung über künstliche Intelligenz in den letzten fünfzig Jahren nicht lösen konnte. Folgerichtig haben IBM, Microsoft und SAP ihre öffentlichen UDDI-Repositories im Jahr 2005 abgeschaltet; die letzten Meldungen über Neuigkeiten bezüglich UDDI-Software stammen aus dem Jahr 2007 (vgl. UDDI 2009). Die Idee eines öffentlichen Service-Repositorys hat wohl nicht funktioniert. Was stattdessen gebraucht (und eingesetzt) wird, sind firmeninterne Verzeichnisse der existierenden Services, die mit proprietären Produkten realisiert werden.

7 Zusammenfassung

Um die Einleitung aufzugreifen: „Prognosen sind schwierig, besonders wenn sie die Zukunft betreffen". Dass dieses Bonmot für die Informationstechnik in besonderem Maß gilt, lässt sich durch zahlreiche Beispiele belegen. Dies bedeutet aber nicht, dass Vorhersagen, zumindest über einen Teil der näheren Zukunft, unmöglich sind.

Ein genereller Trend scheint die Flexibilisierung und Personalisierung zu sein. Diese Entwicklung findet sich, wie in den vorigen Abschnitten gezeigt, in praktisch allen Bereichen der IT wieder und wird sicher weiter und stärker auftreten. Zurzeit ist dies im Bereich der Software-Architekturen besonders deutlich: Serviceorientierte Architekturen versprechen eine bisher nicht gekannte Flexibilität bei der Erstellung und Integration von IT-Systemen. Statt Anwendungen zu programmieren, werden Prozesse abgebildet. Dies ist ein ähnlicher Paradigmenwechsel wie bei der Einführung von Tabellenkalkulationsprogrammen: Die Benutzer werden selber in die Lage versetzt, Anwendungen zu erstellen. In Kombination mit organisatorischen Entwicklungen wie dem Cloud-Computing bedeutet dies eine Abkehr von großen, monolithischen Systemen und firmeneigenen Rechenzentren hin zu individuellen, hoch skalierbaren maßgeschneiderten Anwendungen.

Die Flexibilität geht aber auch mit Risiken einher: Je flexibler ein System ist, desto größer sind die potentiellen Sicherheitsprobleme. Die gegenwärtige Entwicklung scheint auf eine Einschränkung der Flexibilität zuzusteuern; dies würde jedoch die wesentliche Stärke und den vermutlich wichtigsten Erfolgsfaktor der Personalcomputer und des Internets einschränken. Setzen sich Appliances und immer stärker limitierende Firewalls durch, gibt es keinen Fortschritt durch Innovationen im „long tail" mehr. Mit Sicherheitsproblemen umzugehen, ohne die Flexibilität und damit die Innovation einzuschränken, wird eine der größten Herausforderungen der Zukunft sein.

Es bleibt spannend.

8 Literatur

Abbate J. (1999): Getting small: a short history of the personal computer. In Proceedings of the IEEE, Volume 87, Issue 9, 1999.

Allan, R. A.(2001): A History of the Personal Computer: The People and the Technology, Allan Publishing, 2001.

Anderson, C. (2004): The Long Tail. In Wired Magazine 12.10, 2004.

Bell, G., Gray, J. (1997): The Revolution Yet to Happen. In: Denning, M.: Beyond Calculation, Copernicus, Springer, New York, 1998.

Berners-Lee, T. (1989): Information Management: A Proposal, *CERN, March 1989,* http://www.w3.org/History/1989/proposal.html.

Berners-Lee, T. (1999): Weaving the Web, Harper, 1999.

Boeing, N. (2006): 3D-Drucker für das Volk, Technology Review 10/2006.

Brooks, F. P. (1975): The Mythical Man Month, Addison Wesley, 1975.

Bush, V. (1945): As we may think. In: Atlantic Monthly 176, S. 101-108.

Cerf, V. (1997): When they're everywhere. In Denning, M.: Beyond Calculation, Copernicus, Springer, New York, 1998.

Clarke, R. (2001), zitiert nach Alison M.: A Nation Challenged: Computer Security; To Forestall a ‚Digital Pearl Harbour,' US Looks To System Separate From Internet, New York Times, 17.11.2001.

Dijkstra, E. W. (1972): The Humble Programmer. In Communications of the ACM, Vol. 15, Issue 10, October 1972.

Django (2009): Django Homepage http://www.djangoproject.com/.

Ericsson (2008): http://www.ericsson.com/de/presse/news/archiv/2008/q1/0306_tv-study.shtml.

Fielding, R. (2000): Architectural Styles and the Design of Network -based Software Architectures, University of California, Irvine, 2000.

Scriba, J. (1995): „Das ist Kapitalismus", Software-König Bill Gates über die PC-Gesellschaft, über Langeweile in der Schule und unfähige Computerbenutzer, Focus Nr. 43, 1995, online http://www.focus.de/wissen/wissenschaft/forschung-und-technik-das-ist-kapitalismus_aid_155749.html.

Gassee, J.-L. (1987): The Third Apple: Personal Computers & the Cultural Revolution, Houghton Mifflin Harcourt, 1987.

GDV (2002): Die Bedeutung von XML für die Versicherungswirtschaft, Band 1 der Schriftenreihe des Betriebswirtschaftlichen Instituts der GDV, GDV, 2002.

Hafner, K. (1995): CYBERPUNK, Outlaws and Hackers on the Computer Frontier, Simon&Schuster, 1995.

Haigh, T. (2006): Remembering the Office of the Future: The Origins of Word Processing and Office Automation. In IEEE Annals of the History of Computing, Volume 28, Issue 4, 2006.

Henning, M. (2006): The Rise and Fall of CORBA. In ACM Queue Vol. 4 Issue 5, 2006.

Hinde, S. (2000): Love conquers all. In Computers&Security 19 (2000).

Hudson, J., Viswanadha, K. (2009): Can „wow" be a design goal ? In ACM Interactions, Volume 16, Issue 1, 2009.

Jericho (2009): Open Group, Jericho Forum, http://www.opengroup.org/Jericho.

Kraemer, K. L., Dedrick, J., Sharma, P. (2009): One Laptop Per Child: Vision vs. Reality. In Communications of the ACM, Vol. 52, No. 6, Juni 2009.

Lehtinen, G. (2006) Computer Security Basics, O'Reilly, 2006.

Heise (2009): http://www.heise.de/security/Sturmwurm-Botnetz-sperrangelweit-offen--/news/meldung/121310].

McHugh, J. (2006): Buy it now. In Wired Magazine 14.07, 2006.

Microsoft(2009)
http://www.microsoft.com/germany/windows/products/winfamily/mediacenter/default.mspx.

Naraine, R. (2004): Microsoft Says Recovery From Malware Becoming Impossible, http://www.eweek.com/c/a/Security/Microsoft-Says-Recovery-from-Malware-Becoming-Impossible/.

OLPC (2009): One Laptop Per Child Homepage, http://www.laptop.org.

o.Verf. (2005): BBC News, Sub-100$ laptop design unveiled, 29.9.2005, http://news.bbc.co.uk/2/hi/technology/4292854.stm.

o. Verf. (2009): BITKOM. http://www.bitkom.org/de/presse/8477_58609.aspx.

o. Verf. (2009b): BITKOM http://www.bitkom.org/de/presse/8477_57835.aspx.

RIM 2009: RIM Blackberry Appworld http://uk.blackberry.com/services/appworld.

RAILS (2009): Ruby on Rails Homepage http://rubyonrails.org/.

Sabbah, W. (2005): in Bieberstein et al, Service Oriented Architecture Compass, FT Press, 2005.

Schrage, M. (2000): Serious Play, Harvard Business School Press, 2000.

Sessions, R. (2004): Fuzzy Boundaries: Objects, Components and Web Services. In ACM Queue Vol.2 Iss. 9, Sezember 2004.

Shadbolt, N., Hall, W., Berners-Lee, T. (2006): The Semantic Web Revisited. In IEEE Intelligent Systems, May/June 2006.

Sommerville, I. (2007): Software Engineering, Pearson, 2007.

Sorrel, C. (2008): 3D Printer Feeds On Paper and Glue. In Wired Magazine, 2008, http://www.wired.com/gadgetlab/2008/11/3d-printer-feed/.

SUN (2009): Sun Developer Network http://java.sun.com/javaee/.

Sterling, B. (2002): Tomorrow Now, Random House, 2002.

Tate, B. (2005): Beyond Java, O'Reily 2005.

UDDI (2009): http://uddi.xml.org/products.

Udell, J. (1994): Componentware. In Byte, 5 (1994).

Ghosh, D., Vinoski, S. (2009): Scala and Lift—Functional Recipes for the Web. In IEEE Internet Computing, vol. 13, no. 3, 2009.

Weerawarana, S., Curbera, F., Leymann, F., Storey, T., Ferguson, D. F. (2005): Web Services Platform Architecture, Prentice Hall, 2005.

W3C (2009) Informationen des World Wide Web Cosortiums zum Semantic Web http://www.w3.org/2001/sw/.

W3C (2009b) http://www.w3.org/TR/soap/.

Weiser, M. (1991): The Computer for the 21st Century. In Scientific American, Vol. 265, No. 3 (September 199l), pp. 94-104.

Winer, D. (1999): Dave's History of SOAP http://www.xmlrpc.com/stories/storyReader$555.

Zeiss (2009): http://www.zeiss.de/c12575760044ffa4/Contents-Frame/964351b1115d097cc12575760049a645.

Zittrain, J. (2008): The Future of the Internet and How to Stop it, Yale University Press, 2008.

148apps (2009): http://148apps.biz/app-store-metrics, Stand 20.5.2009.

Was können MVP-Entwickler von CRM-Systemen lernen? Webservices, SaaS und Web 2.0 für MVPs

„640k ought to be enough for anybody."

Bill Gates, 1981

Was können **wir** denn nun alles mit dieser Technik der Webservices, SaaS und Web 2.0 anfangen? Wo bringt sie uns vorwärts? Wo liegt der Nutzen für den Anwender, der seine Geschäftsprozesse optimieren und Belastungen durch aktuelle Gesetzesänderungen ausgleichen möchte? Wie können MVPs diese Technologien nutzen? Wie werden sich MVPs ändern, wenn sie diese Technologien nutzen?

CRM-Systeme setzen diese Techniken bereits ein, so liegt es nahe, einen Vergleich zu ziehen. Lassen sich vielleicht Irrwege vermeiden, wenn man von den Erfahrungen im CRM-Bereich profitiert?

Die Herausgeber

Webservices, SaaS und Web 2.0 für MVPs

André Köhler

1 Einführung

Das Maklerverwaltungsprogramm (MVP) ist für viele Versicherungsmakler ein wichtiges Werkzeug. Es unterstützt den Makler bei der Abwicklung der wesentlichen Geschäftsprozesse, zahlreiche geschäftskritische Daten werden mit ihm verwaltet. Auf Grund der zunehmenden Zahl und Komplexität verfügbarer Versicherungsprodukte und dem gleichzeitigen Bedürfnis der Makler, die dazugehörigen Prozesse mit möglichst wenig Aufwand, aber hoher Qualität abzuwickeln, wird es in Zukunft zu einer weiteren Verbreitung und einem verstärkten Einsatz von MVPs kommen. Das heutige MVP hat aber auch mit einigen Herausforderungen zu kämpfen. Zum einen erfordert es viel Aufwand vom Makler, das MVP zu betreiben und zu pflegen. Zum anderen leiden MVPs heute sehr stark darunter, dass die Schaffung von Schnittstellen zu anderen Anwendungen sehr aufwändig oder teilweise gar nicht möglich ist. In diesem Artikel werden deshalb zwei Thesen vertreten:

1. Der Makler muss sich auf seine Kernkompetenzen konzentrieren, und das sind der Vertrieb von Versicherungsprodukten und die Betreuung seiner Kunden über den gesamten Produktlebenszyklus. Das Betreiben einer IT-Infrastruktur und einer Maklersoftware gehören nicht dazu. Der Makler wird deshalb das MVP in Zukunft nicht mehr als Desktopanwendung selbst betreiben, sondern als online-Service beziehen.

2. Der Makler muss seine Geschäftsprozesse soweit wie möglich automatisieren. Insbesondere der Datenaustausch mit Produktgebern sollte deshalb weitgehend automatisch ablaufen. Das MVP der Zukunft wird deshalb elektronische Schnittstellen zu relevanten Kommunikationspartnern des Maklers anbieten, die auf technischen und fachlichen Branchenstandards aufbauen. Der elektronische Datenaustausch wird vollautomatisiert und ohne Eingriff des Maklers erfolgen.

Die Begründung dieser Thesen ist Gegenstand dieses Beitrags, welcher wie folgt aufgebaut ist: Zunächst wird der aktuelle Zustand im MVP-Markt beschrieben (Nachfrager, Anbieter, Betriebsmodelle). Anschließend wird gezeigt, dass ein MVP sehr viele Ähnlichkeiten mit einer Standard-CRM-Anwendung hat. Deshalb werden die aktuellen Entwicklungen im Markt für solche CRM-Systeme anhand einer Betrachtung der Erfolgsfaktoren von populären CRM-Systemen vorgestellt (Funktionalität, Benutzerfreundlichkeit, Integrationsfähigkeit, Architekturparadigma). Weiterhin wird dargestellt, was man als MVP-Hersteller von diesem Markt lernen kann. Im Anschluss werden die technologischen Grundlagen eingeführt, auf denen diese Erfolgsfaktoren aufbauen (Webservices, SaaS, Web 2.0). Es wird gezeigt, wie diese Technologien auch für MVPs eingesetzt werden können. Ein Fazit schließt diesen Beitrag ab.

2 Das MVP heute

Der Markt für MVPs ist folgendermaßen gekennzeichnet: In Deutschland gibt es laut Eintragungen ins Vermittlerregister zum Januar 2009 (Beenken 2009):

- 33.626 Versicherungsmakler nach § 34d Abs. 1 GewO
- 27.758 Versicherungsvertreter § 34d Abs. 1 GewO (Mehrfachagenten)

Es handelt sich also um insgesamt etwa 61.000 Vermittler, für die der Einsatz von Maklerverwaltungsprogrammen grundsätzlich interessant ist (der Begriff „Makler" wird im Folgenden vereinfachend für diese Menge Vermittler verwendet). Jedoch ist zu beachten, dass sich darunter viele Ein-Personen-Unternehmen und Gelegenheitsmakler befinden, die nur wenig oder gar nicht mit technischer Unterstützung arbeiten wollen oder können. Andererseits enthält die genannte Zahl auch kleinere und mittlere Maklerbüros sowie große Maklerorganisationen, die jeweils mit einer mehr oder weniger großen Zahl an Mitarbeitern im Markt auftreten und entsprechend starke technische Unterstützung benötigen, im Register aber als ein Makler aufgeführt sind. Dem gegenüber stehen ungefähr 70 MVP-Hersteller, wobei die 10 meistgekauften Produkte schätzungsweise etwa die Hälfte der Makler abdecken, die ein MVP einsetzen. Laut einer Studie der deutschen Versicherungsbörse setzen von rund 250 befragten Maklern über 80% ein MVP ein (dvb 2009). Andere Untersuchungen berichten über eine etwas niedrigere Verbreitung, aber es kann wohl davon ausgegangen werden, dass weit über die Hälfte der Versicherungsmakler ein MVP einsetzen. Weiterhin gibt es eine relativ geringe Fluktuation – die Migration der Daten von einem zu einem anderen MVP ist häufig eine äußerst schwierige Aufgabe, die nur mit großem Aufwand zu leisten ist.

Ein MVP wird heute von kleinen Maklern typischerweise als klassische Desktopsoftware eingesetzt (Fat-Client, mit lokaler Datenhaltung), von größeren Maklern oft als Client-Server-Variante mit eigener zentraler Datenhaltung für das Maklerbüro. Der Makler erwirbt Lizenzen für die Nutzung der Software und muss sich selbst, ggf. mit Unterstützung durch den Hersteller, um Installation, Migration, Einführung, Betrieb u.a. kümmern. Zum Funktionsumfang eines typischen MVPs gehören u.a. folgende Dinge:

- Kunden- und Vertragsverwaltung
- Dokumentenablage
- Gesellschaftsverwaltung
- Schadenverwaltung
- Provisionsverwaltung
- Reportingfunktionen
- Beratungs-/Analyseunterstützung
- Terminverwaltung, Wiedervorlage
- Änderungshistorie
- Inkassounterstützung

Eine der größten aktuellen Herausforderungen im Zusammenhang mit MVPs ist der Datenaustausch mit anderen lokalen oder entfernten Anwendungen. Dieser funktioniert heute oft noch nicht so, wie es wünschenswert wäre. Daten aus lokal installierten Vergleichsprogrammen oder Angebotsrechner müssen oft manuell in das MVP übertragen werden, Daten vom Versicherer lassen sich trotz elektronischer Formate nicht oder nur in sehr begrenztem Umfang automatisch einspielen. Der Grund dafür sind unzureichend standardisierte Datenaustauschformate und ein Mangel an allgemeingültigen Kommunikationsstandards. Diese „Schnittstellenproblematik" wird nicht zuletzt durch den relativ stark fragmentierten MVP-Markt herbeigeführt, auf dem es eine im Vergleich zur Zahl potenzieller Kunden (Makler) verhältnismäßig große Zahl an MVP-Anbietern gibt. Diese Situation macht es für alle Anbieter anderer Anwendungen schwierig, Schnittstellen zu „dem MVP" des Maklers zu bauen. Da es nur wenige Standards gibt, müssen mit vielen MVP-Anbietern spezielle Vereinbarungen getroffen werden, um einen nennenswerten Teil des Marktes abzudecken.

3   Von Anderen lernen: Der Markt für CRM-Systeme

Schaut man sich den zuvor beschriebenen typischen Funktionsumfang eines MVP genauer an, so stellt man fest, dass es sich bei den meisten Funktionen um die einer klassischen Customer-Relationship-Management (CRM) Anwendung handelt. Eine CRM-Anwendung ist im Wesentlichen eine Anwendung, die es erlaubt, alle Daten zu den Kunden eines Unternehmens zu verwalten und verschiedenen Personen in verschiedenen Sichten zur Ansicht oder Bearbeitung zur Verfügung zu stellen. Ein MVP ist also nicht anderes als ein CRM-System, das über einige zusätzliche branchenspezifische Funktionen verfügt (Darstellung versicherungsspezifischer Details, Courtageabrechnung, Schadenverwaltung, u.a.).

Weil diese Ähnlichkeit besteht, lohnt sich ein Blick auf die aktuellen Entwicklungen im internationalen Markt für CRM-Systeme. Dieser ist durch eine Vielzahl an Anbietern gekennzeichnet, die ihre Produkte in den verschiedensten Formen anbieten. Auf Grund des starken Wettbewerbs in diesem Markt entstehen dort Innovationen in großer Zahl und mit hoher Geschwindigkeit, was auf dem recht kleinen deutschen MVP-Markt nicht in diesem Maße der Fall ist. In den letzten Jahren war für den CRM-Markt besonders die Entstehung von webbasierten CRM-Systemen prägend. Im Open-Source-Bereich erfreuen sich beispielsweise die Produkte SugarCRM (SugarCRM 2009), vTiger (vTiger 2009) und XRMS (XRMS 2009) wachsender Beliebtheit bei geschäftlichen Anwendern. Im kommerziellen Bereich sei stellvertretend für eine ganze Reihe von Anbietern SalesForce (SalesForce 2009) zu nennen, die in der jüngeren Vergangenheit durch enorme Zuwächse die Aufmerksamkeit der Branche geweckt haben. Die enorme positive Resonanz der Anwender und der damit einhergehende große Erfolg dieser Produkte sind auf vier wesentlichen Faktoren zurückzuführen. Dies sind, unabhängig von der Produktherkunft (kommerziell oder Open Source):

- die angebotene **Funktionalität**,
- die **Benutzerfreundlichkeit**,
- die **Integrationsfähigkeit** sowie
- das gewählte **Architekturparadigma**.

Im Folgenden wird die Annahme zu Grunde gelegt, dass die Entwicklungen im internationalen Markt für Standard-CRM-Systeme deutlich weiter vorangeschritten sind, als dies im deutschen MVP-Markt der Fall ist. Die genannten Faktoren werden deshalb näher beleuchtet um zu zeigen, welche Impulse für das MVP der Zukunft daraus abgeleitet werden können.

Bezüglich der **Funktionalität** hat sich im CRM-Markt eine Reihe von Standardfunktionen herausgebildet. Die erfolgreichen Produkte bieten nun nicht nur genau diese Funktionen einigermaßen vollständig an, sondern realisieren diese besonders **benutzerfreundlich**. Insbesondere gehört dazu eine effiziente Bedienbarkeit, also möglichst wenig Klicks um das gewünschte zu erreichen, und eine ansprechende und aufgeräumte Benutzeroberfläche. Für den MVP-Markt kann man daraus ableiten: die gängigen Funktionen, die ein Makler von einer Softwareunterstützung erwartet beziehungsweise kennt, sollten unterstützt werden. Weiterhin sollte bei der Erstellung des Softwareprodukts ganz besonders auf eine möglichst einfache und effiziente Bedienbarkeit sowie eine ansprechende Darstellung geachtet werden.

Die **Integrationsfähigkeit** ist ein weiterer erheblicher Erfolgsfaktor für CRM-Systeme. Die heutigen Systeme verfügen über diverse Schnittstellen, um eine Integration mit anderen Systemen des Anwenders zu ermöglichen. Erst eine solche Integration macht durchgängige elektronische Prozesse ohne fehleranfällige und zeitaufwändige Medienbrüche möglich. Käufer von Standard-CRM-Systemen können heute solche Möglichkeiten erwarten, bei MVPs sieht dies zum Teil leider anders aus. Für den MVP-Markt kann man daraus ableiten: Wer als Anbieter in der Lage ist, zu anderen Systemen Schnittstellen anzubieten, um Prozesse des Maklers schneller und einfacher abzuwickeln, wird einen deutlichen Vorteil haben. Der Makler würde eine solche Integration als echte Hilfe und kosteneinsparende Maßnahme betrachten.

Die **Architektur** der zuvor genannten Systeme baut auf der Internetinfrastruktur auf, es handelt sich also um webbasierte Systeme. Diese Systemklasse hat in der jüngeren Vergangenheit einen enormen Zuwachs erlebt – sie scheint für die Zukunft von CRM-Systemen immer stärker an Bedeutung zu gewinnen. Die Vorteile dieser Systeme liegen auf der Hand: eine sehr gute Skalierbarkeit, geringe Anforderungen an die Clients (Verfügbarkeit eines Browsers), vergleichsweise geringe Installations- und Administrationsaufwände durch eine einzige zentrale Serverinstanz, permanente Software- und Datenaktualität uvm.

Die Tatsache, dass moderne CRM-Systeme eine solche Entwicklung genommen haben, liegt zum großen Teil in den zur Verfügung stehenden technologischen Möglichkeiten begründet. Welche das sind, was sie leisten und welche Bedeutung sie für MVPs haben könnten, zeigt der folgende Abschnitt.

4 Moderne Entwicklungstechnologien – Basis für zukünftige MVPs

Grundlage für die zuvor genannten Erfolgsfaktoren ist eine Reihe von technologischen Entwicklungen, die in jüngerer Vergangenheit stattgefunden haben. Im Folgenden werden vier besonders wichtige davon vorgestellt. Diese sind:

- Webservices,
- Software as a Service (SaaS),
- asynchron kommunizierende Webanwendungen sowie
- Widgets und Mash-Ups.

4.1 Webservices

Um den Datenaustausch zwischen Anwendungen zu realisieren, werden immer häufiger Webservices anstatt proprietärer Schnittstellen eingesetzt. Ein Webservice ist ein technologischer Standard, um Anwendungen miteinander zu koppeln, damit diese untereinander Daten austauschen können. Als es noch keine Webservices gab und auch die generelle Idee der „Services" noch gar nicht geboren war, wurden Anwendungen durch die Erstellung von spezialisierten Schnittstellen miteinander gekoppelt. Der Nachteil einer solchen Vorgehensweise ist, dass Anwendungen damit fest verdrahtet sind. Ergeben sich Änderungen in einer der beteiligten Anwendungen oder sollen neue Anwendungen diese Schnittstelle benutzen, so muss diese angepasst werden. Dies verursacht hohe Pflegeaufwände, weiterhin ist die Erstellung solcher Schnittstellen problematisch, wenn die beteiligten Anwendungen auf unterschiedlichen Plattformen zum Einsatz kommen oder in verschiedenen Sprachen entwickelt wurden.

In einer solchen Situation befindet sich ein MVP-Hersteller, wenn er Schnittstellen zu Versicherern in seine Software einbauen möchte, damit darüber z.B. Daten über Kunden und Verträge ausgetauscht werden können. Die von den Versicherern angebotenen Schnittstellen sind aber sehr unterschiedlich. Zum Beispiel versendet ein Versicherer seine Vertragsdaten einmal monatlich per e-Mail im GDV-Format, ein anderer Versicherer bietet diese Daten als Liste mit kommaseparierten Werten zum Download unter einer URL an, ein dritter Versicherer bietet eine proprietäre Schnittstelle für seine Mainframeanwendung an. Der MVP-Hersteller ist nun gezwungen, für jeden zu integrierenden Versicherer eine passende Schnittstelle zu implementieren, ein gewaltiger Integrationsaufwand ist die Folge. Um diesen zu vermeiden, müssen Standards für solche Schnittstellen geschaffen, auf technischer und auf inhaltlicher Ebene.

Die Idee des „Service" ist es nun, dass eine Anwendung Dienste (Services) für externe Kommunikationspartner bereitstellt, ohne diese Partner genau zu kennen. Damit andere Kommunikationspartner einen solchen Service verwenden können, muss dieser einem Standard folgen. Auf diese Weise ist es möglich, Anwendungen lose miteinander zu koppeln. Das ist ein neues Paradigma, das das feste Verdrahten von Anwendungen ablöst. Die Integration von Anwendungen wird sehr viel einfacher und erzeugt weniger Aufwände.

Ein „Webservice" ist eine spezielle Form eines solchen „Service". Speziell deshalb, weil es sich um eine Servicevariante handelt, bei der die Kommunikation zwischen den beteiligten Anwendungen über das Internet (Web) erfolgt, daher auch der Name „Webservice". Weiterhin erfolgt die gesamte Kommunikation durch den Austausch von XML-Nachrichten. Neben den bereits genannten Vorteilen erreicht man damit zusätzlich eine Unabhängigkeit von lokalen Plattformen und Implementierungstechnologien. Das Konzept „Webservice" ist ein Standard, der durch das W3C (internationales Standardisierungsgremium für Webtechnologien) gepflegt wird (W3C 2002).

Am Beispiel des MVP-Herstellers kann dies wie folgt verdeutlicht werden: Unter der Annahme, dass alle in Frage kommenden Versicherer ihre Schnittstellen in Zukunft auf Basis der Technologie „Webservice" anbieten, fällt die Integration für den MVP-Hersteller deutlich einfacher aus. Er muss nur noch eine Schnittstellentechnologie in seiner Software implementieren und kann diese für die Kommunikation mit allen in Frage kommenden Versicherern nutzen. Die Verwendung von Webservices löst die Schnittstellenproblematik also auf technischer Ebene. Würde der MVP-Hersteller nun Schnittstellen zu den Versicherern implementieren, könnte er dies zwar technologisch immer in derselben Weise tun, müsste aber auf der fachlichen Ebene trotzdem mit jedem Versicherer eine individuelle Vereinbarung finden. Der Grund dafür ist, dass jeder Versicherer eine individuelle Auffassung darüber hat, wie z.B. ein Vertrag dargestellt wird und welche Daten zu diesem gehören. Da dies letztlich wieder zu individuellen Schnittstellen pro Versicherer führt, ist immer noch ein hoher Integrationsaufwand nötig. Für den MVP-Hersteller wäre deshalb neben der technischen Standardisierung vor allem auch eine fachliche Standardisierung sinnvoll. Wenn alle in Frage kommenden Versicherer neben dem technischen Standard „Webservices" auch diesen fachlichen Standard einhalten würden, müsste der MVP-Hersteller einen Webservice nur ein einziges Mal implementieren, damit sein Softwareprodukt mit allen Versicherern über diese Schnittstelle kommunizieren kann. Eine solche fachliche Standardisierung wir derzeit durch die „Brancheninitiative Prozessoptimierung (BiPro)" betrieben (BiPro 2009).

Zusammenfassend lässt sich festhalten, dass Webservices der gegenwärtig populärste Standard für die technische Realisierung von Schnittstellen im MVP-Markt sind. Der wesentliche Vorteil von Webservices gegenüber anderen Technologien ist, dass diese schnell, einfach und kostengünstig zu erstellen sind. Weiterhin ist es möglich, Anwendungen über das Internet miteinander zu koppeln. Der wesentliche Nachteil von Webservices ist, dass diese im Vergleich zu anderen Technologien nicht so performant sind, da die Kommunikation über Internetprotokolle vergleichsweise langsam abläuft und Objekte für den Transport in XML-Nachrichten umgewandelt werden müssen. Für eine weitere Verbreitung im MVP-Markt ist eine weitergehende fachliche Standardisierung nötig, entsprechende Initiativen arbeiten bereits daran.

4.2 Software as a Service (SaaS)

Unter dem Begriff „SaaS" versteht man die Auslagerung des Betriebs von Anwendungen an einen externen Serviceprovider. Die Idee ist, dass sich Anwender nicht länger selbst um die „IT" kümmern müssen, sondern die Anwendung als Service beziehen. Betrieb und Wartung wird ausgelagert, eine Einführung wird vermieden, Einführungskosten und Fixkosten sollen reduziert werden. Auf Anbieterseite versucht man, Skaleneffekte durch Standardisierung zu erzeugen. Dies ist heute i.d.R. der Fall für Hardware und Betriebssysteme, beides wird nicht mehr individuell für jeden Kunden bereitgestellt, sonder stattdessen vereinheitlicht bzw. virtualisiert. Einige Anbieter gehen noch einen Schritt weiter und erreichen eine Standardisierung auf Anwendungsebene – die Kunden nutzen alle die gleiche Anwendung, nur auf der Ebene der Daten wird kundenspezifisch gearbeitet. Ein Beispiel dafür ist der bereits genannte Anbieter Salesforce, der sein webbasiertes CRM-System ondemand anbietet.

Im heutigen MVP-Markt entsprechen Lizenzierung, Auslieferung, Betrieb und Wartung eines typischen MVP-Programms dem der klassischen Desktopsoftware. Ein MVP wird von kleinen Maklern typischerweise als Fat-Client mit Datenhaltung auf seinem Rechner eingesetzt, größere Maklern betreiben eine Client-Server-Variante mit zentraler Datenhaltung für das Maklerbüro. Der Makler erwirbt Lizenzen für die Nutzung der Software und muss sich selbst, ggf. mit Unterstützung durch den Hersteller, um Installation, Migration, Einführung, Betrieb u.a. kümmern.

SaaS ist für den Bereich der MVPs eine echte Alternative. Natürlich müssten sich Makler zunächst an einige wesentliche Änderungen gewöhnen: die Benutzeroberfläche des MVPs wäre webbasiert und liefe im Browser ab, Anwendung und Daten würden von einem externen Serviceprovider verwaltet. Die starke und sehr erfolgreiche Verbreitung des SaaS-Paradigmas im Markt für Standard-CRM-Produkte zeigt aber, dass der operative Betrieb einer SaaS-Anwendung nicht nur möglich ist, sondern dass die Nutzer von den Vorteilen offensichtlich überzeugt sind. Die wesentlichen Vorteile eines solchen Ansatzes im MVP-Markt wären aus Sicht des Maklers:

- keine Aufwände für Einführung, Betrieb, Wartung nötig
- keine eigene IT-Infrastruktur nötig
- Gewährleistung von Datensicherheit und Datenschutz bei Auswahl eines passenden Anbieters, die weit über dem Level liegt, das ein kleiner Makler in seiner eigenen Infrastruktur leisten kann
- Zugriff auf die Anwendung unabhängig von Geräten oder Aufenthaltsorten
- große Skalierbarkeit der Anwendung
- sofortige Verfügbarkeit bei Aktualisierungen, Fehlerbehebungen und Weiterentwicklungen durch den Anbieter

Für Anbieter von MVPs entstehen durch Anwendung dieses Paradigmas ebenfalls einige Vorteile:

- keine Verwaltung, Pflege, Wartung individueller Kundeninstallationen mehr nötig
- leichtere Administration, Weiterentwicklung und Auslieferung
- Erweiterung vom Hersteller zum Betreiber der Software

Jedoch müssen auch einige kritische Punkte beachtet werden. So kann ein professioneller Anbieter Datensicherheit und Datenschutz sicherlich deutlich besser leisten, als das ein kleiner Makler in seiner eigenen IT-Infrastruktur leisten kann. Jedoch können bei der Auswahl eines unzuverlässigen Anbieters auch ernste Probleme entstehen, wenn Daten verloren gehen oder ein unberechtigter Zugriff darauf möglich wird. Weiterhin ist eine permanente Netzverbindung erforderlich, um mit der Anwendung zu arbeiten.

In der jüngeren Vergangenheit sind bereits einige Anbieter mit solchen Angeboten für den deutschen Maklermarkt gestartet. Einige Vertreter dafür sind zum Beispiel BN Brokernetz (BN Brokernetz 2009), maklersoftware.com (maklersoftware 2009), Askuma (Askuma 2009) und Finanzterminal24 (Finanzterminal 2009).

4.3 Web 2.0, Teil 1: Asynchron kommunizierende Webanwendungen

Bereits seit einigen Jahren ist zu beobachten, dass im Internet immer mehr „Webanwendungen" zu Verfügung stehen, die in Umfang und Funktionalität weit über eine klassische Webseite hinausgehen. Im zuvor besprochenen Paradigma „SaaS" ist dies besonders stark ausgeprägt – bisher im Desktopbereich angesiedelte Anwendungen wandern ins Internet, ihre Benutzeroberfläche wird im Browser realisiert. Diese Veränderung stellt einen Browser, das Webseitenformat HTML und das Übertragungsprotokoll HTTP vor neue Herausforderungen. Ursprünglich wurden diese Dinge dafür konzipiert, tatsächliche Webseiten zu übertragen und anzuzeigen, also vorrangig formatierten Text mit einigen Hyperlinks. Jedes Anfordern von Informationen am Server führt im Ergebnis zur Anzeige einer neuen HTML-Seite im Browser (Request-/Response-Zyklus). Diese Technologie ist jedoch nicht dafür gemacht, um vollständige Anwendungen damit abzubilden.

Eine Zeit lang hat man versucht, viel zu improvisieren, um doch Anwendungen im Browser darzustellen. Heute verfügen wir nun über erste ernst zu nehmende Technologien, die es tatsächlich erlauben, Anwendungsoberflächen im Browser zu realisieren, und die in der Breite einsetzbar sind. Der populärste Vertreter dieser Technologien nennt sich „Asynchronous Javascript and XML", oder kurz AJAX (o. Verf. 2009). Die zentrale Idee dieser Technologie ist es, den klassischen Request-/Response-Zyklus aufzubrechen. Damit wird es möglich, nach Nutzereingaben nur Seitenteile neu zu laden und Informationen mit dem Server im Hintergrund auszutauschen. Die Interaktion des Anwenders mit der Benutzeroberfläche ist also einigermaßen entkoppelt von der Kommunikation des Browsers mit dem Server, daher der Begriff „Asynchronous". Für die client-seitige Manipulation der Benutzeroberfläche kommt Javascript zum Einsatz, für den Datenaustausch mit dem Server wird XML verwendet.

Durch Technologien wie AJAX ist es nun tatsächlich möglich geworden, Benutzeroberflächen für den Browser zu entwickeln, die denen klassischer Desktopanwendungen in fast nichts mehr nachstehen. Für den MVP-Markt bedeutet dies, dass alles Nötige zur Darstellung von MVP-Benutzeroberflächen im Browser vorhanden ist. Es ist möglich, Desktopanwendungen wie wir sie heute kennen, im Browser zu realisieren und z.B. im Sinne von SaaS anzubieten.

164

4.4 Web 2.0, Teil 2: Widgets und Mash-Ups

Zwei weitere Trends, die oftmals unterhalb des Schlagworts Web 2.0 zusammengefasst werden, sind Widgets und Mash-Ups. Widgets sind i.d.R. sehr kleine Programme, die nicht eigenständig ausgeführt werden, sondern eine passende Umgebung benötigen. Auf diese Weise werden oft „kleine Helferlein" erstellt, die vom Nutzer nach Belieben heruntergeladen, konfiguriert und frei in der passenden Ausführungsumgebung angeordnet werden können. Für den MVP-Markt ist die grundsätzliche Idee dahinter interessant: im Prinzip kann jeder für irgendein Problem eine „kleines Helferlein" in Form eines Widgets erzeugen, und dieses auch anderen zur Verfügung stellen.

Softwareanbieter im MVP-Markt könnten sicherlich eine Menge solcher Programme bereit stellen, die nützliche Dinge für den Makler tun. Als Ausführungsumgebung könnte z.B. ein online-MVP genutzt werden.

Der Makler füllt dort seinen Arbeitsbereich mit Widgets, die er für sinnvoll hält, und kann sich so seine Arbeitsmittel nach Belieben gestalten. Kleine Hilfen zum Rechnen und Vergleichen sind denkbar – viele Ideen würden sicherlich geboren, wenn webbasierte MVPs eine Erweiterung durch Widgets zulassen würden.

Ein weiterer Trend, der für den MVP-Markt von Bedeutung sein könnte, sind Mash-Ups. Die Idee dahinter ist, mehrere unterschiedliche Datenquellen miteinander zu kombinieren (mash-up) und deren Zusammenhang in einer Oberfläche darzustellen. Populäre Beispiele dafür sind Karten aus Google Maps, die mit verschiedenen Datenbanken kombiniert werden, um die Position von Waldbränden in einem Gebiet oder die Wohnsitze von Spendern für politische Aktivitäten auf einer Karte darzustellen. Auch für diesen Trend scheint es im MVP-Markt enorme Möglichkeiten zu geben. Jeder Makler verfügt über eine große Menge an Daten über seine Kunden, über Produkte, Versicherer und vieles mehr. Die Kombination dieser Datenbestände mit anderen Datenquellen (öffentliche Datenbanken, Daten der Versicherer, Daten von Vergleichern, u.a.) bietet zahlreiche Möglichkeiten, um dem Makler Hilfestellungen in seinem Geschäft zu bieten. Auch hier wird der Markt selbst sicherlich zahlreiche Angebote hervorbringen, wenn webbasierte MVPs ein mash-up verschiedener Datenquellen zulassen.

5 Fazit

Der MVP-Markt von heute ist vom klassischen Paradigma der Desktopanwendung geprägt.

Kleinere Maklerbüros betreiben eine eigene IT-Infrastruktur, mit allen Konsequenzen in Einführung, Betrieb und Wartung. Die MVP-Software selbst hat derzeit größere Probleme in der Schaffung von Schnittstellen zu anderen Anwendungen. Darunter leidet die Automatisierung der Geschäftsprozesse im Maklerbüro. Dieser Artikel vertritt deshalb zwei Thesen:

1. Der Makler muss sich auf seine Kernkompetenzen konzentrieren, und das sind der Vertrieb von Versicherungsprodukten und die Betreuung seiner Kunden über den gesamten Produktlebenszyklus. Das Betreiben einer IT-Infrastruktur und einer Maklersoftware gehört nicht dazu. Der Makler wird deshalb das MVP in Zukunft nicht mehr als Desktopanwendung betreiben, sondern als online-Service beziehen.

2. Der Makler sollte seine Geschäftsprozesse soweit wie möglich automatisieren. Insbesondere der Datenaustausch mit Produktgebern sollte deshalb weitgehend automatisch ablaufen. Das MVP der Zukunft muss deshalb elektronische Schnittstellen zu allen relevanten Kommunikationspartnern des Maklers anbieten, die auf technischen und fachlichen Branchenstandards aufbauen.

Entsprechend der ersten These ist davon auszugehen, dass es zunehmend MVP-Anbieter geben wird, die ihre Software als reine Online-Lösung anbieten. Die Vorteile für den Makler liegen auf der Hand. Wenn diese Anbieter es schaffen, auch für die sensiblen Themen „Offline-Situation", „Datensicherheit und Datenschutz" sowie „Datenmigration" ein glaubwürdiges und plausibles Angebot zu formulieren, wird die Maklerschaft solche Angebote gerne annehmen.

Bezüglich der zweiten These sind alle Marktteilnehmer gefordert, sich intensiv an der Etablierung von Branchenstandards zu beteiligen. Nur wenn diese vorhanden sind, können passende Schnittstellen geschaffen und Prozesse weitgehend automatisiert werden. Am Ende dürften alle davon profitieren, denn der Makler hat im Erfolgsfall mehr Zeit für die Aufgabe, um die sich ja eigentlich alles dreht: die Vermittlung von Versicherungsschutz für seine Kunden.

6 Literatur

Askuma (2009): http://www.askuma.de

Beenken, Matthias (2009): BaFin äußert sich zum Supermarktvertrieb. In versicherungs-
journal, 19. Januar 2009,
http://www.versicherungsjournal.de/mehr.php?Nummer=98869

BiPro (2009): http://www.bipro.net

BN Brokernetz (2009): http://www.finanzdock.com

dvb (2009): Makleraudit, „Technische Kommunikation zwischen Versicherungsunternehmen und Vermittler – Umfrage und Ergebnisstudie", Januar 2008,
http://www.deutsche-versicherungsboerse.de

Finanzterminal24 (2009): http://www.finanzterminal24.de

maklersoftware.com (2009): http://www.maklersoftware.com

o. Verf (2009): w3schools.com, AJAX Tutorial, http://www.w3schools.com/Ajax

Salesforce (2009): http://www.salesforce.com/de

SugarCRM (2009): http://www.sugarcrm.com/crm

vTiger (2009): http://www.vtiger.de

W3C (2002) Web Services Activity, http://www.w3.org/2002/ws

XRMS (2009): xrms.sourceforge.net

Das IBM-Multikanalvertriebs-Projekt

„Theorien haben vier Stufen der Akzeptanz:
1. Das ist wertloser Unsinn.
2. Das ist interessant, aber verkehrt.
3. Das ist wahr, aber ziemlich unwichtig.
4. Das habe ich doch schon immer so gesagt!"

J.B.S. Haldane

Die Kollegen der IBM haben sich umfangreiche Gedanken um ein zukünftiges Agentur-system gemacht. Unter anderem wurde dieses beim IBM-Anwender-Kongress im Mai 2009 in einem Workshop vorgestellt. Auch wenn es, wie die Referenten, die es vorstellten, betonten, mit eng begrenzten finanziellen Mitteln prototypisch aufgebaut wurde, zeigt es bereits auf eindrucksvolle Weise, mit welchen innovativen Ideen ein solches System zukünftig seine Anwender mit deutlich mehr Komfort arbeiten lassen kann.

Auch wenn der ursprüngliche Fokus dieses Projektes auf Agentursystemen lag, wie wir sie in den Ausschließlichkeitsorganisationen der Versicherer finden, lassen sich die Grundideen selbstverständlich auf Maklerverwaltungsprogramme übertragen.

Die Herausgeber

Herausforderung Multikanalvertrieb – Innovationspotenziale durch Umsetzung neuer Technologien in Verkauf und Service

Nicola Füllgraf, Mathias Schwake, Georg Wiora

1 Kanalvielfalt und Marktpolariserung

Das mangelnde Wachstum des deutschen Versicherungsmarktes und die sich ändernden gesetzlichen Rahmenbedingungen lassen für den Versicherungsvertrieb das Prinzip „Nichts ist so stetig wie der Wandel" aktueller denn je werden. Der Kampf um den Kunden gewinnt massiv an Schärfe – und die Kunden haben sich geändert.

Die weit überwiegende Mehrheit der Versicherer mit Ausschließlichkeitsvertrieb setzen mittlerweile auch auf weitere Kanäle. Neben Vertriebswegen wie dem Makler-, Banken/Sparkassen-Vertrieb oder dem Absatz über Vertriebsgesellschaften gewinnen zunehmend der Direktvertrieb und der Vertrieb über Kooperationspartner an Bedeutung. Zielsetzung ist es zum einen, durch Kanalvielfalt das Bestandskundenpotenzial durch Cross-Selling optimal auszuschöpfen und zum anderen, durch alternative Kanäle über – im Idealfall – spezifische Produktgestaltung, Prämien und Marketing Neukunden zu gewinnen.

Eine Tatsache ist klar zu konstatieren: Der Multikanal-Vertrieb ist vom Kunden gewünscht, die Bedeutung des Self Service steigt. Die Versicherungskunden nutzen zunehmend mehrere Kommunikationskanäle, um in Kontakt mit ihrem Versicherungsunternehmen und auch Ihren Vermittlern zu treten. Die Nutzung der einzelnen Kanäle ist stark anlassbezogen und stellt besondere Herausforderungen an die jederzeitige Auskunfts- und Beratungsfähigkeit. Auch die Ansprüche an Erreichbarkeit und Schnelligkeit des Versicherers steigen. So werden Angebotsinformationen mehr und mehr über den Onlinekanal eingeholt, während eine weitergehende Beratung und der Vertragsabschluss über den Vermittler erfolgt, und nachfolgende Änderungen in den Bestandsdaten telefonisch weitergegeben werden. Im Maklersegment übernimmt hierbei der Makler quasi die Rolle des Kunden, er steht in dessen Lager und vertritt ihn, ist sein Sachwalter.

Eine aktuelle Studie des IBM Institute for Business Value aus 2008, ‚Trust, Transparency and Technology', die gemeinsam mit der Universität St. Gallen durchgeführt wurde, bestätigt diesen Trend zur Multikanalnutzung. Im Rahmen der Studie wurden 2.400 repräsentative europäische Versicherungskunden aus sechs Ländern zu Einstellung, Werten, Erfahrungen und Verhalten im Kontext Versicherungen befragt. Zentrale Erfolgsfaktoren sind laut Studienergebnis Vertrauen, Transparenz und Technologie. Loyalität der Kunden wird demnach durch hohen Komfort sowie – über alle Kanäle hinweg – durch konsistente, zeitnahe Kommunikation und Services aufgebaut. Auch hier zeigt sich signifikant die identische Anspruchshaltung des Maklers an die Versicherer.

Dem steht an vielen Stellen die derzeitige Organisationsstruktur der Versicherer gegenüber. Diese hat sich in der Regel über Jahrzehnte aufgebaut und bewährt. Sie zeichnet sich aber durch eine weit gehende Spartentrennung aus. Auch die Vertriebs-kanäle sind ‚historisch gewachsen' und arbeiten derzeit zumeist mit wenigen Integrations-punkten weitgehend unabhängig von einander. Sie sind auch mit den Innendienst-prozessen wenig verzahnt. Die Arbeitsteilung ist relativ starr, Abläufe zeichnen sich oftmals durch Medienbrüche aus und eine fallabschließende Bearbeitung wird erschwert. Insgesamt leidet dadurch die Auskunftsfähigkeit gegenüber dem Kunden, insbesondere in inhaltlicher Qualität und Geschwindigkeit. Damit die Versicherer sich zusätzlich zur Produktorientierung ertragsorientiert und spartenübergreifend auf den Kunden ausrichten können, müssen auch die Prozessabläufe zwischen Geschäftspartnern, Vertrieb und Betrieb zukünftig reibungsfreier funktionieren als heute.

Beleuchtet man die technische Unterstützung im Vertrieb, so verfügen die deutschen Versicherungsunternehmen heute in aller Regel über ausgefeilte, aber monolithische Anwendungssysteme. Zahlreiche Redundanzen auf Daten- und Prozessseite führen zu einem Innovationsstau, beispielsweise bei der schnellen Einführung neuer Produkte und Services. Anwendungssysteme, die den Vertriebskanälen zur Verfügung stehen, bestehen oft aus isolierten Teilsystemen – insbesondere bei der Integration der Termin und Aufgabenverwaltung, der Schriftwechselfunktionalität, Agentursteuerungsmöglichkeiten und der Angebots-/Beratungssoftware müssen noch Fortschritte erzielt werden. Der Wartungs- und Pflegeaufwand für die häufig dezentral angelegten Infrastrukturen – typischerweise Client/Server mit Fat Client Endgeräten – ist hoch. Eine ganzheitliche Kundensicht wird durch die, nach Sparten und Vertriebskanälen getrennten, IT-Systeme erschwert. Inkonsistenzen sind an der Tagesordnung. Die Auswirkungen auf Makler als Geschäftspartner: Sie müssen sich auf eine Multiplizierung dieser Problematik einlassen, denn sie arbeiten ja nicht nur mit einem einzigen Versicherer, sondern mit einer Vielzahl.

2   Zukunftsfähige Multikanallösungen für den Vertrieb

Ein Versicherer sollte dem Kunden oder Geschäftspartner zukünftig alle Möglichkeiten der Kommunikation zur Verfügung stellen – sowohl in Form von Unterstützung vor Ort, als auch über Möglichkeiten zur „(Kunden-)Selbstbedienung". Wobei zu berücksichtigen ist, dass sich je nach Anlass, Produkt und Kundentyp die Intensität der Nutzung des persönlichen bzw. der technischen/virtuellen Kanäle unterscheidet. Das Internet wird auch weiterhin für Informationsgewinnung, Angebotsvergleiche und vor allem zum Verkauf von stark standardisierten und damit sehr preissensiblen Produkten genutzt werden. Parallel besteht Bedarf an Produkten, die stärker als bisher die individuellen Kundenbedürfnisse abdecken. Neben dem Preis wird mehr und mehr der Service zum entscheidenden Kriterium für den Verkaufserfolg. Die Integration der verschiedenen Kanäle, insbesondere im Sinne durchgängiger Prozesse sowie Transparenz in den Kunden- und Produkt-informationen, ist eine entscheidende Rahmenbedingung.

Für viele Vorgänge ist der Vermittler vor Ort erster Ansprechpartner des Kunden. Im Falle des Vertriebskanals Makler ist er dies immer. Hier darf es aufgrund der – auch rechtlichen

– Stellung als Sachwalter des Kunden und des beruflichen Selbstverständnisses der Makler im Grunde keinerlei Kommunikation zwischen Kunden und Versicherer auf direktem Wege geben. Er nimmt sich des Vorgangs an und bearbeitet ihn entweder selbständig fallabschließend, oder leitet den Vorgang zur Weiterbearbeitung an den Versicherer-Innendienst weiter (bspw. zur Antragsprüfung, Schadenregulierung o.ä.). Diese Schnittstelle zeichnet sich heute in vielen Fällen durch Medien- und Systembrüche aus, was sich in einem hohen Anteil manueller Tätigkeiten (Kopieren, Faxen, Archivieren u.ä.), Doppelarbeiten (Doppelerfassungen von Informationen im Außen- und Innendienst) und Fehlern äußert. Eine Optimierung dieser Schnittstelle würde den Außendienst der Versicherer, aber auch den Makler von zeitaufwändigen administrativen Aufgaben deutlich entlasten. Der Kunde sollte in Zukunft die volle Integration des Vermittlers in die Prozesse des Versicherungsunternehmens erleben.

Die IBM Vision des ‚Versicherungsbetriebes der Zukunft' als Ausprägung der Industrialisierungsidee für die Versicherungswirtschaft bildet einen Rahmen, der sowohl für die technischen wie auch die geschäftlichen Aspekte dieser Integration geeignet ist.

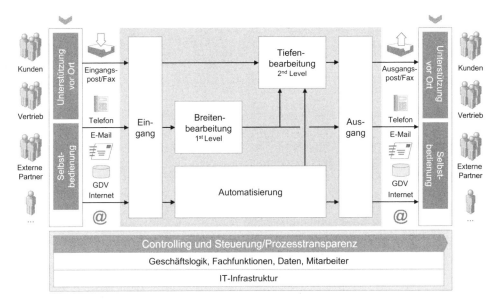

Abbildung 1: Vision des ‚Versicherungsbetriebes der Zukunft'.

Ein komponenten-orientiertes Geschäftsmodell unterstützt dabei die Standardisierung, Modularisierung und Automatisierung. Es weist eine hohe Flexibilität hinsichtlich der Veränderungen von Marktgegebenheiten und der Anpassung von Unternehmensprozessen, Produkten und Services auf. Das Modell ist eine Grundlage für die Steigerung der Produktivität im Versicherungsunternehmen

Ein solcher Integrationsansatz setzt auf Always Online Ansätzen mit definierten Offline-Anteilen auf Basis zentralisierter Daten und Funktionen, die von allen Vertriebskanälen genutzt werden. Ergänzt wird dies durch umfängliche Self Service Funktionalitäten für die Kunden auf ebendieser Plattform. Die automatisierte Bearbeitung von Standard-geschäftsvorfällen, die Nutzung von Service Centern für den 1st Level Support, das laufende Qualitätsmonitoring der Prozesse sind weitere Aspekte.

Abbildung 2: Vertriebsansätze gestern, heute, morgen

Dies bedeutet allerdings einen radikalen Paradigmenwechsel in vielen Bereichen:

- Verzahnung von Außen- und Innendienstprozessen
- Verzahnung aber auch der Prozesse der VU mit denen ihrer Geschäftspartner
- Zentralisierung von Daten und Funktionen
- Vereinheitlichter Weg, Dinge zu tun: Ein Prinzip – eine Infrastruktur

Der Vorteil dieser Vorgehensweise liegt in der Konsistenz, denn sie bietet eine langfristige Entwicklungsperspektive für das Versicherungsunternehmen und erlaubt einzelnen Vorhaben und Projekten, kontinuierlich zu einem einheitlichen Ziel beizutragen. Die Veränderung im Vertriebsansatz spiegelt sich in der technologischen Unterstützung des Vertriebes wider.

3 Optimale IT Unterstützung – Software als Erfolgstreiber

In zahlreichen Diskussionen der Autoren mit Vertriebsmitarbeitern verschiedener Versicherungsunternehmen hatte eine Anforderung stets höchste Priorität: Der Vertrieb – wenn wir es wieder dem Fokus dieses Buches zuordnen: der Maklerbetreuer – wünscht nur eine einzige IT-Lösung, die ihn bei seiner Arbeit benutzerorientiert und ganzheitlich unterstützt.

Inhaltlich sind dafür folgende Funktionalitäten bereitzustellen:

- Kundenmanagement, z.B. Angebots- und Antragserstellung, Interessenten- und Akquisedaten, Schadenmeldung- und Schadentracking

- Kundenmanagement auch im Sinne eines CRM-Systems zur „Verwaltung" der Geschäftspartner-Informationen

- Büromanagement, z.B. Dokumentenmanagement, Agenturverwaltung, Antragsbuch, Provisionsverwaltung

- Vertriebssteuerung, z.B. Kampagnenmanagement, Vertriebscontrolling, Mitarbeiterbetreuung

Diese Funktionalitäten und die zugehörigen Daten einer modernen Vertriebsunter-stützungslösung sind individualisiert und rollenbasiert verfügbar zu machen. Es ist genau zu definieren, wer welche Berechtigungen erhält. Diese Rollen können bis in die Maklerbüros heruntergebrochen werden und Teilmengen von Informationen zielgerichtet einzelnen Geschäftspartnern oder sogar dortigen Mitarbeitern bereitgestellt werden.

Technologisch sind die Multikanalstrategie und die Integration mit anderen Kanälen nur auf Basis einer zentralen Plattform, die alle Vertriebskanäle nutzen, umzusetzen.

So sind Kundeninformationen zentral zu halten und dem Vermittler umfassend – unter Berücksichtigung der Datenschutzerfordernisse – verfügbar zu machen. Die Zentrali-sierung und die Integration aller benötigten Informationen sind das Ziel und kann nur über eine zentrale Plattform realisiert werden.

Eine optimale IT-Lösung für den Multikanalvertrieb basiert auf folgenden Vorgaben:

- Plattformansatz, das heißt jede Funktionalität wird nur einmal realisiert und ist von überall aufrufbar.

- Alle Benutzergruppen können in Echtzeit auf aktuelle Daten zugreifen.

- Anwendungslogik und Benutzerführung sind vertriebsorientiert aufgebaut, optimalerweise mit modernen Verfahren wie z.B. Eye-Tracking auf das Nutzverhalten abgestimmt.

- Einsatz von Internettechnologie und Standards: Gleiche Architekturprinzipien und Produkte für Online- und Offline-Funktionalitäten.

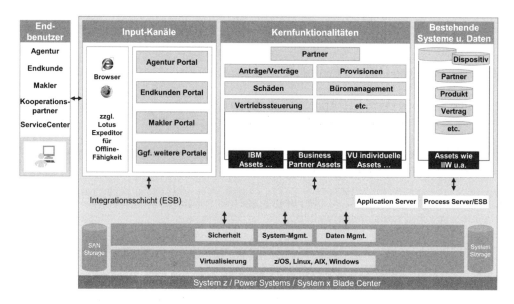

Abbildung 3: Portalbasierte Anwendungslandschaft

Auch die umfänglichen Self Service Funktionalitäten für die Kunden müssen auf eben dieser Plattform realisiert werden. Es ergeben sich dann Fragestellungen hinsichtlich der technologischen Verfügbarkeit solcher integrierten Plattformen für Vermittler z.B. bei dem Besuch vor Ort. Ansätze mit definierten Offline-Anteilen für die Ausschließlichkeitsorganisation scheinen eine gute Lösung für den Übergang in zukünftige ‚Always Online' Welt zu sein. Weitere Anforderungen wie Verfügbarkeit der Software ‚rund um die Uhr' stellen heute die klassischen Betriebsumgebungen vor Herausforderungen, die aber grundsätzlich mit Hardware- und Softwaretechnologie adressiert werden können.

Wenn man nun auf Basis solcher Softwaretechnologien Lösungen für die Benutzergruppen entwickelt, muss man auf die so genannte Benutzbarkeit dieser Lösungen Hauptaugenmerk legen. Ein hohes Maß an ‚Usability' soll Nutzern mit unterschiedlichen Erfahrungen künftig bei ihren Arbeitsaufgaben effektiv, effizient und zu ihrer Zufriedenheit unterstützen. Erwartungskonformität, Selbstbeschreibungsfähigkeit und Fehlertoleranz sind Hauptkriterien für gute Benutzbarkeit von Software. Hier bieten heute neue Technologien aus dem Web 2.0 Umfeld zusätzliche Unterstützung. Audio und Videospots können sowohl im Bereich des Self Service aber auch im Agenturbereich die mehr statischen Informationen zu Produkten und Bedingungen ergänzen und beleben. Des Weiteren können diese Technologien auch im Bereich der Aus- bzw. Weiterbildung der Vermittler zum Einsatz kommen. Mit weiteren Technologien aus dem Web 2.0 Umfeld wie z. B. Foren, RSS Feeds, Chat kombiniert mit einer Umsetzung von Wissensmanagement kann die Kommunikation und Wissensvermittlung in der Gemeinschaft der Vermittler aber natürlich auch im Bereich der eigentlichen Kundenschaft und selbstverständlich für die Makler als Geschäftspartner verbessert werden.

Durch immer komplexere Produkte speziell im Lebens- und Krankenbereich werden besonders die Vermittler bei Allspartenversicherungen fachlich gefordert. Viele Produkte auch aus dem Sachversicherungsbereich können ohne Softwareunterstützung gar nicht mehr verkauft werden, hier tritt die Angebotssoftware in den Vordergrund und hilft dem Vermittler im Beratungsprozess. Die oben beschriebenen neuen Möglichkeiten sollten hier gezielt eingesetzt werden. Erweitert man das Spektrum der Beratung auf die kompletten Lebenssituationen des Kunden, so können Produktangebote kombiniert über Sparten hinweg für die jeweiligen persönlichen Umstände angeboten werden. Mit Hilfe der Software ist man natürlich auch in der Lage die Vollständigkeit einer Beratung zu sichern. Ist einmal eine Verkaufstrategie festgelegt, welche Wünsche und Ziele des Kunden reflektieren auf welche angebotenen Produkte, kann die Führung im Dialog so gestaltet werden, dass der Beratungs- und Verkaufsprozess komplett in einer klar definierten Qualität abgearbeitet wird. Diese Ansätze der ganzheitlichen Beratung können auch für den Bereich des Self Services genutzt werden. Durch die Zentralisierung der Information über Produkte und Kundeninformationen unter Berücksichtigung von Datenschutz-bedingungen ist es möglich solche Ansätze auch im Internet zur Verfügung zu stellen.

4 Erfolgsfaktoren für die Umsetzung

Zahlreiche Kundenprojekte haben uns darin bestätigt, dass die Verknüpfung der unterschiedlichen Vertriebskanäle und die damit einhergehende Zentralisierung der zugehörigen IT-Lösung einen Paradigmenwechsel für die jeweiligen Unternehmen, die Vertriebe und die Innendienste bedeuten.

Insofern gilt es einigen wichtigen Aspekten von Anfang an besondere Aufmerksamkeit zu schenken:

4.1 Zielbild und Kommunikation

Die konkreten Auswirkungen müssen frühzeitig mit den Beteiligten diskutiert werden. Die Erstellung eines Zielbildes sowie die klare Darstellung der erwarteten Vorteile sind dringend anzuraten. Ein vorab erstellter Showcase bzw. Prototyp kann sehr dabei helfen, das Zielbild und die angedachte Umsetzung zu konkretisieren und zu diskutieren.

Es sollte offen kommuniziert werden, welche Intensität der Techniknutzung vom Vertriebs-außendienst erwartet wird. Die Vorteile der Multikanalintegration lassen sich nicht realisieren, wenn die zur Verfügung gestellten IT-Hilfsmittel nicht genutzt werden. Bezogen auf die Zusammenarbeit mit Maklern bedeutet dies: die Besonderheiten der Geschäftsprozesse der Makler, ihre Anforderungen an die IT-Unterstützung durch VU müssen bekannt sein. Die Kommunikation geht also weit über die eigenen Unternehmensgrenzen hinaus.

4.2 Transformationsbegleitung

Die kontinuierliche Unterstützung und Begleitung der Veränderungen sind unabdingbar. Die Transformation von Prozessen und Kultur, wie auch die technologische Transformation muss unternehmensindividuell begleitet werden. Erfahrungen aus der Vergangenheit und die entsprechenden Know-how-Träger sind eng einzubeziehen. Erprobte Modelle für Governance, Portfolio Management, Organisational und Cultural Change sowie Mobilisierung können Risiken mindern und beschleunigend wirken.

4.3 Einbindung des IT-Betriebs

Neben den beteiligten Vertriebskanälen und weiteren fachlichen Bereichen, sowie der IT-Anwendungsentwicklung, sollte auch die IT-Betriebsabteilung von Beginn an eng einbezogen werden. Bestehende Lösungen sind an feste Servicezeiten gebunden, die in der Regel ausgeweitet werden müssen. Dies zieht komplexe Anpassungen nach sich. Online-Zeiten sollten generell nur bedarfsgerecht ausgeweitet werden, pauschale Forderungen nach einer 24h Verfügbarkeit sämtlicher Systeme sind mit Vorsicht zu genießen.

Organisatorisch fordert und fördert dieser Ansatz die konsistente Unterstützung aller Vertriebskanäle und das Zusammenarbeiten von Innen- und Außendienst, bezogen auf Sparten wie auch auf Vertriebskanäle. Hinsichtlich der Prozesse wird über die Interaktion der Kanäle die Zusammenarbeit und Effizienz verbessert sowie der Automatisierungsgrad über die direkte Backofficeintegration erhöht. Die Vermeidung von Medienbrüchen erhöht die Prozessgeschwindigkeit und reduziert die Fehlerquote.

Technologisch gesehen bedeutet die Zentralisierung eine Beseitigung von Redundanzen in den Funktionalitäten und Daten sowie eine Komplexitätsreduktion mit der damit verbundenen Verringerung der Betriebskosten. Zusätzlich trägt auch die Einsatzmöglichkeit freier Endgeräte zur Kostensenkung bei. Eine attraktive Vertriebslösung, die Verkäufer und Mitarbeiter von Routinetätigkeiten entlastet sowie den Verkaufserfolg und den Kundenservice fördert, führt weiterhin nicht nur zu einer besseren Vermittlerbindung, sondern hilft auch bei der Gewinnung neuer Vertriebspartner.

Mit Hilfe eines Multikanal-Vertriebssystems können die Versicherer den aktuellen Herausforderungen des Marktes aktiv begegnen und sich gleichzeitig erfolgreich für die Zukunft aufstellen.

Brancheninitiative Single Sign-On (SSO): Abbau von technischen Hürden beim Zugang zur Versicherer-IT

„Dem Streben, Weisheit und Macht zu vereinigen, war nur selten und nur auf kurze Zeit Erfolg beschieden."

Albert Einstein

Versicherer sammeln in ihren Extranets eine Menge an Weisheit. Produktinformationen, Onlinerechner, Tarifmaterial, Bestandsauskünfte, Schadeninformationen, GDV-Daten oder auch elektronische Post zum Download sind einige wichtige Bestandteile. Sie schützen diese Informationen durch eine mehr oder weniger aufwändige, natürlich auch notwendige Authentifizierung, die der Anwender überwinden muss. Wir finden einfache Verfahren mit Benutzername und Passwort, aber auch Lösungen mit unterschiedlichen Tokens oder Zertifikate. Einige Versicherer nutzen diese Macht über die Informationen auch, um sich – vermeintlich – vom Markt abzuheben, Einzigartigkeit zu demonstrieren. Tatsächlich jedoch stellt die Authentifizierung lediglich eine technische Barriere dar, die wie gesagt notwendig ist, jedoch die Nutzungszahlen der Extranets unnötig beschneidet. Versicherer sollten sich nicht mit technischen Barrieren, sondern mit guten Produkten und Services vom Markt abheben. Diskussionen um ein einheitliches Authentifizierungsverfahren dauern daher seit Jahren an. Initiativen der Berufsverbände der Makler scheiterten leider an politischen Hürden.

Bisher wurde ein einheitliches Authentifizierungsverfahren auch ausschließlich unter dem Aspekt der Nutzung von Extranets diskutiert. Die Notwendigkeit der Zerlegung der Extranets in ihre Bestandteile, um diese unabhängig auch in anderen Umgebungen nutzen zu können, z.B. durch Bereitstellung von Webservices, erzeugt nun zusätzlichen Druck. Denn auch die Nutzung eines Webservice führt die Notwendigkeit der Authentifizierung mit sich im Gepäck. Grund genug, erneut den Versuch zu wagen, endlich möglichst viele Versicherer „unter einen Hut" zu bekommen, der die technischen Hürden abbaut, ohne die Individualität der Auftritte der Versicherer zu begrenzen. Ein neu gegründeter Verein möchte das schaffen.

Die Herausgeber

Brancheninitiative Single Sign-On: Der sichere, einheitliche und einfache Zugang zu den Extranets der Versicherer wird Realität

Marek Ullrich und Fritz Rieger

In den letzten Jahren wurde das Internet zum unverzichtbaren Bestandteil unseres Lebens. Im kommerziellen Bereich werden dabei stets die Vereinfachung von Prozessen und die effizienten Kommunikationswege hervorgehoben. In vielen Gesprächen mit unabhängigen Vermittlern und Versicherern zeigt sich jedoch ein anderes Bild: Im Finanzdienstleistungs- und Versicherungsmarkt existieren heute eine Vielzahl inkonsistenter Beratungs-, Verkaufs- und Protokollierungs-Prozesse sowie mehr oder weniger starke Medienbrüche. Beteiligt an diesen Prozessen sind unter anderem eine Vielzahl von Anwendungen wie Maklerverwaltungsprogramme, CRM-Systeme, Bedarfs- und Risikoanalyse-Software, Vergleichsrechner für verschiedene Sparten, Tarifierungs- und Angebotssoftware der Gesellschaften, Internetportale der Gesellschaften und vieles mehr. Aufgrund dieser Vielzahl an Insellösungen und der nicht immer vorhandenen Verbindung bzw. Vernetzung der Anwendungen sind Daten in der Regel mehrfach einzugeben, was Zeit-, Effizienz- und letztendlich Qualitätsprobleme in Form von Fehleingaben mit sich bringt. Diesem Problem soll zukünftig mit Prozessketten im Sinne einer effizienten Verkettung von Einzelprozessen idealerweise ohne Medienbruch begegnet werden. Für solche Prozesse ist das Wissen um Authentifizierung und Autorisierung der unabhängigen Vermittler ein notwendiger Bestandteil. Ziel ist dabei die sinnvolle Einbindung bestehender Dienstleistungen am Markt, deren Integration über standardisierte Schnittstellen umgesetzt wird und somit keine Neuentwicklung bereits existierender Dienste impliziert.

Mit der Brancheninitiative Single Sign-On soll mit einem sicheren, einheitlichen und vor allem einfachen Zugang für den unabhängigen Vermittler zu datensensiblen, geschützten Bereichen – den Extranets der Gesellschaften – der erste Baustein geschaffen werden.

Nach Ermittlung der unterschiedlichen Interessen von Vermittlern und Gesellschaften wurde von der bbg Betriebsberatungs GmbH die Initiative „Single Sign-On" ins Leben gerufen. Das definierte Ziel war die Ausarbeitung einer Branchenlösung – „von der Branche für die Branche". Nach einer Projektphase von sechs Monaten haben acht Gesellschaften den Single Sign-On Verein am 31.07.2009 gegründet.

1 Ausgangssituation der unabhängigen Vermittler

Der unabhängige Vermittler sieht sich einem wachsenden administrativen Aufwand ausgesetzt. Die VVR/VVG Richtlinien führen zu einem wesentlich höheren Dokumentationsgrad. Die bbg Betriebsberatungs GmbH führte im Juli 2008 eine Befragung zum Thema „Digitale Prozesse im Maklerbüro" durch. Im Ergebnis der Befragung zeigt sich der immens gestiegene Verwaltungsaufwand deutlich. 66,8% der Befragten gaben an, dass sich die Administration allein durch VVR/VVG um mehr als 25% gesteigert hat.

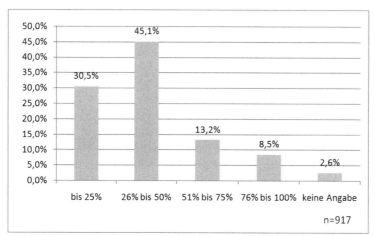

Abbildung 1: Um wie viel Prozent ist nach Ihrer Einschätzung Ihr Verwaltungsaufwand durch die VVR/VVG Richtlinien gestiegen?

Auf Grund der gestiegenen Belastung wünschen sich Vermittler die Unterstützung der Versicherungsunternehmen. Das Internet als kostengünstiges, schnelles und effizientes Informationsmedium wird von den Unternehmen der Branche immer stärker genutzt, auch um wichtige Informationen für die Vermittler bereitzustellen und Dienstleistungen im Sinne einer positiven Differenzierung gegenüber dem Wettbewerber zu präsentieren. Somit spielen die Extranets eine wichtige Rolle für die Interaktion und Kommunikation zwischen Vermittler und Produktanbieter.

Die hohe Bedeutung der Extranets zeigt auch die oben angesprochene Befragung der bbg: 78,8% der unabhängigen Vermittler sehen die Extranets als sehr wichtig oder wichtig für ihre Arbeit an. Die Nutzung dieser Angebote scheitert jedoch häufig an der Zutrittsbarriere. Freie Vermittler arbeiten mit mehreren Produktanbietern zusammen und dem zu Folge sind eine entsprechend große Anzahl unterschiedlicher Kennwörter mit verschiedenen Zugangstechnologien zu handhaben. Diese reichen von einfachen Zugängen, wie z.B. „Benutzername und Passwort", über den Einsatz von „Softwarezertifikaten" bis hin zum Einsatz einer zweistufigen Authentifizierung z.B. mit Tokens.

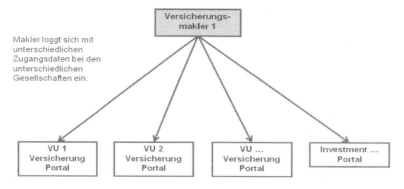

Abbildung 2: Zugang Extranets heute

180

Diese Vielzahl an Zugängen, die zudem noch unterschiedlich zu handhaben sind, senkt folglich die Bereitschaft der Vermittler auf die Extranets zuzugreifen. Somit ist es nicht verwunderlich, dass 77,8% der Befragten einen einheitlichen, sicheren Zugang zu den Extranets als sehr wichtig oder wichtig erachten (Befragung bbg, 2008).

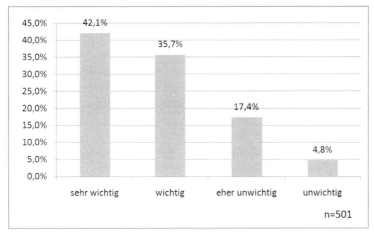

Abbildung 3: Wie wichtig ist es für Sie über genau einen sicheren Zugang zu den Extranets vieler verschiedener Versicherungsunternehmen (ein Login für viele VU) zu verfügen?

2 Anforderungen der Finanz- und Versicherungsunternehmen

Ziel der Unternehmen mit ihren Extranets ist die Unterstützung der unabhängigen Vermittler in folgenden Bereichen: Information, Marketing, Bestand und Vertrieb. Mit den unterstützenden Dienstleistungen wird eine positive Differenzierung zu den Wettbewerbern erreicht, was sich auch in einer erhöhten Anzahl in Abschlüssen zeigen soll. Dies gelingt jedoch auf Grund der oben beschriebenen Hürden nur bedingt.

Versuche in der Vergangenheit, eine gemeinsame Single Sign-On Plattform zu platzieren, scheiterten an wichtigen Anforderungen der Versicherungsgesellschaften, wie z.B. Mitbestimmung, strategische Einflussnahme und Unabhängigkeit von einem privatwirtschaftlichen Anbieter.

Weitere Anforderungen der Unternehmen sind:

• Die direkte Ansprache des Extranets der Gesellschaft muss über deren eigene Webpräsenz möglich sein, ohne über ein zentrales Portal gehen zu müssen.

• Die Übertragbarkeit der Dienstleistungen und die Austauschbarkeit von Dienstleistern sollen jederzeit gegeben sein.

- Die Kosten müssen transparent und nachvollziehbar ausgewiesen werden.

- Auf technischer Seite müssen hohe Sicherheitsstandards eingehalten werden.

- Die gesetzlichen Datenschutzbestimmungen müssen erfüllt sein.

- Eine hohe Verfügbarkeit des Dienstes ist Pflicht, da ein Ausfall zu finanziellen Einbußen seitens der Gesellschaften führen kann.

- Es darf keine Einflussnahme in die IT-Architektur der Gesellschaften im internen Bereich vorgenommen und die Rollen- und Benutzerverwaltung der Unternehmen nicht beeinflusst werden. Die Lösung darf lediglich den Vermittler authentifizieren und ihn an das Extranet übergeben.

- Die technische Anbindung des Extranets an das Single Sign-On Portal muss mit geringem technischen und finanziellen Aufwand umgesetzt werden können.

Im Dezember 2008 wurde mit zahlreichen Unternehmen ein Projekt gestartet, mit dem Ziel, ein Konzept zu entwickeln, das die Anforderungen der Unternehmen erfüllt. Ziel der Initiative ist der Aufbau eines Single Sign-On Portals, bei dem die unabhängigen Vermittler mit genau einem Zugang in die Extranets der angebundenen Unternehmen gelangen.

3 Brancheninitiative Single Sign-On

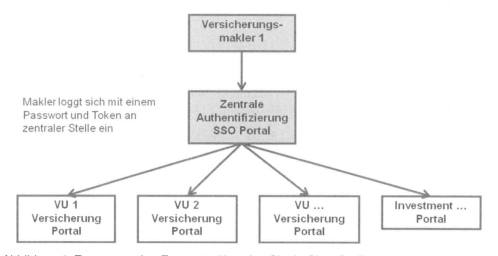

Abbildung 4: Zugang zu den Extranets über das Single Sign-On Portal.

In den drei Projektgruppen „Governance", „Technik" und „User Help Desk / Prozesse" wurden die zentralen Themenstellungen einer Single Sign-On Plattform erarbeitet und die Ergebnisse in Form einer Handlungsempfehlung für die Entscheidungsträger der teilnehmenden Gesellschaften zusammengefasst. Auf Basis der Handlungsempfehlung wurde von folgenden Gesellschaften am 31.07.2009 mit der Vereinsgründung des Single Sign-On Vereins ein deutliches Signal für die weitere Umsetzung gegeben:

- Barmenia Versicherungen
- Continentale Krankenversicherung
- HDI-Gerling Leben
- INTER Krankenversicherung
- Janitos
- LV 1871
- VOLKSWOHL BUND Leben
- Maklerpool BCA

Weitere Unternehmen haben bereits ihr Interesse und ihre Teilnahme an der Initiative kundgetan, so dass sich die Anzahl der Teilnehmer deutlich erhöhen wird. Der Startschuss für den Betrieb des Portals ist für Januar 2010 geplant.

3.1 Governance

Bei der Gestaltung der Organisationsstruktur wurde wie bereits erwähnt der Fokus auf eine gemeinsame Führung der Körperschaften (Verein und operativ tätige „SSO-GmbH") gelegt. Hierzu wurde der Single Sign-On Verein gegründet, in dem sich alle teilnehmenden Unternehmen als Mitglied wieder finden und den Vorstand des Vereins wählen. Des Weiteren sieht die Organisationsstruktur eine 100%ige Tochter (operative GmbH in Gründung) vor. Der Geschäftsführer der SSO-GmbH ist die Schnittstelle zu den Dienstleistern, die von der GmbH beauftragt werden und das Tagesgeschäft (Technik und User Help Desk) ausüben. Der Geschäftsführer wird durch den Aufsichtsrat der GmbH kontrolliert und kann durch Beiratsgremien unterstützt werden.

Der Vorteil dieser Lösung liegt darin, dass alle Unternehmen über die Mitgliederversammlung des Vereins Einfluss auf die strategische Ausrichtung der Initiative nehmen können.

Auf der Kostenseite wurde vor allem Wert auf Transparenz und Nachvollziehbarkeit gelegt. Ein faires Finanzierungs- und Abrechnungsmodell, das weder Initiatoren noch neue Vereinsmitglieder benachteiligt, wurde entwickelt. Durch die transparente Teilung der Kosten wird sichergestellt, dass diese und das Risiko für jedes Vereinsmitglied bzw. auch für neue Vereinsmitglieder überschaubar sind.

Im Ergebnis ist es der Projektgruppe zum Thema Governance gelungen, eine transparente und übersichtliche Organisations- und Kostenstruktur zu entwickeln. Diese gewährleistet eine Unabhängigkeit von externen Dienstleistern und führt zu einem maximalen Mitbestimmungsrecht der teilnehmenden Unternehmen.

3.2 Technische Umsetzung

Die Projektgruppe „Technik" erarbeitete zunächst die Anforderungen an den technischen Dienstleister. Ziel war es, eine Lösung zu finden, die bereits im Einsatz ist, auf Standardkomponenten basiert und dem geforderten Sicherheitsstandard genügt. Eine der wichtigen Anforderungen war eine starke Zwei-Faktor-Authentifizierung, die auf Wissen und Besitz basiert: Das Wissen um Benutzerkennung und Passwort und der Besitz der Hardwarekomponente Token. Diese tokenbasierte Zwei-Faktor-Authentifizierung erfolgt, stark vereinfacht, wie in der Grafik dargestellt.

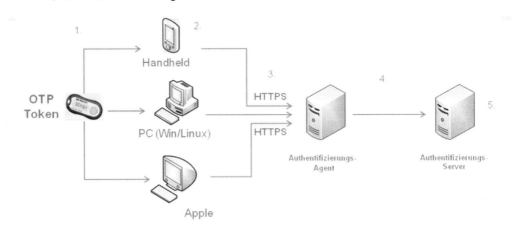

Abbildung 5: Authentifizierung des unabhängigen Vermittlers.

Die Unabhängigkeit von verschiedenen Betriebssystemen und die Vermeidung von Installationsaufwand auf der Nutzerseite wurden gewünscht. Dies führte unter den gegebenen Sicherheitsanforderungen und den zurzeit vorhandenen Technologien zur Auswahl eines Verfahrens mit OTP-Token (OTP = One-Time-Password).

Nach Prüfung und Bewertung zweier Anbieter entschied sich die Projektgruppe für den VDG (Versicherungswirtschaftlicher Datendienst GmbH) als technischen Dienstleister. Die Auswahl basierte auf mehreren Überlegungen:

- Das Preismodell inklusive Investitionsbedarf

- die Umsetzungsgeschwindigkeit

- die Zukunftsfähigkeit und Möglichkeiten der Erweiterung des Systems im Hinblick auf Authentifizierungsverfahren bzw. auf neue Technologien

- die Übernahme bestehender Token

- die Übertragbarkeit bzw. Austauschbarkeit des Dienstleisters

Des Weiteren ist das Authentifizierungssystem des VDG bereits in ähnlicher Form für verschiedene Versicher im praktischen Einsatz und es müssen in der Umsetzungsphase lediglich Anpassungen vorgenommen werden, um die von der Initiative gestellten Anforderungen an ein Single Sign-On Portal zu erfüllen.

3.3 Prozesse / User Help Desk

Zur Abwicklung des Tagegeschäfts und des Kundensupports wird ein User Help Desk benötigt. Die Aufgaben und Prozesse beinhalten die Neuanlage von Nutzern, die von Projektteilnehmern gemeldet werden. Dazu wird zunächst geprüft, ob der Nutzer bereits im System vorhanden ist (Matching). Ist er vorhanden, wird er für das jeweilige Unternehmen freigeschaltet und kann sofort mit seinem Token auf das Extranet zugreifen. Ist er nicht vorhanden, erfolgt die Neuanlage. Dazu werden vom User Help Desk die Zugangsdaten und nach erfolgreicher Registrierung durch den neuen Nutzer der Token versendet. Ein weiterer Vorteil des Systems ist die Verwaltung von Mitarbeitern der Vermittler, die die Single Sign-On Plattform in vollem Umfang nutzen können. Darüber hinaus stellt das User Help Desk Telefonsupport bei Anfragen zum Portal zur Verfügung. Er unterstützt die Nutzer auch bei Verlust oder Defekt des Tokens oder dem Fehlen von Zugangsdaten.

Der User Help Desk wird ebenfalls ausgegliedert und von der GmbH kontrolliert. Das Outsourcing erfolgt an einen erfahrenen Dienstleister und die Definition des entsprechenden Service Levels gewährleistet eine hohe Qualität.

4 Nutzen und Vorteile ...

4.1 ... für den unabhängigen Vermittler

Ein Zugang mit genau einem Login zu den Extranets der verschiedenen Unternehmen führt zu einer Entlastung bei administrativen Aufgaben des unabhängigen Vermittlers und schafft somit mehr Zeit für das Kerngeschäft, den Vertrieb. Der Vermittler kann während seines Arbeitstages ohne die im Vorfeld beschriebenen Zugangsbarrieren auf die verschiedenen Extranets zugreifen – mit genau einer Anmeldung. Der Informationsbedarf des unabhängigen Vermittlers hinsichtlich seines Bestandes, neuer Produkte und z.B. der Schadensabwicklung kann hierdurch optimal und effizient erfüllt werden.

4.2 ... für die Finanz- und Versicherungsunternehmen

Für die teilnehmenden Unternehmen ist die Profilierung gegenüber den Vertriebspartnern sicherlich ein Hauptargument. Der einfache Zugang zu den Extranets führt zu einer entsprechend höheren Nutzung und einem daraus resultierenden Wettbewerbsvorteil bei entsprechender Ausgestaltung des Extranets. Mit erwarteten 10.000 unabhängigen Vermittlern zum Start des Portals wird eine hohe Akzeptanz und schnelle Durchdringung des Marktes erreicht, was wiederum zu einer Zunahme der angebundenen Unternehmen führen wird. Durch neue Mitglieder sinken die Kosten der Initiative je Unternehmen signifikant. Die Brancheninitiative Single Sign-On greift auf eine bewährte, marktgängige technische

Lösung zurück, die einen hohen Sicherheitsstandard durch die Zwei-Faktor Authentifizierung mit Token gewährleistet. Die gewählte Lösung bietet eine hohe Zukunftssicherheit, da zum einen die Mitglieder einen wesentlichen Einfluss auf die Gestaltung der Initiative haben und zum anderen kommende neue Technologien wie der Elektronische Personalausweis (ePA) einfach in die bestehende Plattform integriert werden können.

Die eigenständige Implementierung der Zwei-Faktoren-Authentifizierung bei einem Unternehmen, zieht wesentlich höhere Kosten nach sich. Die Aufwendungen für einen Token können nicht wie bei Single Sign-On von mehreren Unternehmen getragen werden und die Fixkosten, wie die Administration, der Betrieb, der Support oder der Aufbau der technischen Infrastruktur fallen wesentlich höher aus.

Hingegen bietet die Teilnahme an der Initiative die Chance, auf Grund des Kostensharings ein überschaubares Investment bei kalkulierbarem Risiko zu tätigen.

5 Fazit und Vision

Die Schaffung eines Single Sign-On Portals für die Branche kann nur der erste Schritt sein. Ein einheitlicher Zugang erleichtert die Arbeit des unabhängigen Vermittlers ungemein. Jedoch besteht bezüglich einheitlicher Prozesse in der Branche ein großer Nachholbedarf. Die Brancheinitiative mit wichtigen Playern am Markt kann hierbei als Basis einer zukünftigen Prozessinfrastruktur der Branche gesehen werden. Die Unternehmen haben sich für ein gemeinsames Vorgehen mit der Brancheninitiative Single Sign-On entschieden und einen Konsens erarbeitet. Diese konstruktive Zusammenarbeit kann als Grundlage für weitere Schritte zu einheitlichen elektronischen Prozessen in der Finanz- und Versicherungsbranche angesehen werden.

Das Maklerverwaltungsprogramm aus Sicht eines Herstellers

„Wirklich innovativ ist man nur dann, wenn einmal etwas daneben gegangen ist."

Woody Allen

Und gleich noch ein weiteres Zitat, allerdings aus dem nun folgenden Beitrag: "Wahrscheinlich werden sich auf Dauer nur solche Lösungen durchsetzen können, die sich in das komplexe Geflecht aus Informationsflüssen transparent einfügen, ohne aufdringlich auf die eigene Existenz hinweisen zu müssen". Diese Grundsatzaussage hat wohl zu den schnellen Erfolgen geführt, die Buchholz Software verzeichnen konnte.

Diese Aussage basiert auf der Erkenntnis des Autors, dass Software ein Werkzeug ist, ein Mittel zum Zweck, das sich an den Geschäftsprozessen und Anforderungen der Anwender zu orientieren hat und dass folglich der Hersteller diese zu kennen hat.

Die Ausrichtung, die aus dem Beitrag zu erkennen ist, deutet für uns als Herausgeber darauf hin, dass eine "ausgeprägte Seelenverwandtschaft" mit unserer eigenen Denkrichtung vorherrscht, was wir geahnt hatten, aber erst bei Ablieferung des Beitrags auch bestätigt erhielten. Lesen Sie über die Sicht des Softwareherstellers in einer gehaltvollen und gleichzeitig amüsanten Art. Es scheint übrigens keine so schlechte Voraussetzung zu sein, beim Start einer Softwareentwicklung auf eine Garage verzichten zu müssen.

Die Herausgeber

Das „typische Maklerverwaltungsprogramm" aus Sicht eines Software-Herstellers

Haiko Buchholz

Als ich das Angebot bekam, ein Kapitel zu einem Buch über das „Perfekte Maklerverwaltungsprogramm" zu schreiben, war ich natürlich sehr erfreut. Immerhin stellen wir ein Maklerprogramm her und wer strebt nicht zumindest insgeheim nach Perfektion? Je länger ich dann aber darüber nachdachte, wie wohl das „typische Maklerprogramm" aussieht, kamen mir ernsthafte Zweifel, ob es so etwas überhaupt gibt.

Natürlich existiert eine ganze Reihe von Maklerprogrammen, aber was ist typisch? Sollte ich vielleicht alles addieren und dann durch die Anzahl teilen, um den Durchschnitt zu erhalten? Oder sollte ich lieber ein paar Beispiele anführen? Bei aller Objektivität würde es mir kaum gelingen, einen „Durchschnitt" zu beschreiben. So werde ich in diesem Beitrag versuchen, meine Vorstellung davon zu vermitteln, wie eine gute Maklersoftware aussehen sollte und wie wir in meinem Unternehmen zu dieser Auffassung gelangt sind. Ich werde mich selbstverständlich unter Berücksichtigung der gebotenen Ernsthaftigkeit, manchmal aber auch augenzwinkernd diesem Ziel nähern.

Wohlgemerkt: Es sind nur meine Ansichten. Immer wenn von „wir" oder „uns" die Rede ist, beschreibe ich Meinungen oder Vorgehensweisen, die sich in unserem Unternehmen über längere Zeit herausgebildet haben. Wenn mir es am Ende dann aber doch nicht gelungen sein wird, die nun von allen erhoffte Beschreibung einer perfekten Maklersoftware definiert zu haben, dann seien Sie bitte nicht enttäuscht. Es liegt daran, dass es glücklicherweise noch genügend viele andere Meinungen gibt. So ist also später auch noch viel Raum für andere Perfektionisten übrig.

1 Warum Maklersoftware?

Zunächst einmal muss ich mich berechtigterweise fragen lassen, wie ich überhaupt auf eine so eigenartige (manche sagen auch verrückte) Idee kommen konnte, Maklersoftware herzustellen. Ich muss zu meiner Verteidigung sagen, dass ich nicht ganz allein Auslöser dieses Prozesses war, sondern dass ich „Hilfe" hatte, in Form eines befreundeten Mehrfachagenten nebst äußeren Umständen. Diese Umstände waren objektiv dadurch bedingt, dass besagter Mehrfachagent einige Jahre zuvor von uns das Dokumentenmanagementsystem (DMS) „Elektronischer Leitzordner" erworben hatte und er kein dazu passendes Maklerverwaltungsprogramm (MVP) finden konnte. Wie bei sehr vielen erfolgreichen Softwareprojekten gab es auch einen subjektiven Umstand in Form einer gewissen, aus heutiger Sicht unglaublich anmutenden Unbedarftheit. Diese wurde mir in meinem privaten und beruflichen Umfeld zu meiner damaligen Überraschung durchaus auch mehrfach ausdrücklich bescheinigt. Meine zu diesem Zeitpunkt sehr freimütig gegebene Zusage, selbstverständlich eine umfassende GDV-Schnittstelle integrieren zu wollen, lässt mich heute übrigens auch selbst an meinem damaligen Gesundheitszustand zweifeln.

189

Die gesammelten Erfahrungen mehrerer Generationen von Softwareentwicklern lassen allerdings den Schluss zu, dass es ohne ein Mindestmaß an Blauäugigkeit auch nicht funktionieren kann. Sehr hilfreich soll es demnach übrigens sein, seine unternehmerische Tätigkeit in einer Garage zu beginnen. Nur der Vollständigkeit halber möchte ich erwähnen, dass dieselbe mir nicht zur Verfügung stand, was unseren Erfolg noch erstaunlicher machen dürfte.

Nicht wenige Zeitgenossen halten es für völlig überflüssig, sich an neue Softwareprojekte heranzuwagen, „da es ja schon alles gibt!" Dass demgegenüber täglich Millionen Softwareanwender völlig frustriert mit den Tücken ihrer Computerprogramme kämpfen, spricht aber für sich. Nun ist nahezu jeder, der für Softwareherstellung verantwortlich ist, auch selbst Anwender und sollte wissen, was einen Anwender ärgert. Mir scheint es oft so, als ob manche Programmierer, gelegentlich auch Entwickler genannt, die Softwareanwender als Testobjekte für ihre Logikrätsel missbrauchen wollen. Sie möchten vielleicht, dass Softwarebenutzer möglichst ehrfürchtig vor der allumfassenden Genialität des Herrn Informatikers erstarren und sich der Gnade seiner versinnbildlichten Intelligenz in Form einer Adressverwaltung widerspruchslos ausliefern. Wer das nicht schafft, oder wer sogar Zweifel hegt, ist in ihren Augen ein so genannter DAU (Dümmster anzunehmender User). Vielleicht kommt daher auch die feste Überzeugung breiter Bevölkerungsschichten, man müsse ein Programm oder einen Computer „bedienen". Und so gibt es dann Scharen von „Computerbedienern" und nicht selten Situationen, in denen Dinge davon abhängig sind, ob ein Computer sie „annimmt".

Nein, ich habe überhaupt nichts gegen intelligente Logik, wenn sie für mich arbeitet, und nicht ich für sie. Nüchtern betrachtet, ist Software nichts anderes als ein Werkzeug, das uns helfen soll, möglichst rational unserer Arbeit nachzugehen. Software und Computer sind heutzutage eben nichts Besonderes mehr. Wir brauchen sie zur Erfüllung unserer Aufgaben und wenn das nicht flüssig und intuitiv funktioniert, haben wir IT-Fachleute eben etwas falsch gemacht. Die Tatsache, dass einerseits sehr viele Anwender unzufrieden sind und dass andererseits immer wieder Softwareprojekte erfolgreich sind, lässt vermuten, dass es wohl doch nicht schon alles gibt. Kenner der Szene wissen, dass sich diese Aussage sehr schön auf die Versicherungsbranche übertragen lässt.

2 Der MVP-Markt

Zum Zeitpunkt, zu dem dieser Artikel verfasst wird, existieren im deutschsprachigen Raum allein ca. 60 Softwarelösungen zur Verwaltung der täglichen Arbeiten bei Versicherungsmaklern und Mehrfachagenturen. Diese Anzahl hat sich in den vergangenen Jahren kaum geändert, weil Lösungen, die vom Markt verschwanden, durch Neuentwicklungen substituiert wurden. Neben so genannten „Allroundern" bzw. Komplettsystemen, also Programmen mit dem Anspruch alle Bereiche des Büroalltags abzubilden, gibt es eine Reihe von Spezialisten, die sich auf bestimmte Bereiche konzentrieren.

Wenn man unseren Marktbeobachtungen glauben mag, nimmt die Marktdurchdringung der Komplettsysteme stetig zu. Das sollte auch nicht verwundern, denn das Aufgabenfeld der Maklerbetriebe und Agenturen ist immer komplexer geworden, der Verwaltungsaufwand in den Büros lässt sich meist nicht mehr seriös mittels Karteikarten bewältigen. Die Aufgabe der Agentursoftware ist es, die verschiedenen Bereiche und Tätigkeitsfelder der Makler- und Agenturbüros medienbruchfrei miteinander zu verknüpfen, Informationen aus diesen Bereichen zu konsolidieren (zusammenzufassen und lesbar zu machen) und so nicht zuletzt Ausgangspunkt und Ratgeber für die weitere Tätigkeit zu sein. Komplettsysteme sollten zumindest das können. Wenn so ein Komplettsystem eingesetzt wird, bildet es das zentrale Netzwerk für den gesamten Informationsumschlag und alle Verknüpfungspunkte zur Außenwelt. Unsere Lösung „InfoAgent" repräsentiert so ein Komplettsystem und wir selbst bezeichnen es oft als „Aorta" des Maklerbüros, nicht ohne uns gleichzeitig der damit verbundenen Verantwortung bewusst zu werden.

3   Anforderungen aus Nutzersicht

Die Herstellung einer Branchenlösung, insbesondere einer Maklersoftware, darf durchaus als Herausforderung bezeichnet werden. Für die Produzenten mit dem Anspruch „alle möglichen Bereiche in bester Qualität abzubilden" hat indes selbst der Hobbyphilosoph nur ein mildes Lächeln übrig. Das über uns allen stehende Energieerhaltungsgesetz (nein, liebe Juristen, es steht in keinem Gesetzbuch und nach meinem Kenntnisstand hat es auch noch niemand geschafft, es zu brechen) gebietet es uns, unsere vorhandene Energie entweder gezielt (Qualität) oder breit (Quantität) oder in einer Mischung beider Extreme einzusetzen. Anders ausgedrückt, ist es für einen Hersteller eines Komplettsystems enorm wichtig, seine Kernkompetenzen zu definieren und diese in möglichst guter Qualität umzusetzen. Wie viele Kernkompetenzen so umsetzbar sind, hängt leicht erkennbar von der jeweils vorhandenen Energie ab. Und natürlich von der sehr subjektiven Einschätzung jedes Protagonisten, wie Qualität zu definieren ist. Wunsch trifft Budget! Darauf wird später in diesem Beitrag noch genauer eingegangen.

Es versteht sich von selbst, dass die Wahl zwischen Qualität und Quantität bei der Herstellung der Benutzeroberfläche hingegen nicht existiert. Die Schnittstelle zwischen Benutzer und Anwendung muss in jedem Fall so bereitgestellt werden, dass die Anwender ihre Aufgaben reibungslos und flüssig erfüllen können. Auch hier bieten Theorie und Praxis unzählig viele unterschiedliche Ansätze. Wir haben versucht, uns bei der Herstellung von InfoAgent grundsätzlich an ganz bestimmte, allgemeingültige Regeln zu halten, um eine möglichst intuitive Arbeitsweise zu ermöglichen:

- Nutzung bekannter Vorlagen für den Oberflächenaufbau (Outlook).

- Strenge Windows-Konformität.

- Leserichtung von Allgemein zu Detail: Von Links nach rechts, von oben nach unten.

- Konsequentes Angebot von Kontextmenüs (rechte Maustaste).

- Leicht verständliche Ausdrucksweise, möglichst Vermeidung von IT-Terminologie.

- Übersichtliche, einheitliche und wiederkehrende Informationsdarstellung, Nutzung farblicher Unterscheidungsmerkmale.

- Einsatz von Datenerfassungsassistenten, z.B. zur schnellen und fehlerfreien Dateneingabe.

- Leichte Erreichbarkeit aller wichtigen Informationen.

- Ausgewogenes Verhältnis zwischen Umfang und Übersichtlichkeit.

- Angebot umfangreicher Unterstützungsdatenbanken, wie: Postleitzahl/Ort, Bankleitzahl/Bank, Vornamen/Geschlecht, Kfz Typenklassen usw.

- Abbildung logischer und verständlicher Informationsflüsse.

- Redundanzfreies Datenbankmodell, Vermeidung von Mehrfacheingaben und Doppelerfassungen.

- Umfangreiches System zur Daten-Plausibilisierung und zur Verhinderung von Fehl- und Falscheingaben.

- Intuitive Gruppierungs-, Sortierungs- und Filterfunktionen.

Eine Software, bei der diese Punkte schlecht umgesetzt wurden, wird es unabhängig von ihrem Funktionsumfang schwer haben, von den Anwendern akzeptiert zu werden. Wir reden auch davon, dass die Software die Freundin des Anwenders sein sollte, seine Begleiterin und Helferin. Wenn die Chemie zwischen Software und Anwendern nicht stimmt, ist die Zusammenarbeit nicht harmonisch, nicht zweckmäßig und nicht rationell genug. Wenn die Software dem Anwender ständig Rätsel aufgibt, wenn sie ihn hemmt, mit unnötigen und unverständlichen Abfragen überfordert und ihn dazu zwingt, ständig seine Arbeitsabläufe zu unterbrechen, wird sie unsympathisch.

Viele dieser Defizite können nur mit einem enormen Schulungsaufwand teilweise kompensiert werden. Ein befreundeter Vertriebsmanager sagte mir einmal, dass er nur eine Software kaufen würde, mit der seine Mitarbeiter gerne arbeiten wollten. Sie sollten sich nicht gezwungen fühlen, Daten zu erfassen, sondern sich in ihrem System wohl fühlen. So legen wir sehr viel Wert darauf, unseren Kunden eine freundliche, sympathische Helferin auf den Computern zu installieren, eben eine Freundin. Ein nicht unbedeutender Teil unserer Entwicklungsplanung im Produktmanagement beschäftigt sich ausschließlich mit der Optimierung der Anwendungsoberfläche. Seit einigen Jahren arbeiten wir in diesem Bereich mit professionellen Industriedesignern zusammen.

Wenn klar ist, welche fachlichen Programmbestandteile selbst hergestellt werden sollen, muss natürlich auch bestimmt werden, welche Funktionalitäten nicht angeboten werden sollen und welche hinzugekauft bzw. mittels Schnittstellen angebunden werden können.

Hier liegt nämlich die Stärke der Anbieter von Speziallösungen, wie Vergleichssoftware, Logistiksoftware und Deckungslückenerkennung. Kaum ein Anbieter eines MVP kann es sich leisten, in jedem dieser Bereiche allzu sehr in die Tiefe zu gehen, weil man dann eben zwangläufig andere wichtige Bereiche vernachlässigen muss.

Dieser Auswahlprozess klingt einfach, ist aber in Wirklichkeit recht mühsam. Im Grunde hängt nämlich von dieser Planung einiges ab:

- Mit welchem finanziellen, logistischen und personellen Aufwand soll/kann die Software hergestellt werden?

- Welche Marktsegmente gibt es und welche Größe haben sie?

- Welchen Bedarf gibt es überhaupt?

- Woher bekommt man die für eine Branchensoftware erforderliche fachliche Beratung?

- Welche Produkte von Mitbewerbern sind zu welchem Anteil im Markt vertreten und was können diese bzw. was können diese nicht?

- Wie hoch ist die Wechselbereitschaft der potentiellen Anwender?

- In welchem Marktsegment (Klein-, Mittel- oder Großmakler, Privat- und Industriemakler, Pools, Ausschließlichkeit, Versicherer usw.) lässt sich die Software platzieren?

- Welche Entwicklungsumgebungen und welche Datenbanksysteme können eingesetzt werden?

- Über welche Kanäle und mit welchem Aufwand erfolgt die Vermarktung?

- Welche Preise können und müssen im Markt erzielt werden?

- Wie viele Lizenzen lassen sich in einem bestimmten Zeitraum verkaufen?

- Auf welchen Plattformen soll das Produkt laufen?

- Mit welchem Aufwand sollen die Weiterentwicklung, der Support und die Produktpflege erfolgen?

- Über welche Schnittstellen sollen die Produkte der Drittanbieter angebunden werden?

- Wie aufwendig ist die Implementierung neuer Technologien, Betriebssysteme oder Datenbankmodelle

4 Der Weg zur Software

Ehrlicherweise muss ich zugeben, dass wir am Anfang unseres Weges nur sehr diffus über all diese Punkte nachgedacht hatten. Wie sehr viele andere Softwarelösungen auch, ist unser Produkt eher spontan entstanden und entwickelte sich erst später zu einem „richtigen", durchkalkulierten Projekt. Diese Vorgehensweise ist übrigens nach meiner Überzeugung überhaupt nicht verwerflich. Sie eröffnet in einer frühen Phase, in der nur wenige Ressourcen zur Verfügung stehen, sehr viele kreative Möglichkeiten, sehr schnelle Reaktionen auf Kundenwünsche und vor allem sehr schnell sichtbare Entwicklungsergebnisse. Für viele kleinere, leicht überschaubare Projekte mit zeitlicher Begrenzung ist das so völlig in Ordnung. Ich bin sogar davon überzeugt, dass auf diese Art viele gute Dinge entstanden sind und viel Geld gespart wurde, das sonst für überflüssige Planungen, Beratungen und Entscheidungsprozesse hätte ausgegeben werden müssen.

Je größer das Projekt dann aber wird, desto schneller machen sich die offensichtlichen Mängel der Spontaneität oder schlechter bzw. überholter Planung bemerkbar. An diesem Punkt, der durchaus auch mehrfach im Lebenszyklus einer Softwarelösung auftreten kann, muss man die Kraft haben, umzuschwenken, vielleicht sogar noch einmal basierend auf den gesammelten Erfahrungen von vorn zu beginnen. Auch uns ging und geht es nicht anders. Schafft man das nicht, leidet man mehr und mehr an mangelnder Kompatibilität mit der voranschreitenden technologischen Entwicklung. Der Rucksack der Kompromisse wird immer größer und der mitgeschleppte Ballast verhindert nötige, schnelle Reaktionen auf Markterfordernisse. An dieser Stelle beginnt leicht eine verhängnisvolle Schleife, denn wenn der Erfolg des Hauptproduktes im Markt kleiner wird, fehlt oft die Kraft zum Neuanfang. Hierfür gibt es leider in der Realität sehr viele Beispiele.

Bevor wir uns intensiver der Frage nähern, wie ein Maklerverwaltungsprogramm nun aussehen und was sollte es grundsätzlich können sollte, möchte ich an dieser Stelle etwas tiefer auf einige grundlegende Aspekte der Softwareentwicklung eingehen. Wie ich weiter oben bereits erwähnte, ist die Software, die Hardware, ja die gesamte IT-Umgebung nichts anderes als eine Sammlung von Werkzeugen, die uns bei unserer eigentlichen Arbeit unterstützen soll. Übertragen auf einen Versicherungsmakler bedeutet das, dass die Software die eigentliche Arbeit, wie die Kundenbetreuung, die Schadensabwicklung, die Buchhaltung, den Vertrieb usw. erleichtert und optimiert. Außerdem soll es uns von möglichst vielen anfallenden, fachlich fremden, aber für den Betriebsablauf nötigen Zusatzaufgaben, wie Aktentransport, Postverteilung, Ressourcenplanung, Dokumentenarchivierung usw. befreien. Dabei ist es eigentlich völlig egal, an welcher Stelle man welches Produkt einsetzt, solange es still seine Aufgabe erfüllt. Erst wenn ein Programm sich „meldet", also beispielsweise einen Fehler erzeugt, einen Arbeitsfluss mit unverständlichen Abfragen oder nicht auffindbaren oder nicht vorhandenen Funktionen unterbricht, nehmen wir es zur Kenntnis. Wir stellen dann oft erstaunt, zumindest missgelaunt fest, dass unser Werkzeug nicht wie erwartet funktioniert oder bestimmte Dinge nicht kann, und wir müssen uns zur Lösung für diese Situation anders behelfen.

Softwareherstellung hat erst in zweiter Linie etwas mit dem Handwerk des Programmierens zu tun. Zunächst ist es einmal notwendig, die Geschäftsabläufe im potentiellen Marktsegment – für uns ist das natürlich der Versicherungsmarkt – zu verstehen und die Situationen zu erkennen, in denen Werkzeuge zur Rationalisierung und Optimierung dieser Geschäftsprozesse beitragen können. Der MVP-Hersteller muss aus der Gesamtheit der Abläufe und Geschäftsvorfälle im Maklerbüro die Kernprozesse identifizieren und sie als Grundfunktionen in seiner Software abbilden. Ein MVP manifestiert sich immer an diesen Grundfunktionen und es ist daraus ableitend erkennbar, welche Prioritäten bei der Herstellung der Software eine Rolle gespielt haben. Ein Blick auf den Markt lässt ersehen, dass diese Prioritäten bei den verschiedenen Herstellern sehr unterschiedlich verteilt sind.

Unser Unternehmen hatte zu Beginn der Arbeiten am MVP „InfoAgent" nur sehr wenige Kenntnisse und Erfahrungen in der Versicherungswelt sammeln können. Um überhaupt herauszufinden, wie eine Agentursoftware funktionieren musste, mieteten wir uns für 24 Monate bei unserem befreundeten Mehrfachagenten ein und arbeiteten in dieser Zeit mit zwei Softwareentwicklern „direkt am offenen Brustkorb". Heute kann man sagen, dass in dieser Zeit die Grundphilosophie unserer Software geformt wurde, InfoAgent wurde im ersten Schritt eine Softwarelösung zur Verwaltung aller anfallenden Aufgaben im Innendienst eines Makler- oder Agenturbüros. Im modernen Geschäftsalltag nennt man das übrigens „CRM" (Customer Relationship Management).

5 Ansatzpunkte für die Software

Nachdem wir begonnen hatten, die Arbeiten in den Maklerbüros zu beobachten, die über keine bzw. veraltete Agenturlösungen verfügen, erkannten wir relativ schnell, an welchen Stellen Ansatzpunkte für unser Softwareprojekt zu finden waren. Nur die wichtigsten sollen hier genannt werden:

- Die Mitarbeiterinnen und Mitarbeiter im Innendienst hatten es bei Telefonaten und bei Kundenbesuchen sehr schwer, schnell einen Überblick über die Personen, Verträge, Schäden und Störfälle (Rückstände, Rückfragen, …) des Kunden zu bekommen.

- Die Mitarbeiterinnen und Mitarbeiter im Innendienst verbrachten ca. 20% ihrer Arbeitszeit mit der Suche nach Dokumenten und anderen Informationen (Policen, Formulare, Anträge, Nachträge, Schriftverkehr, Mails, Schadensmeldungen, Abrechnungen, …) Die Ablageorte waren nicht immer eindeutig festgelegt. Flüchtig aufgenommene Informationen (z.B. Telefonnotizen) waren nicht oder nicht aktuell genug für alle relevanten Mitarbeiter verfügbar. Fehlte etwa ein Ordner im Regal, weil ein anderer Mitarbeiter diesen gerade für einen anderen Zweck benötigte, war der Verbleib nicht immer klar. Wenn das auch noch während einer Beratung passierte, litt darunter nicht zuletzt die Kundenzufriedenheit.

- Obwohl oftmals bereits verschiedene Softwarelösungen eingesetzt wurden, war der Informationsaustausch im Hause, zwischen Agentur und Versicherer sowie zwischen Agentur und Kunde oft schlecht organisiert. Viel passierte auf Zuruf, zufällig, oft unter

Einbeziehung einer unglaublichen Zettelwirtschaft und fast immer per Papier und Fax. Es wurden zu viele Kopien angefertigt, zu viele Informationen wurden mehrfach abgelegt, Informationen gingen leicht verloren. An allen Orten waren Medienbrüche selbstverständlich. Vieles wurde irgendwo abgetippt, ausgedruckt, gefaxt und anderswo wieder abgetippt.

- Es bestand keine Möglichkeit, die eigenen Bestände mit denen der angebundenen Versicherungsunternehmen abzugleichen.

- Häufig war es sehr schwer, aus den vielen gesammelten Informationen über die Kunden vernünftige, aussagefähige Auswertungen anzufertigen. Oft waren die Daten an verschiedenen unterschiedlichen Stellen abgelegt (Papier, Adressverwaltung, Mailprogramm, Tarifierungssoftware der Versicherungsunternehmen, Abrechnungsprogramme, Schadensabwicklung usw.) und zudem auch noch in völlig unterschiedlichen Datenformaten gespeichert. Wollte man sich also ein Bild über seinen Kundenstamm machen, war das immer nur in Teilbereichen möglich. Datenkonsolidierungen waren mühsam und zeitaufwendig.

- In aller Regel fehlte ein Mechanismus, der es erlaubte, die Kundenbeziehung in ihrem Verlauf für alle Mitarbeiter nachzuvollziehen. Telefonate, Gespräche, Beratungen usw. wurden, wenn überhaupt, nur sporadisch und unvollständig protokolliert und dokumentiert.

- Nicht zuletzt fehlte es oft an Möglichkeiten, einen Überblick über die Vertriebstätigkeit der Mitarbeiter zu bekommen, um daraus Rückschlüsse über die betriebswirtschaftliche Situation des Unternehmens zu bekommen und natürlich eine Abrechnung erstellen zu können.

Wir bezeichnen diese Probleme als Engpässe, weil all diese Sachverhalte die flüssige Arbeit in der Agentur oder im Maklerbüro behindern und aufstauen. Wenn wir also im Folgenden über die notwendigen Funktionen eines MVP reden, sprechen wir eigentlich immer darüber, wie diese Engpässe identifiziert und überwunden werden können. An dieser Stelle muss man natürlich anmerken, dass selbstverständlich jeder dieser Engpässe durch verschiedene Dringlichkeiten charakterisiert ist. Es gibt eben höhere und flachere Staustufen und man muss sich im Verlaufe der gesamten Softwareentwicklung natürlich zunächst bemühen, die größten Hemmnisse anzupacken, bevor man sich an eventuellen Schönheitsfehlern zu schaffen macht.

Es gibt hier durchaus unterschiedliche Meinungen bei unseren Kunden, nach welcher Priorität ein identifizierter Stolperstein einer dieser beiden Kategorien zuzuordnen ist. Interessanterweise führt auch der Abbau von Hindernissen nicht immer sofort nur zu einer höheren Zufriedenheit bei allen Beteiligten. Denn häufig wird zu unserer Überraschung sofort der Blick auf andere Dinge frei, die auch „sofort" behoben werden müssen. Diese Kette wird nie abreißen. Somit werden wir wohl nie über einen Mangel an Beschäftigung zu klagen haben und wir verstehen nun auch viel besser, warum viele Hersteller sagen, ihre Software würde niemals „so richtig fertig" werden. Inzwischen sagen wir das nämlich auch.

Die anfängliche „Mitarbeit" in der Mehrfachagentur hat in unserer Software bleibende Spuren hinterlassen. In nach heutigen Maßstäben unglaublicher Geschwindigkeit wurde ein Konzept entworfen, die noch heute im Großen und Ganzen erhalten gebliebene Softwareoberfläche festgelegt und die erste Programmversion fertig gestellt.

Da wir damals allesamt nicht so die richtigen „Informatikprofis" waren, stießen wir aber innerhalb eines Jahres schnell an ganz profane Grenzen. Zum einen war ganz klar die technische Umsetzung bis dahin nicht gerade gut gelungen, zum anderen war ganz einfach das Budget nicht auf diese Umstände ausgerichtet. Zu dieser Zeit war zufällig auch gerade der Neue Markt zusammengebrochen, so dass die Banken, hauptsächlich in Form eines kommunal tätigen Kreditinstitutes, aus völlig unerfindlichen Gründen das Interesse an der Unterstützung von IT-Firmen verloren hatten und die Wahrscheinlichkeit, aus Fremdkapital Eigenkapital machen zu können, ziemlich gering war. An Fördermittel war ohnehin überhaupt nicht zu denken, da wir ja nicht vor hatten, Millionen teure Maschinen zu kaufen, sondern nur Arbeitsplätze schaffen wollten.

6 Glückliche Umstände

Zugegebenermaßen auch unter Mitwirkung einiger aus heutiger Sicht vielleicht etwas glücklicher Umstände konnten wir unseren Engpass überwinden. Wir erstellten ein völlig neues, bis heute aktuelles Datenbankkonzept und begannen mit der Softwareentwicklung noch mal komplett von vorn. Die bereits gesammelten Erfahrungen waren dabei natürlich äußerst wertvoll, so dass wir in wiederum ziemlich kurzer Zeit ein zumindest in unseren Augen ganz ordentliches Produkt vorweisen konnten. Ab hier hatten wir auch die Unterstützung zweier echter Maklerorganisationen. Die Zusammenarbeit mit der GMFS aus Rostock (heute ECOVIS) und der vfm aus Pegnitz waren für uns sehr fruchtbar, da wir nun einen viel besseren Einblick in den Maklermarkt bekamen und es uns nun viel besser möglich war, die Abläufe in einem Maklerbüro in unserer Software abzubilden. Speziell mit der vfm begann nun eine intensive Kooperation. Viele Funktionen, die man heute in der Software InfoAgent findet, sind aus dieser Zusammenarbeit heraus entstanden. Wir möchten uns bei der Mehrfachagentur Fischer & Partner in Stendal, bei der ECOVIS aus Rostock und der vfm aus Pegnitz für die tolle Partnerschaft an dieser Stelle herzlich bedanken!

Obwohl wir von nun an auch mehr und mehr Kunden gewinnen konnten und natürlich auch gewisse Beobachtungen unseren Mitbewerbern gegenüber machten, hatten wir nicht die blasseste Ahnung, wie unser Produkt im Vergleich mit anderen MVP abschneidet. Durch einen eher glücklichen Zufall erfuhren wir, dass die Zeitschrift „Versicherungsmagazin" und der BVK jährlich einen Wettbewerb für Agentur- und Vertriebssoftware veranstalten. Wir bewarben uns ganz einfach mal für die Teilnahme, füllten einen etwa 1500 Fragen umfassenden Fragebogen aus und auf einmal waren wir im Finale und saßen in der Pfingstwoche 2004, Mittwochs 7:00 Uhr Ortszeit, vor einer Prüfungskommission, genannt

Jury, im wunderschönen Rothenburg ob der Tauber. Das Wetter war ausgezeichnet, die Hotels machen aber so früh in dieser Gegend noch kein Frühstück.

Ich kann mich noch sehr gut an die ungläubigen Blicke der Jurymitglieder erinnern, die mir sagten, dass ich völlig unbekannter Neuling nun mal schön zeigen sollte, was ich so alles unvorsichtigerweise im Fragebogen angekreuzt hatte. Mir wurde später mehrfach gesagt, dass man unser Unternehmen überhaupt nicht auf dem „Radarschirm" gehabt hatte und dass man uns die im Fragebogen gemachten Angaben – milde gesagt – nicht zugetraut hatte.

Wer schon einmal so eine Präsentation mitgemacht hat, wird mir jetzt sicher schmunzelnd zustimmen: Man erscheint in voller gewohnter körperlicher Ausdehnung bzw. Länge am Präsentationstisch und passt nach Ende der Veranstaltung tendenziell unter der geschlossenen Tür hindurch, wenn man den Heimweg antritt. Mir ging es jedenfalls so ähnlich. Das hat weniger damit zu tun, dass die Jury unter Vorsitz von Dr. Drols es, wie man meinen könnte, auf den möglichst kurzfristigen psychischen Kollaps des Prüflings abgesehen hätte. Vielmehr wird das vorgestellte Produkt zwar auch sehr emotionell, aber doch relativ schonungslos mit einem Höchstmaß von möglichen Anforderungen verglichen und in Beziehung zu denselben gestellt. Da nur die wenigsten Bewerber völlig masochistisch eingestellt sind, führt natürlich ein Vergleich eines jeden beliebigen Produktes mit theoretischen Idealwerten einer mit ausgewiesenen interdisziplinären Fachleuten besetzten Prüfungskommission zunächst mindestens zu überraschenden Ergebnissen. Man könnte auch sagen, das eigene Selbstverständnis ist danach bei so manchem Probanden etwas angegriffen.

Es gibt sehr verschiedene Möglichkeiten, mit so einem Ergebnis umzugehen. Nach meiner sehr persönlichen Meinung ist es sehr viel cleverer, sich das Fachwissen und die Ratschläge der Fachleute zu Nutze zu machen, als sich beleidigt in die Schmollecke zurückzuziehen. Immerhin wurde uns beim Award ausdrücklich bescheinigt, den Fragebogen sehr ehrlich ausgefüllt zu haben. Wir bekamen eine lange, lange Liste von Verbesserungsvorschlägen mit auf den Weg und wurden zu unserer riesigen Freude mit einer „Lobenden Anerkennung" ausgezeichnet. Die damit verbundenen Veröffentlichungen führten dazu, dass wir mit Anfragen zu unseren Produkten förmlich überschüttet wurden. Erfreulicherweise konnten wir danach auch drei weitere Softwareentwickler einstellen, so dass sich die Weiterentwicklung massiv beschleunigte.

Da auf den ersten Plätzen nur Versicherer mit ihren Agenturlösungen vertreten waren, hatten wir im Jahre 2004 beim Award des Versicherungsmagazins unter allen Bewerbern die beste Maklersoftware präsentiert! Diesen Erfolg konnten wir in den fünf Folgejahren wiederholen und wurden nach drei zweiten Plätzen hinter Versicherungsunternehmen dann im Jahre 2009 erstmalig mit dem Award „Eisenhut" in Gold, wie der erste Preis von nun an hieß, ausgezeichnet. Es ist sicherlich auch für die Jury erfreulich zu hören, dass nach den Auszeichnungen in jedem Jahr bei uns neue Arbeitsplätze geschaffen werden konnten.

Fachlich gesehen, hatten die Auszeichnungen selbstverständlich damit zu tun, dass es uns gelang, in den Jahren immer besser auf die Anforderungen einzugehen, die der Markt, unsere Kunden und Interessenten und die gesetzlichen Rahmenbedingungen an uns stellten, und uns dabei auf unsere Kernkompetenzen zu beschränken.

7 MVP-Stufen

Was sind nun eigentlich Kernkompetenzen. Wie bereits oben angesprochen, versteht jeder darunter etwas anderes. Bestimmte Dinge, wie CRM-Funktionalitäten (auch in sehr unterschiedlichen Qualitätsstufen) muss man einfach liefern, um überhaupt als MVP ernst genommen zu werden. Grundsätzlich kann man aber sagen, dass jeder Softwarehersteller versucht, sich mit ganz bestimmten Besonderheiten, genannt Alleinstellungsmerkmalen, von seinen Mitbewerbern abzugrenzen. Dafür gibt es wiederum verschiedene Möglichkeiten. Man könnte z.B. Grundfunktionen besonders ausgefeilt und bedienerfreundlich anbieten oder Zusatzmodule herstellen, an die eventuell kein Mitbewerber gedacht hat.

Es ist viel möglich, viel vorhanden, aber kaum etwas typisch. Vor allem ist hier nichts statisch; in jedem Jahr bringen fast alle Hersteller Neuerungen auf den Markt. Unternehmen, die mit einem neuen Produkt in den Markt eintreten, werden typischerweise zuerst CRM-Funktionen anbieten und dann nach und nach ihr Produkt – so wie wir das gemacht haben – mit Fachlichkeit verbessern. Der vielleicht nahe liegende Weg, ausschließlich CRM Funktionen anzubieten und die Fachlichkeit anderen zu überlassen, ist vom Ansatz her plausibel, führt letztendlich aber aus verschiedenen Gründen nicht zum Ziel. So richtig es auch ist, mit den Funktionalitäten einer Kunden- und Vertragsverwaltung einen Rahmen zu bauen, der die grundlegenden Abläufe im Makler- und Agenturbüro abbildet, so wichtig ist es, diesen Rahmen mit der gebotenen Fachlichkeit zu füllen, die eben gerade die Spezifika der täglichen Arbeit in der Branche ausmacht. Die mögliche Integrationstiefe der Fachlichkeit soll an folgenden drei vereinfachten Beispielen einer abgestuften Implementation verdeutlicht werden (für die es in Wirklichkeit unzählige Zwischenstufen gibt):

- **Stufe 1: Keine Fachlichkeit**. Reine CRM-Lösung (z.B. auf Outlook basierend) oder Adress- und Vertragstabelle. Verträge werden als unspezifische Objekte hinterlegt. Verknüpfung mit gescannten Policen, Anträgen, Schäden usw. Schnittstelle zu Dokumentenmanagementsystemen. Schnittstelle zu Textverarbeitungssoftware und anderen Office- und Mailsystemen.

- **Stufe 2: MVP**. Beschränkung auf fachliche Kernkompetenzen, möglicherweise mit Funktionalitäten wie CRM-Funktionen, Kundenverwaltung mit fachspezifischen Detaildaten, Vertragsverwaltung mit Spartendetails, Schadensverwaltung, Beratungs- und Analysemodul, Schnittstellen zu Dokumentenmanagementsystem, Vergleichsrechnern, Deckungslückenermittlung, Tarifierungs- und Policierungssystemen, Altersvorsorgeoptimierung, …, revisionssichere Vorgangsdokumentation, Änderungshistorie, Courtageabrechnung, Agenturinkasso, Prozesssteuerung/Workflowmanagement.

- **Stufe 3: Vollintegriertes Agentursystem**. Wie vorangehende Stufe, aber keine Schnittstellen sondern eigenes Dokumentenmanagementsystem, integrierte Vergleichsrechner, integrierte Altersvorsorgeplanung, integrierte Tarifierungsrechner, ...

Stellt man diese drei Stufen den im Markt vorhandenen Lösungen gegenüber, kann man leicht feststellen, dass fast alle Anbieter sich mehr oder weniger in die Schubladen mit der Aufschrift „Stufe 1" und „Stufe 2" einsortieren lassen und vor allem im Bereich Dokumentenmanagement mit unterschiedlich ausgeprägten Tendenzen zur Stufe 3. Bei den Systemen der Stufe 1 handelt es sich in der Regel entweder um branchenneutrale CRM-Systeme oder um Eigenentwicklungen auf Basis von Excel, Outlook oder Access.

Eine sehr große Anzahl von Maklerunternehmen und Mehrfachagenturen arbeitet erstaunlicherweise derzeit mit solchen Lösungen. Da es sich hierbei aber eher nicht um Maklersoftware handelt, sollen sie hier nicht weiter betrachten werden. Ein typisches Maklersystem im Sinne dieses Kapitels wäre somit wohl ein System der Stufe 2.

8 Globalere Maßstäbe

Die unbedingt notwendigen Bestandteile der Maklersoftware könnte man möglicherweise unabhängig von den eingebauten Funktionen auch nach anderen, globaleren Maßstäben beurteilen. Die drei wichtigsten für uns sind:

- **Prozessorientierung**: In einer Welt, in der wir alle mit Informationen und Funktionen überschüttet werden, ist es immer wichtiger, diese Funktionen in Abläufe und Prozesse zu verpacken, einfach gesagt, um den Überblick nicht zu verlieren. Funktionsgruppen werden also z.B. nach bestimmten Aufgabengebieten zusammengelegt und können die Benutzer wesentlich effektiver in ihrer Arbeit unterstützen. Ein typisches Instrument in dem Sinne wäre beispielsweise ein Aufgabengenerator, der automatisiert aus bestimmten Regeln, Anlässen oder Routinen Einträge in den Terminkalendern oder Aufgabenlisten der Mitarbeiter erzeugt. Ein langwieriges Durchstöbern aller möglichen Reports, Kunden- und Vertragslisten wäre dann nicht mehr nötig. Das Kriterium heißt hier Prozessorientierung. Moderne Software sollte prozessorientierte Geschäftsabläufe abbilden können.

- **Haftungsrelevanz**: Für ganz besonders wichtig halten wir den Ansatz, die Software so gut wie möglich den gesetzlich gegebenen Rahmenbedingungen anzupassen. Wir sind davon überzeugt, dass nur die Maklersoftware mit ihren vorhandenen Stammdaten das Gerüst für eine gute Kundenberatung abgeben kann. Die Software kann so durchaus Generator für Beratungsanlässe sein, stellt während der Beratung die nötigen Informationen zur Verfügung, hilft bei der Entscheidungsfindung durch Übergabe von Beratungsobjekten an Schnittstellen und protokolliert nicht zuletzt den Beratungsprozess vom Anfang bis hin zur Unterschrift unter dem Beratungsprotokoll. Ein unbedingtes Erfordernis ist es hier, dass die während der Beratung gewonnenen Informationen in die Stammdaten übernommen werden, um bei abgebrochenen oder Folgeberatungen komplett zur Verfügung zu stehen. Wir sind vor allem davon überzeugt, dass die größten Haftungsprobleme nicht deswegen aufkommen, weil man im Beratungsprozess irgendeinen Schritt vergessen hat, sondern weil Informationen nicht abgefragt wurden, die Protokollierung der Beratung nur ungenügend erfolgte oder weil erkannte Risiken nicht ausreichend dokumentiert und bei der Entscheidungsfindung beachtet wurden, weil die Beratung also fachlich nicht den Erfordernissen entsprach. Der Mut zur Lücke kann durchaus irgendwann oder von irgendwem als Leichtsinn bezeichnet werden, mit den daraus erwachsenen Folgen. Das zweite Kriterium heißt also Haftungsrelevanz. Moderne Software sollte dem Makler alle nötigen Instrumente in die Hand geben, eine den gesetzlichen Erfordernissen gemäße qualitativ hochwertige, gut dokumentierte Beratung durchführen zu können.

- **Kommunikationsfähigkeit**: Man sollte meinen, dass dieser Punkt heutzutage eine Selbstverständlichkeit sei. Software „redet" miteinander, manchmal sogar ungefragt. Wir müssen an dieser Stelle aber unterscheiden zwischen allgemeiner und fachlicher Kommunikation. Jede Maklersoftware sollte heute so einfache Dinge wie Fax- und E-Mailversand beherrschen. Schwieriger wird es, wenn es um die Kommunikation zwischen Maklersoftware, Versicherungsunternehmen und Drittlösungen, wie z.B. Vergleichssoftware geht. Ein gutes Maklerprogramm kommt um eine verlässliche, in Prozesse eingebundene GDV Schnittstelle nicht herum. Wichtig ist die Anbindung an Vergleichsrechner und Systeme zur Deckungslückenerkennung, wie z.B. an eine Software zur Altersvorsorgeoptimierung oder an eine Finanzplanungslösung. Wir gehören zu den Unternehmen, die sich dazu entschlossen haben, das Dokumentenmanagement über eine professionelle Lösung eines erfahrenden Herstellers abzubilden und bieten so eine Schnittstelle zur ELO Digital GmbH an. Immer mehr Schnittstellen werden heute auf Basis so genannter Webservices angeboten. Diese Technologie macht die Schnittstellenentwicklung insgesamt einfacher, bereits investierte Arbeit kann oftmals an verschiedenen Stellen wiederverwendet werden. Hoffnungsvolle Ansätze wie die Brancheninitiative Prozessoptimierung (BiPRO) machen großen Mut, auch die letzte große Hürde, nämlich die Kommunikation zwischen MVP und Versicherungsunternehmen, irgendwann überwinden zu können. Aber auch hier gibt es mehrere viel versprechende Alternativen, wie Indatex, die für die Maklersoftwarehersteller die rationelle Möglichkeit bieten will, die Datenübertragung von und zu Versicherern über einen einzigen Zugangspunkt abzuwickeln.

Es gibt wahrscheinlich noch hunderte weitere Kriterien, Möglichkeiten, Ideen und Wünsche für „typische" oder „perfekte" Maklersoftware. Aber DIE typische oder perfekte Lösung kann es nicht geben. Zu unterschiedlich sind die Arbeitsweisen, die Marktbereiche, die Kundensegmente, die Unternehmensgrößen und -ausrichtungen. Aber jeder Hersteller und jede Lösung haben irgendwo ihren berechtigten, für sich selbst typischen Platz im Markt.

9 Die Zukunft

Wie könnte man sich die Zukunft der Maklersoftware vorstellen? Es fällt mir naturgemäß etwas leichter, die unmittelbar vor uns liegenden Aufgaben zu beschreiben. Unser Produkt InfoAgent wird in Zukunft mehr und mehr Geschäftsvorfälle und Prozesse abbilden, mit anderen Produkten interagieren und so den Charakter eines „Programms" nach und nach verlieren. Hier sehe ich auch den großen Trend in der Weiterentwicklung der Informationstechnologie schlechthin. Wahrscheinlich werden sich auf Dauer nur solche Lösungen durchsetzen können, die sich in das komplexe Geflecht aus Informationsflüssen transparent einfügen, ohne aufdringlich auf die eigene Existenz hinweisen zu müssen. Wenn wir IT-Leute es einmal besser verstanden haben werden, dass es nicht unsere Software ist, die einen Kunden begeistert, sondern ausschließlich die Möglichkeit, flüssig, ökonomisch und wertschöpfend zu arbeiten, sind wir davon nicht mehr weit entfernt.

Ein „Kochbuch" zur Herstellung einer Maklersoftware ist dieser Beitrag, wie gesagt, wohl nicht geworden. Einen kleinen Einblick in die Welt der Softwarehersteller konnte ich aber hoffentlich vermitteln. Wir sind noch lange, lange nicht fertig!

Ansätze für zukünftige Maklerverwaltungsprogramme

Makler-IT als Planetensystem

„Tamensi movetur! – Und sie bewegt sich doch!"

Vielleicht Galileo Galilei

Ob er es nun gesagt hat, oder auch nicht, korrekt ist die Aussage allemal. Das Sonnensystem ohne sein Zentralgestirn funktioniert nicht ohne die Kraft, die der Sonne nun einmal innewohnt. Und wenn wir von den Trabanten einen wegnähmen, dann käme es auch zu einem Ungleichgewicht, es würde etwas fehlen, das jetzt dazu beiträgt, damit das System als Ganzes funktioniert.

Der Vergleich mit einem Maklerverwaltungsprogramm und vielen Komponenten darum herum, die ihre jeweilige Kernkompetenz einbringen, mag auf den ersten Blick nicht sofort als passend erkannt werden. Auf den zweiten spätestens schon. Ein Hersteller von Vergleichssoftware hat Kernkompetenzen aufgebaut, die andere nicht haben. Ein Dokumentenmanagementsystem muss nicht neu erfunden werden. Die Tarifierung der Versicherungsprodukte kann am besten deren Hersteller, der Versicherer vornehmen. Die Kunst besteht nun darin, diese Kernkompetenzen zu verknüpfen. Mit dem MVP.

Die Herausgeber

Der Nukleus und seine Trabanten: Auf die Kernkompetenz besinnen

Volker P. Andelfinger, Till Hänisch, Hans Jürgen Ott

In der Versicherungsbranche ist „Industrialisierung" ein Dauerthema der letzten Jahre. Zahlreiche Vorträge und Veröffentlichungen handeln von der Versicherungsfabrik. Dabei wird zur Industrie, zu den Autoherstellern geschielt; man hofft, durch eine Optimierung der Prozesse, durch „Business Re-Engineering", zu effizienten Kostenstrukturen zu kommen und damit die Wettbewerbsfähigkeit zu verbessern. Die Standard-Methode scheint zu sein, sich mit anderen Unternehmen zusammen zu schließen und Mitarbeiter frei zu setzen.

Offensichtlich übersehen wird in der Versicherungswirtschaft, dass im industriellen Sektor entscheidende Verbesserungen der Kostenstrukturen durch Spezialisierung erreicht werden. „Wir müssen uns auf unsere Kernkompetenz besinnen" lautet ein Satz, der häufig in Unternehmen gebraucht wird. In der Industrie wird eine Vielzahl von Teilen und Komponenten seit Jahren „just in time" von Zulieferern am Montageband angeliefert. Ob das nun speziell in der Industrie gut oder schlecht, ökonomisch und ökologisch sinnvoll ist – eins ist klar: Wir haben uns in allen Lebensbereichen immer stärker spezialisiert. Unternehmen etwa, die sich auf die Herstellung von Sitzen, Scheinwerfern oder Cabriodächern konzentriert haben, besitzen naturgemäß darin auch die größte Erfahrung und Kompetenz. Zumindest ist das zu erwarten. Auch die IT ist dabei nicht verschont geblieben; Outsourcing, ja sogar Offshoring, hat dazu geführt, dass Industrieunternehmen wie beispielsweise Carl Zeiss in Oberkochen die gesamte IT-Versorgung an einen Dienstleister abgegeben haben, der sich darauf spezialisiert hat.

Übertragen auf die Versicherungswirtschaft bedeutet das , dass es fraglich ist, wie viel IT in einem Versicherungsunternehmen tatsächlich selbst hergestellt werden muss, ob der Versicherer zwingend einen eigenen Vertrieb benötigt, eine eigene Hausdruckerei oder einen Fuhrpark, wo er doch im Kern „nur" Risikoträger ist. Das ist seine Kernkompetenz, das kann nur ein Versicherungsunternehmen.

Übertragen wir diese Gedanken nun auf die vielfältige Landschaft der Maklerverwaltungsprogramme; wir wollen uns im Folgenden der Einfachheit halber auf MVP einigen. Auch hier muss die Überlegung erlaubt sein, was hier die Kernkompetenz sein soll, der Nukleus der Anwendung, und was andererseits andere sehr viel besser herstellen und zuliefern können.

Im Kapitel „Das Maklerdasein im Jahr 2038" haben wir zunächst eine Vision aufgezeigt. Was dort wie ein Science-Fiction-Roman klingt, ist soweit gar nicht hergeholt. Was die Hardware angeht und auch auf Seiten der Software-Möglichkeiten hat uns zum Teil die Realität schon eingeholt. Mit der Hardware wollen wir uns an anderer Stelle weiter befassen. Die Entwicklungen, die auf diesem Sektor mit Höchstgeschwindigkeit ablaufen, lassen alle paar Monate neue Szenarien als realistisch erscheinen. Oder hätten Sie etwa – vor sagen wir 10 Jahren – gedacht, dass Sie mit Ihrem Mobiltelefon außer telefonieren und SMS-Versenden auch Bücher lesen, Push-eMail-Dienste nutzen, Zeitung lesen, auf Bibliotheken zugreifen, Unternehmensdaten verfügbar haben, Musik hören, Videos anschauen, fotografieren, Aktienkurse minutengenau abrufen, Musiktitel erkennen (taggen), Ihr Netzwerk pflegen und zur Entspannung zwischendurch ein Spielchen spielen können? Die Aufzählung ist noch nicht einmal annähernd vollständig. Und trotzdem kann das heute ein kleiner flacher Handschmeichler einer amerikanischen Firma, die besonders die Farbe weiß liebt und irreführenderweise mit Obst wirbt.

Fangen wir mal bescheidener an, als es die Vision zu erlauben scheint: Am Schreibtisch eines Sachbearbeiters in einem Maklerbüro, der gerade ein MVP benutzt. Das V im MVP steht für Verwaltung. Das verheißt nichts Gutes und lenkt auf eine grundlegend falsche Spur: Verwaltung. Ein Makler oder zumindest seine Kunden sollen verwaltet werden. Darum kann es im Maklerunternehmen nicht gehen: Kunden kann man nicht verwalten, sondern Kunden muss man dienen und bedienen oder auch führen (managen). Allenfalls Kundendaten können verwaltet werden, aber auch das ist zu wenig; das Maklerunternehmen, das Daten nur verwaltet und nicht versucht, die in den Daten verborgenen Informationsschätze zu Tage zu fördern und geschäftlich zu nutzen, verschwendet Potenziale und handelt unökonomisch.

Daher sollten – wenn man schon beim Begriff MVP bleibt – CRM- oder KBM-Funktionalitäten den Nukleus eines MVP ausmachen. Es geht also um im Kern um Customer Relationship Management oder Kunden-Beziehungsmanagement, also die Erfassung und Speicherung, natürlich auch Sichtbarmachung von Informationen bzw. Wissen über Kunden und deren Nutzbarmachung durch den Makler.

Auch bei Kundeninformationen müssen wir nachschärfen. Es geht um alle Arten von Kontakten und Beziehungen, die im Geschäftsablauf des Maklerbüros eine Rolle spielen können, also auch Interessenten, Empfehlungsziele, Familienmitglieder der Interessenten und Kunden, Banken, Geschäftskontakte, Versicherer, Maklerbetreuer, Ansprechpartner in den Versicherungsunternehmen, Handwerker, Anwälte etc. In der IT-Szene bildet sich dabei im Moment der Begriff Business Relationship Management (BRM) oder Stakeholder Relationship Management (SRM) heraus; man erweitert den CRM-Gedanken – und die IT-Systeme, die ihn unterstützen – um weitere Interessengruppen wie Lieferanten, Mitarbeiter, Staat und Öffentlichkeit (Stakeholder), die mit dem Unternehmen kooperieren und auf die das Unternehmen angewiesen ist. Die Optimierung der Beziehungen zu diesen Stakeholdern wird als Voraussetzung für den Unternehmenserfolg angesehen.

Mit einem Verständnis des MVP als BRM-System kommen wir der Sache auch von einer anderen Seite näher: Zunächst ist jede erfasste Einzelperson eben genau das: Eine Einzelperson. Erst in Verbindung mit anderen wird sie zu einer Familie, in Verbindung mit einem Vertrag wird sie zu einer versicherten Person, zu einem Kunden. In Verbindung mit Nicht-Kunden wird sie zu einer Empfehlung. Sie wird zu einem Kunden einer Autowerkstatt (im Schadenfall) oder zum Klienten eines Anwalts und vieles andere mehr. Erst wenn wir Angebote, aktive Versicherungsverträge, stornierte Verträge erfassen und zuordnen kann aus der Einzelperson oder einer Familie eine Kundenverbindung werden. Wenn wir dann auch noch tarifrelevante Daten erfasst haben, können wir mit den Informationen im MVP erfolgreich arbeiten: Wir können die Bedürfnisse und Wünsche der Kunden und der anderen Stakeholder erkennen oder erschließen, können ihnen passgenaue Angebote, Lösungen und Leistungen unterbreiten, können ihnen Qualität liefern, sie zufrieden stellen und so den nachhaltigen Erfolg des Unternehmens sichern.

Wir müssen auch erkennen können, welche Risiken sich hinter den einzelnen Kunden und Interessenten verbergen. Objekte wie Autos, Häuser, Hausrat, Berufsrisiken, Unfallgefahren (z.B. Hobbies oder Sportarten), Lebensziele und Sicherheitsbedürfnisse, ja sogar subjektive Einschätzungen der Mitarbeiter mit Kundenkontakt sind als Information notwendig und müssen den Personen zugeordnet werden können. Insbesondere wenn sich, wie oben apostrophiert, Versicherungsunternehmen tatsächlich irgendwann einmal auf ihre Kernkompetenz konzentrieren und zu reinen Risikoträgern mutieren (müssen), dann gewinnt eine Funktionalität von MVPs erfolgskritische Bedeutung für Maklerunternehmen und Versicherer: Personenbezogene Risikoprofile erstellen zu können. Wenn zuverlässige Risikoprofile einem Antrag mitgegeben werden, dann können Versicherer Risiken besser einschätzen, Prämien besser und sogar personenbezogen kalkulieren, Kollektive besser steuern, Deckungsrückstellungen knapper halten und dadurch entweder attraktivere Tarife anbieten und/oder die Effizienzgewinne zumindest teilweise über die Vergütung an den Makler weitergeben. Ob sie das tun werden, ist eine andere Frage; Druck wird auf jeden Fall aufgebaut werden.

Die Kernfunktionalität eines MVP muss also die Erfassung von allen irgendwie zugänglichen Einzelinformationen über Personen (ob natürliche oder nicht) sein, die über Beziehungsbildungen einen verwertbaren Inhalt, einen Sinn ergeben und eine Basis für das weitere Handeln des Maklers oder seiner Mitarbeiter ergeben. Dieses Wissen über Kunden und andere Geschäftspartner ist das wichtigste Betriebskapital eines Maklers; dieses Wissen hat nur er und dieses Wissen sollte er kultivieren und pflegen. Damit dieses Kapital erfolgswirksam genutzt werden kann, muss übrigens folgendes gegeben sein:

- Alle dazu berechtigten Personen (beispielsweise Mitarbeiter, Kunden über Extranets) müssen einen ubiquitären Zugriff auf die gespeicherten Daten haben. Dies bedeutet, dass der Zugriff jederzeit, an jedem Ort und mit unterschiedlichen Endgeräten möglich sein muss.

- Die Daten müssen vor einem Zugriff durch Unberechtigte geschützt werden. Diese Daten sind zum großen Teil sensible Daten im Sinne des Datenschutzrechts; geeignete Datenschutzmaßnahmen und damit Schutz der Vertraulichkeit der Daten sind Grundvoraussetzung einer nachhaltigen Datennutzung. Dabei ist übrigens die – absichtliche oder unabsichtliche – Weitergabe sensibler Daten durch eigene Mitarbeiter wesentlich kritischer zu sehen als Angreifer, die sich in Unternehmensnetzwerke ein-hacken.

Daneben gewinnt die Sicherung der Integrität der Daten eine wichtige Bedeutung: Nur korrekte und aktuelle Daten können sinnvoll genutzt werden. Dies zu gewährleisten hört sich leichter an als es in der Praxis ist. Korrektheit und Aktualität der Daten ist primär keine technische Angelegenheit, sondern eine organisatorische: Mitarbeiter und andere Stakeholder müssen dazu bewegt werden, ständig Daten aktuell und korrekt zu halten. Entsprechende Anreizsysteme sind weder theoretisch noch praktisch in Sicht.

Was ist das weitere Handeln des Maklers; um welche Geschäftsprozesse geht es? Kundenakquise, Kundenbetreuung, die Reaktion auf Beratungswünsche (umfassend oder produktbezogen), Pflichtinformationen für Kunden und Interessenten erstellen, Risikoerfassung, Prüfung der Wünsche und Bedürfnisse des Kunden, Versichererauswahl, Produktauswahl, Angebotserstellung, Tarifierung, Angebotsabfrage bei den Versicherern, Deckungsaufgabe, Prüfung der Policierung, Terminhaltung, Leistungsfälle, Kündigungen oder Umdeckungen, Beratungsdokumentation, Post- und Dokumentenablage stellen eine lange Liste von Stichworten dar.

Noch viel länger wird die Liste, wenn wir uns mit den Services befassen, die ein Maklerbüro seinen Kunden anbietet. Studenten der DHBW Heidenheim haben eine erste Liste erstellt, die sehr schnell auf über 120 Services angewachsen ist (siehe www.dhbw-heidenheim.de/service). Dass sie viele dieser Services anbieten, ist Maklern oft gar nicht bewusst, weil selbstverständlich. Ein Ziel dieses Service-Argumentariums ist daher, diese Services bewusst und für Diskussionen mit Kunden (beispielsweise um offen gelegte Abschlusskosten) nutzbar zu machen.

Muss das nun alles vom MVP unterstützt werden? Oder gar gänzlich geleistet werden? Auf jeden Fall ist es eine zwingende Voraussetzung, dass das MVP seinen Anwender unterstützt, die Bindung zu Kunden und anderen Geschäftspartnern zu verbessern, Qualität in die Geschäftsprozesse zu bringen, profitabel arbeiten zu können, haftungssicher beraten zu können. In einem MVP müssen zu diesen Zwecken nicht alle Funktionen implementiert sein: Es muss nicht selbst tarifieren können, es muss keine eigenen Beratungsdokumente bereithalten. Das MVP muss nicht zwingend eine eigene Funktion haben, die es erlaubt, große Mengen an Dokumenten und Post abzulegen. Es muss keine Risikoanalyse machen. Viele MVP halten dennoch diese Funktionen – eigenentwickelt – vor.

Zwangsläufig müssen wir jetzt auf die Spezialisten schauen. Wenn das MVP die Kernaufgaben abdeckt, müssen wir einen Blick auf diejenigen werfen, die die anderen Nicht-Kernkompetenzen, abdecken. Tarifierung zum Beispiel. Wer hat hier die Kernkompetenz? Der Versicherer, keine Frage, es sind ja seine Produkte. Oder besser: Es geht nicht um einen oder fünf Versicherer, mit denen ein Makler arbeitet, es geht um ein paar Dutzend Versicherer, deren Produkte er kennen muss, auf die er Zugriff benötigt, für die er Tarifierungsergebnisse benötigt. Er benötigt den Zugang zu im Grunde allen, jedenfalls einer hinreichenden Anzahl Versicherer. Davon gibt es aber viele hundert auf dem Deutschen Markt.

Die Versicherer haben in der Regel eigene Tarifierungswerkzeuge. Software auf CDs, zum Download aus den Extranets, auf USB-Sticks, im Extranet als Webrechner, wenige schon als Webservice. Manchmal muss es ohne EDV gehen, mit Papiertarif. Wenn es EDV gibt, dann ist sie natürlich in den allermeisten Fällen eine Eigenentwicklung, zugeschnitten auf die eigene Organisation des Versicherers, es ist mal ein PC-Programm, mal ein Excel-Rechner, die Benutzeroberflächen sind mindestens Geschmackssache, manchmal selbsterklärend, manchmal nicht.

Wie kommen nun die Daten, die ja prinzipiell im MVP bereit stehen, in diese Anwendungen? Von wenigen Ausnahmen abgesehen automatisch gar nicht. Also von Hand. Da gibt es aber dann doch Spezialisten:

- In einigen Fällen, KFZ zum Beispiel, nehmen Vergleichsrechner dem Makler die mehrfache Erfassung fast ab. Manchmal gibt es die Möglichkeit, aus dem MVP auf Knopfdruck Daten zu übernehmen, manchmal auch in die andere Richtung wieder zurück. Bei Personenversicherungen wie Leben oder Kranken finden wir ähnliche zum Teil sehr gute Lösungen.

- Auch für das Dokumentenmanagement gibt es Spezialisten. Der Hersteller eines MVP kann in seiner Datenbank die Ablage von Dokumenten, Post, eMails vorsehen, oder diese Kompetenz wird zugekauft und ein Dokumenten-Management-System genutzt, das „sonst nichts kann", aber das perfekt.

- Auch im Bereich der Dokumentation gibt es Spezialisten. Spezialisten, die sich intensiv mit den textuellen Formulierungen auseinandergesetzt haben und die Ergebnisse bereitstellen und Spezialisten, die z.B. mit diesen Texten komplette Softwarelösungen erstellt haben, mit denen die Dokumentation der Beratung umfassend gelöst ist.

„Multiple Werkzeuge" sind im Maklerbüro allerdings sehr hinderlich. Eine weitere Integration ist also zwingend notwendig, um für die Anwender eine Lösung anbieten zu können, die ihnen wie aus einem Guss erscheint. Dazu bieten sich heute eine ganze Reihe von Möglichkeiten: Schnittstellen, Intermediäre, Brancheninitiativen, GDV eNorm, Webservices etc. Auf diese gehen wir in den anderen Kapiteln dieses Buches genauer ein.

Effiziente Prozesse durch standardisierte Komponenten

"Zuerst ignorieren sie dich, dann lachen sie über dich, dann bekämpfen sie dich und dann – gewinnst du."

Mahatma Gandhi

Normen und Standards sollen bei der verbesserten Verzahnung der Geschäftsprozesse zwischen Versicherern und Maklern eine wichtige Rolle spielen, das dürfte feststehen. Normen beschreiben eine Sache, ein Vorgehen, beispielsweise einen Datensatz in seiner Struktur und wie er befüllt sein soll, oder einen Geschäftsprozess, wie er genau ablaufen soll. In eine Norm fließen die Vorstellungen von einer mehr oder weniger großen Anzahl Experten ein. Die Norm soll einen Rahmen abbilden, der es unterschiedlichen Nutzern gestattet, in gleicher Weise mit dieser Sache umzugehen.

Die eNorm des GDV ist eine solche Beschreibung. Die BiPRO beschreibt als Pendant dazu im nachfolgenden Beitrag Geschäftsprozesse auf der technischen Basis von Web Services, die in der Zusammenarbeit zwischen Versicherern und Maklern eingesetzt werden sollen. Mit dieser Normierung ist ein wichtiger Schritt getan.

Zum Standard ist danach jedoch noch ein weiteres Stück des Weges zu gehen. Denn Standards entstehen, wenn Normen flächendeckend eingesetzt werden. In der Zwischenzeit ist die BiPRO bereits ein sehr gutes Stück vorangekommen.

In welcher der von Ghandi genannten Phasen sich BiPRO im Moment befindet, überlassen wir dem Urteil des Lesers. Lassen Sie uns dazu im folgenden Beitrag ein wenig hinter die Kulissen der Entstehung einer Norm schauen.

Die Herausgeber

Das Maklersystem der Zukunft hat den Prozess im Fokus

Markus Heussen

Ein harter Verdrängungswettbewerb mit stagnierenden bis rückläufigen Umsätzen aus Courtagen und höheren Anforderungen an die Qualität der Beratung zwingen unabhängige Vermittler, ihre Arbeitseffizienz zu erhöhen. Durch einen erhöhten Kostendruck gewinnt die Optimierung der täglichen Arbeitsabläufe zunehmend an Bedeutung. Der Makler muss seine Geschäftsprozesse unter Kontrolle bringen. Keine leichte Aufgabe, denn er wird mit zahlreichen unterschiedlichen Prozessen je Geschäftspartner und einer heterogenen Systemlandschaft konfrontiert. Ein Verwaltungsprogramm kann entscheidend zur Erhöhung der Arbeitseffizienz beitragen. Aber wie sieht ein solches System in Zukunft aus? Auf welcher Technologie wird es basieren und wie werden die Geschäftsprozesse des Maklers künftig automatisiert? Welche Rolle spielen dabei Normen wie die des BiPRO e. V.?

Nüchtern und abstrakt betrachtet, besteht der Zweck eines jeden Unternehmens darin, Leistungen zu erzeugen, die die Bedürfnisse der Kunden befriedigen. Die Vermarktung dieser Leistungen sichert den wirtschaftlichen Erfolg. Dies gilt auch für Versicherungsmakler: Das Unternehmen des Maklers erstellt Leistungen für den Kunden in Geschäftsprozessen, die wiederum in Teilprozesse zergliedert sind. Ein Prozess besteht aus einer Reihe von Arbeitsschritten, die im Regelfall von unterschiedlichen Mitarbeitern, Geschäftspartnern und Anwendungen erbracht werden. Je besser diese Arbeitsschritte aufeinander abgestimmt sind, desto effizienter arbeitet ein Versicherungsmakler für seine Kunden und desto geringer sind die Kosten.

Die Herausforderung besteht also darin, die Prozesse so aufeinander abzustimmen, dass das Ergebnis die Wünsche, Anforderungen und Erwartungen der Kunden erfüllt und zugleich die Kostenquote senkt. Dieses Management von Geschäftsprozessen verursacht in der Praxis jedoch oft erhebliche Schwierigkeiten. Damit zählt das Geschäftsprozessmanagement zu den erfolgskritischen Faktoren eines professionellen Maklerunternehmens. Der Makler muss mit zahlreichen Versicherungsunternehmen und Partnern möglichst effizient zusammen arbeiten. Keine leichte Aufgabe, denn er sieht sich mit einer Vielzahl unterschiedlicher Prozesse je Geschäftspartner und einer heterogenen Systemlandschaft konfrontiert.

1 Die Assekuranz im Wandel: Industrialisierung und Konsolidierung

Betrachtet man den gesamten Versicherungsmarkt, lässt sich schnell erkennen, dass sich die Anforderungen an ein effizientes Management von Geschäftsprozessen in der Zukunft nicht nur für Vermittler, Vertriebe und Pools deutlich erhöhen werden. In der Deutschen Versicherungswirtschaft vollzieht sich derzeit ein gravierender Wandel. Seit Beginn des 21. Jahrhunderts befindet sich die Assekuranz auf dem Weg der Industrialisierung und in einer Phase nachhaltiger Konsolidierung. Insbesondere die Einführung der EU-Vermittlerrichtlinie bzw. die Reformierung des Versicherungsvertragsgesetzes verdeutlichen, wie schnell z. B. rechtliche Veränderungen zu komplexeren Prozessen führen und ein vernachlässigtes Geschäftsprozessmanagement zur Belastung – insbesondere für kleine und mittelständische Häuser – werden kann. Ein Faktor, der bereits zur Konsolidierung des Marktes beigetragen hat und weiter beitragen wird. Zahlreiche Versicherungsmakler werden in den nächsten Jahren aufgeben müssen. Wer von ihnen überlebt, hängt stark von der Effizienz seines Arbeitens ab.

Anders als noch in der Vergangenheit konzentrieren sich die Unternehmen der Assekuranz heute zudem mehr und mehr auf ihre Kernkompetenzen, um wettbewerbsfähig zu bleiben. Durch Verringerung der innerbetrieblichen Arbeitsteilung und verstärktes Outsourcing entwickeln sich zunehmend differenzierte Wertschöpfungsketten. Immer weniger Leistungen werden durch die Unternehmen selbst erbracht. Nach dem Vorbild der weit entwickelten Automobilindustrie werden Produkte und Dienste bezogen und Teilprozesse ausgegliedert. Dadurch erhöhen sich jedoch die Komplexität der (unternehmensübergreifenden) Geschäftsprozesse und die Anforderungen an das Management dieser Prozesse. Verständlich, denn künftig müssen nicht mehr nur interne Mitarbeiter und Systeme in den Geschäftsprozess integriert werden, sondern vermehrt auch Prozesse, Systeme und Mitarbeiter anderer Unternehmen.

Im Maklermarkt lässt sich diese Entwicklung bereits an der wachsenden Bedeutung von Pools erkennen. Sie übernehmen für den Versicherungsmakler Aufgaben wie z. B. Backoffice-Tätigkeiten, Dokumentation, Archivierung und Softwareplanung bis hin zur Entwicklung von Deckungskonzepten und der Verhandlung mit Produktgebern. Für den Makler stellt sich dies als eine Art Outsourcing seiner primären oder sekundären Geschäftsprozesse dar.

2 Die Rolle der IT im Geschäftsprozessmanagement

Leistungsfähige Technik ist wichtig und einer der Erfolgsfaktoren für ein effizientes Management von Geschäftsprozessen. Besondere Bedeutung hat in diesem Zusammenhang die sich seit wenigen Jahren vollziehende Evolution von traditionellen IT-Anwendungen hin zum so genannten Web Service-Paradigma. Dieser Wandel wird sich Analysten zufolge als der größte Fortschritt in der vergleichsweise noch jungen Geschichte des E-Business heraus stellen. Er ist vergleichbar mit dem Übergang von der Einzelfertigung zur Fließbandherstellung in der Automobilindustrie. Die Fertigung ist dort heute weitgehend automatisiert. Zentrale Leitstände steuern Fertigungsstraßen und spezialisierte Roboter, die bestimmte Teilaufgaben im Fertigungsprozess übernehmen.

Analog dazu werden Geschäftsprozesse in der Versicherungswirtschaft künftig vermehrt über so genannte Business Process Management Systeme (BPMS) gesteuert. Transportiert werden anstelle von Autos Informationen in Form von Daten und Dokumenten. So genannte Web Services repräsentieren die einzelnen Arbeitsschritte, die im Rahmen des Geschäftsprozesses erbracht werden müssen. Aufgrund ihrer Kapselung sind sie i. d. R. wiederverwendbar und können dadurch Bestandteil mehrerer Prozesse sein. Sie übernehmen klar abgegrenzte Aufgaben und entsprechen den Robotern in der Fertigung von

Automobilen. Web Services verfügen nicht über für Menschen bedienbare grafische Benutzeroberflächen, sondern werden über technische Schnittstellen repräsentiert, die von unterschiedlichen Anwendungen über das Internet genutzt werden können.

Mit anderen Worten: Web Services stellen einem Geschäftsprozess einzelne Funktionen bzw. Teilprozesse über technische Schnittstellen zur Verfügung, die von dahinter liegenden Systemen ausgeführt werden. Dadurch dass ihre Nutzung über das World Wide Web erfolgt, eignen sie sich besonderes für einen Einsatz in unternehmensübergreifenden Geschäftsprozessen. Denn über Web Services lassen sich zahlreiche Leistungen über System- und Unternehmensgrenzen hinweg mit überschaubarem Aufwand von Dritten beziehen (Outsourcing).

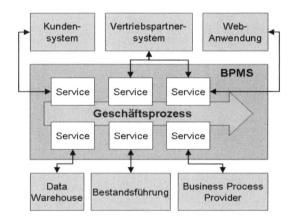

Abbildung 1: Über den Geschäftsprozess werden verschiedene Systeme (Services) integriert

Neue Geschäftsabläufe lassen sich durch eine Trennung zwischen Ablaufsteuerung (Business Process Management System = BPMS) und Funktionsausführung (Web Service) einfacher gestalten. Vorhandene Abläufe lassen sich flexibler an sich schnell verändernde Märkte und Kundenbedürfnisse anpassen. Das Marktforschungs- und Beratungshaus Gartner prägte hierfür den Begriff „Realtime-Enterprise". Echtzeit-Unternehmen sind in der Lage, Geschäftsprozesse flexibler zu handhaben und mit Geschäftspartnern und Kunden konsistent und unternehmensübergreifend zu integrieren. Ihnen gelingt die Fokussierung auf ihre Kernkompetenzen in hohem Maße, während sich weitgehend in die Prozesse des Unternehmens eingebundene Zulieferer auf ausgewählte Teilprozesse konzentrieren können.

Anders als noch vor Jahren wird dabei die systemzentrierte Denkweise zugunsten einer prozessorientierten aufgegeben. Man geht demnach zunehmend davon aus, dass es nicht länger ein einziges System (z. B. das Bestandsführungssystem oder das Vertriebssystem) geben muss, in dem optimalerweise Prozesse automatisiert werden. Stattdessen übernimmt eine Prozessplattform die Automatisierung von Geschäftsprozessen durch eine

Verkettung einzelner Services. Diese werden von unterschiedlichen Systemen mit verschiedenen Kernkompetenzen bereitgestellt, über Web Service -Technologien angesprochen und so in den Geschäftsprozess integriert. Dabei ist es (technisch) irrelevant, ob einzelne Services vom Unternehmen selbst entwickelt und betrieben oder von einem externen Dienstleister bereitgestellt werden. In der Informationstechnologie vollzieht sich derzeit eine Evolution zu einer „Mehr-Ebenen-Architektur", in der die Prozessführung von der Funktionsausführung getrennt wird.

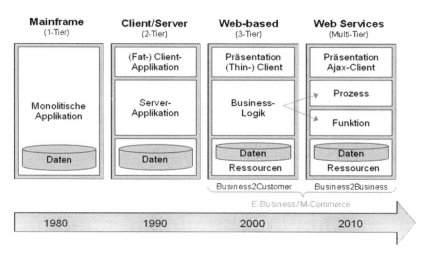

Abbildung 2: Evolution der IT-Architekturen

3   Geschäftsanwendungen in der Zukunft

Neben der Trennung zwischen Ablaufsteuerung und Funktionsausführung durch den Einzug von Prozessebenen gibt es einen weiteren nachhaltigen Technologie-Trend: Rich Internet Applications (RIA). Hierbei handelt es sich um Anwendungen mit einer komfortablen grafischen Benutzeroberfläche, die im Gegensatz zu herkömmlichen Desktop- bzw. Windows-Anwendungen in jedem beliebigen Internet-Browser lauffähig sind. Sie sind im Grunde genommen lediglich eine besondere Art von Webseite.

Im Unterschied zu herkömmlichen Webseiten verhält sich eine Rich Internet Application jedoch wie eine traditionelle, auf dem PC des Nutzers installierte Software. Der Anwender hat nicht länger den Eindruck, eine klassische Website zu bedienen, sondern arbeitet wie mit einer üblichen Windows-Anwendung. Funktionen wie Drag & Drop, Copy & Paste und Tastaturkürzel stehen ebenso zur Verfügung wie bewegte Bildschirmsequenzen, benutzerfreundliche Menüs und sich dynamisch aufbauende Ergebnisse. Und auch das im klassischen Internet eher unschöne und bei Mausklicks teils langwierige Warten auf das Laden einer Webseite wird durch das dynamische Laden einzelner Bildschirmbestandteile abgelöst.

RIAs basieren auf modernsten Internet-Technologien und lassen sich heute – was Funktionalität, Aussehen und Bedienung anbelangt – kaum noch von klassischen Anwendungen auf dem PC des Nutzers unterscheiden. Die Bedienung ist ergonomisch und komfortabel. Nur noch wenige Hürden müssen fallen, bis sich diese Art der Internet-Programme in Intranets bzw. Extranets von Firmen und generell in internetbasierten Geschäftsanwendungen etablieren werden. Die wesentlichen Vorteile: Es entfallen Auslieferung und Installation des Programms auf dem PC des Anwenders, die Time To Market für veränderte Abläufe, Erweiterungen und Fehlerbeseitigungen verkürzt sich, und der technische Support wird minimiert. In der Folge reduzieren sich die Kosten deutlich. Der Anwender kann die Software an jedem Ort auf der Welt und zu jeder beliebigen Zeit nutzen. Alles was er dazu benötigt ist ein Internet-Browser und einen Zugang zum World Wide Web. Die rasante Etablierung mobiler Internetzugänge mit leistungsfähigen Datenverbindungen führt dazu, dass sich Anwender künftig zunehmend online befinden (always on). Sie verlagern ihre Arbeit weitestgehend in das Netz und arbeiten nahezu ausschließlich mit onlinebasierten Geschäftsanwendungen. Ein weiterer Vorteil: RIAs lassen sich hervorragend mit Business Process Management Systemen und den ebenfalls internetbasierten Web Services (siehe oben) kombinieren und stellen eine komfortable Benutzeroberfläche für die ansonsten benutzeroberflächenlosen technischen Schnittstellen bzw. Services dar.

4 Die Rolle der Standardisierung im Geschäftsprozessmanagement

Im Zuge der Paradigmenwechsel in der IT und der Rationalisierung und Automatisierung von Geschäftsprozessen, gewinnen die Begriffe Wiederverwendbarkeit und Normierung zunehmend an Bedeutung. Betrachtet man die Entwicklungen des Marktes und die Rolle der Informationstechnologie im Geschäftsprozessmanagement, lässt sich bereits erahnen, welche bedeutende Rolle prozessorientierte Standards in der Versicherungswirtschaft einnehmen werden.

Genau hier setzt die Brancheninitiative Prozessoptimierung – kurz **BiPRO** – an. Die Normen des BiPRO e. V. haben das Potenzial, einen wesentlichen Beitrag zur Industrialisierung der deutschen Assekuranz im Allgemeinen und zur Optimierung der Prozesse zwischen Vermittlern und Versicherungsgesellschaften im Speziellen zu leisten. Auf der anderen Seite werden sie voraussichtlich zur Konsolidierung des Marktes beitragen. Stellen sie sich vor, Sie produzieren einen Stecker für Elektrogeräte und berücksichtigen nicht die DIN-Norm 49440/441 (Schuko-Stecker). Stattdessen bevorzugen Sie eine eigene Variante. Was glauben Sie? Wie oft wird sich dieser zwar außergewöhnliche, aber nicht normgerechte Stecker verkaufen, wenn er nicht in standardisierte Steckdosen passt? Oder anders gefragt: Was wird geschehen, wenn sich Unternehmen der Assekuranz langfristig und nachhaltig einer Standardisierung über Prozess-Normen entziehen?

5 Die Entstehung der BiPRO-Idee

Die Brancheninitiative Prozessoptimierung entstand im Dezember 2004: Vor zahlreichen Entscheidungsträgern aus der Versicherungsbranche rief der so genannte „DüsseldorferKreis" (Gründerkreis) die deutsche Assekuranz öffentlich auf, sich an einer branchenweiten Initiative mit dem Namen BiPRO zu beteiligen. Monate zuvor startete bereits ein Projekt des Assekuranz Marketing Circle (AMC), das Versicherungsgesellschaften, Verbände, Makler und Dienstleistungsunternehmen zum Thema Prozessoptimierung an einen Tisch brachte. Im Projekt sollten die Prozesse zwischen Maklern und Versicherungsgesellschaften untersucht und auf Optimierungspotenziale überprüft werden.

Interviews und Funktionswertanalysen mit Versicherungsmaklern bestätigten, dass sich durch eine Optimierung der Prozesse zwischen ihnen und den Versicherungsunternehmen Rationalisierungspotenziale erschließen lassen, durch die die administrativen Kosten allein auf Seiten der Makler um vermutlich 30 Prozent gesenkt werden könnten. Darüber hinaus bestätigten die befragten Makler, dass die Prozesskompetenz eines Versicherers neben seinem Produktportfolio und dem Courtagemodell ein immer wichtiger werdendes Entscheidungskriterium für die Auswahl passender Geschäftspartner darstellt. Diese Erkenntnisse deckten sich mit internen Analysen der am Projekt beteiligten Versicherungsunternehmen.

Das Projekt brachte zudem die Erkenntnis, dass Rationalisierungspotenziale insbesondere durch Automatisierung von Prozessen zu realisieren sind. Eine effektive Prozessoptimierung durch Automatisierung ist dabei im Wesentlichen über ein kooperatives Handeln aller am Prozess beteiligten Marktteilnehmer zu erzielen. Dies setzt voraus, dass sich alle Parteien unternehmensübergreifend verständigen können, also eine gemeinsame Sprache sprechen. Schnell entwickelte sich die Erkenntnis, dass fachliche und technische Normen die Grundlage für effiziente Prozesse bilden, insbesondere wenn sie Unternehmensgrenzen oder sogar Wertschöpfungsketten überschreiten. Ebenso schnell entwickelte sich jedoch auch die Einsicht, dass die Versicherungswirtschaft – anders als andere Branchen – nicht über die notwendigen prozessorientierten fachlichen und vor allem technischen Standards verfügte.

Aus diesen Ergebnissen entwickelte sich die Idee zur Gründung einer branchenweiten Initiative mit dem Anliegen, die unternehmensübergreifenden Prozesse zwischen den Marktteilnehmern der Assekuranz (zunächst vordringlich im Bereich der unabhängigen Vermittler) durch den Einsatz modernster Integrationstechnologien und Konzepte zu optimieren.

Viele Unternehmen der Assekuranz hatten in der Zwischenzeit von der geplanten Gründung einer Brancheninitiative erfahren und sich dem so genannten Unterstützerkreis angeschlossen. Aus diesem Kreis bildete eine kleine Gruppe aktiver Unternehmen und Personen einen Initiativkreis. Der so genannte „DüsseldorferKreis" hatte sich konstituiert und bestand aus Vertretern von Versicherungsgesellschaften, Herstellern von Maklersoftware und Dienstleistern. Er hatte es sich zur Aufgabe gemacht, die ersten konkreten Projekte zur Schaffung offener Branchennormen zu organisieren. Parallel dazu sollte die Gründung einer neutralen Non-Profit-Organisation vorbereitet werden, die die Normen festlegt und sichert, die Rechte verwaltet und alle Beteiligten koordiniert.

Um schnell handlungsfähig zu sein, nahm im Frühjahr 2005 ein weiteres Projekt unter dem Namen „BiPRO – Brancheninitiative Prozessoptimierung" die Arbeit auf. Erste Normen und ein organisatorischer Rahmen für die Weiterentwicklung und Verwaltung des Standards sollten entwickelt werden. Gut ein Jahr später lagen die ersten Ergebnisse vor und wurden in den im Frühjahr 2006 gegründeten BiPRO e. V. überführt. Namhafte Versicherungsgesellschaften, Hersteller von Makler- und Tarifvergleichssoftware, Vertriebe und Pools sowie Software-Hersteller und Beratungshäuser wurden Mitglied des Vereins. Sie entwickeln in gemeinschaftlichen BiPRO-Projekten offene, d. h. linzenzfreie Branchennormen aus und für die Assekuranz. Hierbei handelt es sich im Wesentlichen um Prozess- und Datenstandards, die helfen sollen, die unternehmensübergreifenden Geschäftsprozesse zwischen den Marktteilnehmern hochgradig zu automatisieren. Dadurch sollen die Administrationskosten gesenkt, die Kunden- und Geschäftspartnerbindung erhöht und in der Folge die Erträge aller Parteien gesteigert werden. Hin und wieder herrscht fälschlicherweise die Auffassung vor, BiPRO sei eine Art technische Plattform, ein Intermediär oder eine Clearingstelle. Diese Auffassung ist falsch. BiPRO ist eine neutrale Standardisierungsorganisation ohne Gewinnerzielungsabsicht und definiert lediglich fachliche und technische Normen. Der BiPRO e. V. tritt selbst nicht als Dienstleister im Markt auf, entwickelt und betreibt auch keine Software. BiPRO ist vergleichbar mit dem DIN, das die Eigenschaften eines DIN A4-Blattes in einer Norm regelt, jedoch nichts zur Maschine definiert, die benötigt wird, um ein normkonformes DIN A4-Blatt zu produzieren.

6 Die BiPRO-Normen: Automatische Prozesse auf Basis einer SOA

Die Normen des BiPRO e. V. basieren auf modernsten fachlichen und technischen Konzepten. Sie bilden die Grundlage für eine Automatisierung und Optimierung von Prozessen im Rahmen eines Business Process Managements (BPM) auf Basis einer technologisch modernen Service-Orientierten-Architektur (SOA).

In einer SOA gibt es drei Rollen: Ein **Service Provider** bietet Prozesse an und macht sie über eine systemneutrale technische Schnittstelle, einem Web Service, für den **Service Consumer** nutzbar. Über einen **Service Broker** kann ein Service Consumer die Angebote (Services) eines Service Providers auffinden.

6.1 Versicherungsgesellschaften als Business Service Provider

Im Kontext der BiPRO sind (derzeit) insbesondere die Systeme der Versicherungsgesellschaften solche Service Provider. Versicherer bieten auf eigenen Internet-Servern so genannte Business Services nach BiPRO-Norm an. Hierbei handelt es sich um Web Services, über die beispielsweise die Tarifierung einer Kompositversicherung, der Abruf eines

Versorgungsvorschlages für eine Lebensversicherung oder ein VVG-konformer Vertragsabschluss in der privaten Krankenversicherung technisch realisiert werden können. BiPRO hat bereits eine ganze Reihe derartiger Business- bzw. Web-Services standardisiert. So lassen sich die Prozesse Tarifierung, Angebot/Vorschlag und Antrag für nahezu alle privaten Versicherungssparten als BiPRO Business Services realisieren. Die Prozesse, die technischen Schnittstellen und die auszutauschenden Daten bzw. Dokumentenarten (nicht jedoch die eigentlichen Versicherungsprodukte) sind durch BiPRO normiert und daher für den Nutzer dieser Services bei unterschiedlichen Versicherungsgesellschaften gleich.

6.2 Vertriebs- und Kooperationspartner als Business Services Consumer

Diese Business Services werden von den Service Consumern technisch angebunden. Im Kontext der BiPRO sind (derzeit) insbesondere Systeme von Vertriebsgesellschaften und Maklerpools sowie Herstellern von Bestandsführungs- und Tarifvergleichssystemen für Makler Nutzer der Business Services.

Für die Anbindung der Services benötigt der Service Consumer sowohl fachliche als auch technische Informationen. So muss er beispielsweise wissen, welche Prozesse der Business Service anbietet und welche Daten an welchen Rechner des Service Providers in welcher Form übergeben werden müssen. Bei den Daten handelt es sich im Wesentlichen um eine Auswahl der durch BiPRO standardisierten Datenfelder. Ergänzend kann ein Service Provider jedoch auch eigene Datenfelder modellieren, z. B. wenn die Erfassung der Haarfarbe (nicht standardisiert) bei einer Person (durch BiPRO standardisiert) beispielsweise für die Durchführung einer Tarifierung relevant wäre. In einem solchen Fall gibt die BiPRO-Norm der Versicherungsgesellschaft standardisierte Regeln vor, wie eine derartige Individualisierung zu beschreiben ist. Beachtet der Service Provider diese Regeln, kann ein Service Consumer die individuellen Ausprägungen später automatisch analysieren, ohne dass hierzu eine Software angepasst werden muss. So wird es nach standardisierten Regeln ermöglicht, z. B. individuelle Produkteigenschaften abzubilden. Daneben braucht der Service Consumer Details darüber, was der Anbieter des Business Service als Ergebnis zurück liefert und welches Verhalten der Service im Fehlerfall zeigt. Außerdem gilt es, die Sicherheitsanforderungen des Service Providers für den Business Service zu erfüllen.

Wurde ein Service vollständig nach BiPRO-Norm gestaltet, können sämtliche Informationen, die ein Service Consumer zur Nutzung eines Services benötigt, aus einer Textdatei, der so genannten WSDL-Datei (Web Service Description Language) entnommen werden. Hierbei handelt es sich um eine Schnittstellenbeschreibung, die für Menschen und Maschinen lesbar ist und durch BiPRO standardisiert wurde. Jeder Service eines Service Providers ist in einer solchen Datei exakt beschrieben. Sie kann auf den Rechnersystemen des Service Providers über das Internet öffentlich eingesehen und abgerufen werden.

6.3 Geschäftspartner finden sich über ein Verzeichnis

Um eine WSDL-Datei aufzufinden, bedient man sich in der Praxis meist einer bilateralen, herkömmlichen Kommunikation zwischen Versicherungsgesellschaft und Vertriebs- bzw. Kooperationspartner (z. B. per Telefon oder E-Mail). Der Versicherer teilt seinem Geschäftspartner eine Internet-Adresse (URL) mit, unter der seine Schnittstellenbeschreibung eingesehen und abgerufen werden kann.

Alternativ können die Schnittstellenbeschreibungen zuzüglich weiterer Informationen wie z. B. Angaben zum Anbieter des Business Service und den fachlichen und technischen Ansprechpartnern im Unternehmen auch in einem Verzeichnis, dem so genannten UDDI-Server (Universal Description Discovery and Integration) hinterlegt werden. Hierbei handelt es sich um eine Art „Google für Web Services". Ein Verzeichnis kann genutzt werden, um Service Provider und ihre verfügbaren Business Services sowie deren Schnittstellenbeschreibungen aufzufinden. Die Abfrage eines solchen Verzeichnisses kann entweder über einen Internet-Browser oder rein technisch über eine Schnittstelle erfolgen. Eine BiPRO-Norm regelt, wie ein solches Verzeichnis aufgebaut sein muss, will ein Service Provider oder ein Dienstleistungsunternehmen es betreiben.

In den ersten Entstehungsjahren der BiPRO-Norm wurde unter dem Verzeichnisdienst hier und dort fälschlicherweise ein technischer Intermediär für den Datenaustausch verstanden. Diese Auffassung ist falsch. Der tatsächliche Austausch von Geschäftsdaten und Dokumenten erfolgt bilateral zwischen dem Vermittlersystem (Service Consumer) und dem System des Versicherers (Service Provider), i. d. R. ohne dass ein technischer Mittler dazwischen geschaltet ist. Ein Verzeichnisserver dient – wie der Name vermittelt – lediglich dazu, Services in ein Verzeichnis zu publizieren und für potenzielle Nutzer auffindbar zu machen.

6.4 Nutzung von Services durch die Geschäftspartner der Versicherer

Auf der Grundlage der Schnittstellenbeschreibung eines Business Service entwickelt beispielsweise ein Vertriebs- bzw. Kooperationspartner der Versicherungsgesellschaft oder ein Hersteller von Maklersystemen eine Software, die die Anforderungen des Service Providers für die Nutzung des jeweiligen Service erfüllt. Danach kann das System des Vermittlers direkt mit dem System des Versicherers über das Internet kommunizieren. Der Vermittler selbst nimmt diese technische Interaktion i. d. R. nicht wahr, denn die Ein- und Ausgaben werden von seiner eigenen Anwendung übernommen. Er sieht die bekannten Benutzeroberflächen seiner Software, die wiederum im Hintergrund Daten und Dokumente mit dem System des Versicherers austauscht. Die Kommunikation zwischen den Systemen erfolgt also für den Vermittler völlig transparent. Da die technische Schnittstelle genormt ist, kann das System des Vermittlers nun auch mit anderen Versicherern kommunizieren, die ihre Prozesse BiPRO-konform gestaltet haben.

6.5 Geschäftsprozesse gestalten durch Verkettung von Business Services

BiPRO normiert einzelne Web Services, die bestimmte Prozesse eines Versicherungsunternehmens (z. B. Tarifierung, Vorschlag/Angebot, Antrag) z. B. für Vertriebs- und Kooperationspartner der Gesellschaft steuerbar machen. Solche Services sind i. d. R. wiederverwendbar und können Bestandteil mehrerer Geschäftsprozesse sein.

Ein weiteres Beispiel für einen Service ist der so genannte Security Token Service (STS). Sobald eine Versicherungsgesellschaft den Zugriff auf einen Business Service (z. B. für den Vertragsabschluss) auf bestimmte Nutzer beschränken möchte, benötigen diese hierfür eine Authentifizierung. In diesem Fall muss sich der Makler beispielsweise durch Angabe seines Benutzernamens und Kennwortes beim Versicherer identifizieren, bevor er den eigentlichen Prozess (z. B. Vertragsabschluss) ausführen kann.

Für diesen Fall stellt die Versicherungsgesellschaft dem System des Maklers neben dem Business Service den BiPRO Web Service STS zur Verfügung. Das System des Vermittlers wird dabei über eine Eingabemaske zunächst Benutzername und Kennwort beim Makler abfragen und diese Angaben anschließend im Hintergrund an den Security Token Service des Versicherers senden. Sind die Benutzerdaten gültig, stellt das System der Versicherungsgesellschaft eine so genannte Session zur Verfügung. Hierbei handelt es sich um eine für genau diesen Anwender eindeutige, alphanummerische Kennung (Session-ID), anhand derer der Nutzer für eine gewisse Zeit (z. B. 30 Minuten) beim Versicherer eindeutig identifiziert werden kann. Das System des Maklers überträgt diese Session-ID anschließend bei der Nutzung des Business Service, damit der Makler identifiziert werden kann. So kann der Versicherer überprüfen, ob der gewünschte Prozess von diesem Makler ausgeführt werden darf.

Für einen automatischen Geschäftsprozess müssen also i. d. R. mehrere (zunächst) voneinander unabhängige Services in der richtigen Weise miteinander verkettet werden. Wie genau eine solche Verkettung von Services zu erfolgen hat, um Geschäftsprozesse durch eine Verbindung einzelner Services zu automatisieren, wird ebenfalls in den Normen des BiPRO e. V. beschrieben. BiPRO-Normen bilden also die fachliche und technische Grundlage für ein effizientes Management von Geschäftsprozessen im Rahmen eines Business Process Managements (BPM) auf Basis einer Service-Orientierten-Architektur (SOA).

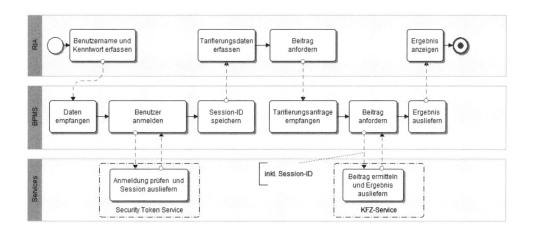

Abbildung 3: Zusammenspiel einer Rich Internet Application (RIA) mit einem Business Process Management Systeme (BPMS) und BiPRO Services bei einer Tarifierung

7 Fazit: Integration heißt die Herausforderung der Zukunft

Der Makler muss seine Arbeitseffizienz erhöhen, will er in einem harten Verdrängungswettbewerb bei sinkenden Umsätzen und erhöhtem Kostendruck überleben. Er muss seine Geschäftsprozesse optimieren. Dies geschieht hauptsächlich durch eine Automatisierung von Prozessen in einem System. Das Maklerverwaltungsprogramm (MVP) der Zukunft ist aber kein „System" im klassischen Verständnis mehr, sondern eine Plattform, die den Geschäftsprozess im Fokus hat und unterschiedliche Systeme in Form von Services integriert.

Für den Versicherungsmakler stellt sich diese Prozessplattform als webbasierte Geschäftsanwendung in Form einer Rich Internet Application (RIA) dar, die in seinem Internet-Browser abläuft. Vergleichbar mit dem Leitstand in der Automobilindustrie fungiert diese Anwendung als Steuerzentrale für die Geschäftsprozesse des Maklers. Sie basiert auf einem Business Process Management System (BPMS), das die Prozesse des Maklers durch eine Verkettung von Web Services automatisiert. Diese Services werden i. d. R. von zahlreichen spezialisierten Anbietern wie z. B. von Tarifvergleichern, MVP-Herstellern, Versicherungsgesellschaften und Dienstleistungsunternehmen angeboten und in den Geschäftsprozess des Maklers integriert. Die Web Services als solche basieren auf BiPRO-Normen, wodurch sich der Aufwand für die Integration in den Geschäftsprozess eines Maklers auf ein Minimum reduziert und sich Arbeitsabläufe bei unterschiedlichen Geschäftspartnern gleichen. BiPRO-Normen ermöglichen so eine effiziente Integration unterschiedlicher Systeme und Partner und erleichtern den Fremdbezug von Leistungen.

Die eVB funktioniert schon

„Eine gute Regierung ist wie eine geregelte Verdauung; solange sie funktioniert, merkt man von ihr kaum etwas".

Erskine Caldwell

An die Stelle der Regierung, die Caldwell mit der Verdauung vergleicht, kann man vielleicht auch Maklerverwaltungsprogramme setzen. Die besten Programme sind diejenigen, die man nicht merkt. Sie funktionieren einfach, sie tun ihren Dienst und sie nerven nicht mit Aufforderungs- oder gar Fehlermeldungs-Fenstern. Damit entlasten sie nicht nur den Makler und Vermittler, sondern tun auch seinen Geschäftspartnern einen Gefallen: Schlanke, medienbruch- und fehlerarme Prozesse erfreuen die Kunden, automatisierte Prozesse erfreuen die Produktgeber, wirtschaftliche Prozesse erfreuen die Bank und die Familie des Maklers.

In einzelnen abgrenzbaren Bereichen findet man schon solche schlanken Prozesse. Der folgende Beitrag zeigt dies mit der elektronischen Versicherungsbestätigung für den Prozess der Kfz-Zulassung. Im Beitrag wird auch zumindest angedeutet, warum dieser Prozess funktioniert: Alle Beteiligten haben ganz klare und messbare Vorteile, es ist ein Massenprozess mit geringem Deckungsbeitrag für den einzelnen Vorgang und es ist ein Prozess, der (wie auch immer) durchgeführt werden muss. Dieser heilsame Druck bringt Beteiligte schnell an einen Tisch und fegt Eigeninteressen einzelner Beteiligter schnell vom Tisch.

Es ist eine Erfolg versprechende Strategie der GDV Dienstleistungs-GmbH & Co. KG, einen solchen erfolgreichen Prozess auf andere Prozesse übertragen zu wollen. Die Politik der kleinen Schritte hat gerade in dieser Branche und in der momentanen Situation sehr viel für sich. Womit wir über die Politik wieder bei der Caldwell'schen Regierung wären.

Die Herausgeber

Die eVB weitergedacht – Chancen des Ausbaus bestehender Verfahren zur Anbindung von Maklern an Versicherungsunternehmen

Christian Lubos, Birgit Luge-Ehrhardt, Andreas Mateika

„Der Halter eines Kraftfahrzeugs oder Anhängers mit regelmäßigem Standort im Inland ist verpflichtet, für sich, den Eigentümer und den Fahrer eine Haftpflichtversicherung zur Deckung der durch den Gebrauch des Fahrzeugs verursachten Personenschäden, Sachschäden und sonstigen Vermögensschäden […] abzuschließen und aufrechtzuerhalten, wenn das Fahrzeug auf öffentlichen Wegen oder Plätzen (§ 1 des Straßenverkehrsgesetzes) verwendet wird." Dieser Wortlaut des § 1 des Pflichtversicherungsgesetzes verpflichtet mit wenigen Ausnahmen alle Halter von Kraftfahrzeugen, die im öffentlichen Straßenverkehr bewegt werden sollen, zum Abschluss einer Haftpflichtversicherung.

Der Versicherungsnachweis erfolgte früher nach dem Doppelkarten-Prinzip. Dabei wurde dem Versicherungsnehmer ein zweiteiliges Formular ausgehändigt: Die Versicherungsbestätigung nach § 29a (1) StVZO mit einer Mitteilung über die Zulassung gemäß § 29a (2) StVZO. Die Zulassungsbehörde nahm die Versicherungsbestätigung entgegen, und die Angaben des Versicherers wurden in das örtliche Fahrzeugregister übernommen. Mit dem zweiten Teil des Formulars wurde der Versicherer über die Zulassung informiert. Er erhielt dadurch die Informationen zur Durchführung des Versicherungsverhältnisses. Alle übrigen Mitteilungen von den Versicherern (z. B. beim Versichererwechsel oder bei Beendigung des Versicherungsschutzes) wurden in Papierform an die Zulassungsbehörden verschickt und von dort – soweit erforderlich – schriftlich beantwortet.

1 Das eVB-Verfahren

Am 1. Januar 1993 wurde zunächst die papiergestützte Rückmeldung von den Zulassungsbehörden an die Versicherer durch ein elektronisches Verfahren abgelöst. Seit dem Jahreswechsel 2004/2005 konnten auch die – im Rahmen des jährlichen Versichererwechsels erforderlichen – Übermittlungen der Versicherer an die Zulassungsbehörden elektronisch übertragen werden.

Die konsequente Weiterführung dieser Vereinfachungsbestrebungen mündete schließlich in einer umfassenden Neuordnung des Fahrzeugzulassungsrechts. In der Begründung zu den §§ 23 und 24 der neu geschaffenen Fahrzeug-Zulassungsverordnung (FZV) heißt es deshalb: *„[…] Mit der Aufnahme der generellen, nicht nur auf den Versichererwechsel zum Jahresende beschränkten, elektronischen Übermittlung der Versicherungsbestätigung oder ihre elektronische Vorhaltung zum Abruf durch die Zulassungsbehörde wird der Übergang zur künftigen, ausschließlich elektronischen Übermittlung und damit für eine effektive Kommunikation zwischen Versicherern und Zulassungsbehörden und eine Entlastung der Bürger von Mitteilungspflichten eingeleitet. […]").*

Der Versicherungsnachweis ist also seit 2008 grundsätzlich elektronisch zu erbringen. Die Datenübertragung erfolgt über die GDV Dienstleistungs-GmbH & Co. KG (GDV DL) als Gemeinschaftseinrichtung der Versicherer. Sie fungiert als Clearing-Stelle für alle Versicherer und stellt die Kommunikation mit dem Kraftfahrt-Bundesamt sicher, das sich als Kopf- und Verteilstelle für die Zulassungsbehörden etabliert hat. Die GDV DL mit Sitz in Hamburg ist ein Gemeinschaftsunternehmen der deutschen Autoversicherer und des Gesamtverbandes der Deutschen Versicherungswirtschaft e.V. (GDV). Die GDV DL ist daher der Versicherungswirtschaft in besonderer Weise verbunden. Als Service Center der Autoversicherer bündelt sie zentrale, unternehmensübergreifende Auskunftsdienste für Kfz-Versicherungskunden. Dazu gehören im Wesentlichen der Zentralruf der Autoversicherer (ermittelt die Kfz-Versicherung des Schadenverursachers nach einem Unfall in Deutschland oder dem europäischen Ausland), die Bearbeitung der Notrufe von den stationären Notrufsäulen an den Bundesautobahnen sowie der gebührenfreie Handy-Notruf 0800 NOTFON D (0800 668366 3), die mobile Notrufsäule der Kraftfahrer.

Ein weiterer wichtiger Aufgabenbereich der GDV DL ist der hier in Rede stehende Betrieb des elektronischen Verfahrens zur Bestätigung des Kfz-Versicherungsnachweises bei der Zulassung von Fahrzeugen (eVB-Verfahren). Ziel ist ein zuverlässiger und gesicherter Datenaustausch zwischen Versicherern und Zulassungsbehörden. Damit alle Makler und alle Versicherer am eVB-Verfahren teilnehmen können, bietet die GDV DL individuelle Unternehmenslösungen an.

2 Anbindung von Maklern an das eVB-Verfahren

Schon in einer frühen Projektphase stellte sich die Frage, wie Versicherungsmakler künftig in das neue eVB-Verfahren integriert werden könnten. Da eine elektronische Versicherungsbestätigung nicht auf Vorrat erzeugt und dann an Kunden ausgegeben werden kann, musste eine Alternative zur bis dahin üblichen Bevorratung so genannter „Doppelkarten" gefunden werden. Natürlich ist die direkte Anbindung des Versicherungsmaklers an die Versicherungsunternehmen, in deren Auftrag er Versicherungsbestätigungen ausgibt, eine nahe liegende Lösungsoption.

Dieser Weg stellt allerdings den Versicherungsmakler, der mit vielen Versicherungsunternehmen zusammenarbeitet, vor zusätzliche Herausforderungen, da er sich die Zugangswege, Anmeldeinformationen und Verfügbarkeitszeiten der einzelnen Versicherungsunternehmen merken muss. Dies könnte beispielsweise beim abendlichen Beratungsgespräch in der Wohnung des Kunden ein zusätzlich zu berücksichtigendes Kriterium bei der Auswahl des geeigneten Vertrags sein, wenn der Kunde angibt, sich gleich am nächsten Morgen zur Kfz-Zulassungsbehörde begeben zu wollen.

Aus diesem Grund ergab sich sowohl von Seiten der Versicherungsunternehmen als auch aus dem Kreis der ungebundenen Vermittler der Wunsch, auch Versicherungsmakler direkt bei der GDV DL anzubinden. Im Folgenden wird dieses Verfahren im Detail beschrieben:

Der Vermittler muss zunächst eine Nutzungsvereinbarung mit der GDV DL schließen. Hierfür kann sich der Versicherungsmakler über ein Web-Portal bei der GDV DL (http://www.evb-online.com) registrieren und ein Anmeldeformular herunterladen. Dieses Formular muss unterschrieben und per Post an die GDV DL versandt werden. Dem Versicherungsmakler entstehen hierbei keine Kosten.

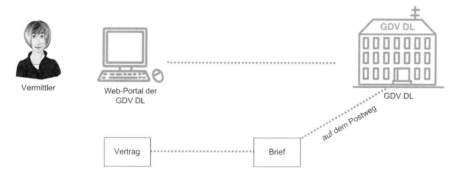

Abbildung 1: Nutzungsvereinbarung Makler - GDV DL

Nach dem erfolgreichen Abschluss der Nutzungsvereinbarung kann der Versicherungsmakler im Web-Portal der GDV DL angeben, mit welchen Versicherungsunternehmen er zusammenarbeitet. Die GDV DL fragt daraufhin bei den genannten Versicherungsunternehmen an, um diese aufzufordern, den Versicherungsmakler zu reversieren. Selbstverständlich kann der Versicherungsmakler die Angaben, mit welchen Versicherungsunternehmen er zusammenarbeitet, auch mithilfe seines Maklerverwaltungsprogramms übertragen, sofern dieses die Schnittstelle zum Web-Service der GDV DL unterstützt.

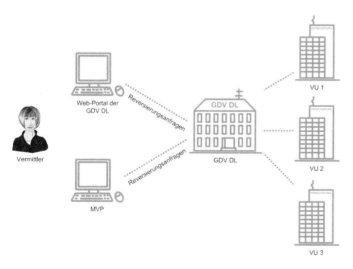

Abbildung 2: Angabe der Versicherer

Das Versicherungsunternehmen, an das die Anfrage weitergeleitet wurde, kann im Rahmen der Reversierung nicht nur zustimmen oder sie ablehnen, sondern die Zusammenarbeit auch hinsichtlich bestimmter Risiken einschränken. Diese Einschränkungen werden von der GDV DL zu jedem Reversierungsverhältnis gespeichert. Die folgende Tabelle zeigt dies exemplarisch.

		VU 1	VU 2	VU 3
Makler (4711)	PKW	Ja	Nein	Ja
	LKW	Ja	Nein	Ja
	KRAD	Ja	Nein	Ja
	Natürliche Personen	Ja	Nein	Ja
	Juristische Personen	Ja	Nein	Nein
	Anzeigen nach § 25 (1) FZV	Ja	Nein	Nein
Makler (4712)	PKW	Ja	Ja	Ja
	LKW	Nein	Nein	Ja
	KRAD	Ja	Nein	Ja
	Natürliche Personen	Ja	Ja	Ja
	Juristische Personen	Nein	Nein	Nein
	Anzeigen nach § 25 (1) FZV	Ja	Nein	Nein

Abbildung 3: Einschränkungen zu Reversierungsverhältnissen

Selbstverständlich kann ein Versicherungsunternehmen jederzeit die Einschränkungen, die im Rahmen einer Reversierung gemacht wurden, verändern oder die Reversierung auch ganz aufheben. Zum Einstellen einer elektronischen Versicherungsbestätigung stehen dem Versicherungsmakler zwei Wege zur Verfügung: Zum einen kann dies über das Web-Portal der GDV DL erfolgen, zum anderen kann, sofern dies vom Maklerverwaltungsprogramm unterstützt wird, das Einstellen auch direkt aus dem Programm heraus erfolgen. Dieser Weg stellt eine vollständige Integration in die Abläufe im Maklerbüro dar. Bei allen Nachrichten, die ein Versicherungsmakler an die GDV DL sendet, um z. B. im Namen eines Versicherungsunternehmens eine Versicherungsbestätigung einzustellen, prüft die GDV DL gegen die gespeicherten Reversierungsbedingungen, ob der Versicherungsmakler vom Versicherungsunternehmen berechtigt wurde, in der gewünschten Form für das Versicherungsunternehmen tätig zu werden.

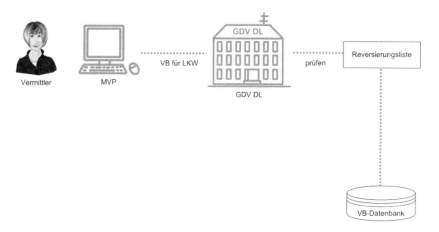

Abbildung 4: Reversierungsprüfung

Außerdem kann ein Versicherungsunternehmen im Rahmen der Reversierung dem Versicherungsmakler das Recht einräumen, von der GDV DL auch Informationen von Kfz-Zulassungsbehörden zu erhalten, sofern diese die Verträge seiner Kunden betreffen. Hierbei kann es sich z.B. um die Zulassungsdaten des Fahrzeugs handeln. Da derartige Mitteilungen zu einem beliebigen, nicht vorhersehbaren Zeitpunkt von den Zulassungsbehörden bei der GDV DL eingehen können, werden sie in Briefkästen für den jeweiligen Versicherungsmakler zwischengespeichert. Dieser Briefkasten kann dann über das Web-Portal der GDV DL oder auch aus dem Maklerverwaltungsprogramm heraus, sofern dieses die Web-Service-Schnittstelle unterstützt, abgerufen werden. Maklerverwaltungsprogramme, die diese Funktionalität unterstützen, ermöglichen eine vollständige Integration der gesamten Kommunikation mit den Kfz-Zulassungsbehörden, so dass die früher unvermeidbaren Systembrüche jetzt der Vergangenheit angehören können.

3 Vision I – Das eVB-Verfahren als Kommunikationsplattform für den erweiterten Datenaustausch zwischen Maklern, Versicherern und weiteren Prozesspartnern

Nachdem sich die Gemeinschaftseinrichtung für das eVB-Verfahren auch bei der Anbindung ungebundener Vermittler etabliert hatte, begannen Überlegungen, diese zentrale Kommunikationsplattform auch für die weitergehende Datenkommunikation zwischen Versicherungsunternehmen und Versicherungsmaklern zu nutzen. Der folgende Geschäftsvorfall soll exemplarisch die Nutzungsmöglichkeit der Kommunikationsplattform für Anforderungen, die über das eVB-Verfahren hinausgehen, veranschaulichen:

Ein Makler schickt zunächst eine Tarifierungsanfrage an das Versicherungsunternehmen und erhält ein Tarifierungsergebnis zurück. Wenn weiteres Interesse des Kunden besteht, sendet der Makler im Anschluss eine Angebotsanforderung an den Versicherer. Dieser bearbeitet die Anfrage, erstellt ein detailliertes Angebot und schickt es an den Makler. Sollte dessen Kunde das Angebot annehmen wollen, so sendet der Makler den Antrag an den

Versicherer. Der Versicherer bearbeitet den Antrag und bestätigt dem Makler nach erfolg-reicher Prüfung der Unterlagen die (vorläufige) Deckung.

Die beschriebene Kommunikation könnte über die von der GDV DL betriebene Kommuni-kationsplattform abgewickelt werden. Somit gäbe es im gesamten Geschäftsprozess des Maklers keine Medienbrüche mehr. Einzelne Bearbeitungsschritte könnten automatisiert werden, so dass die Bearbeitungszeit insgesamt sinkt. Dies wäre für den Kunden des Maklers eine deutliche Service-Verbesserung. Für den Makler bestünde der Vorteil darin, dass er so von zeitraubenden Routinetätigkeiten entlastet werden kann und mehr Zeit für die Beratung seiner Kunden gewinnt.

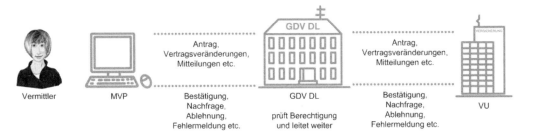

Abbildung 5: Weitere mögliche Datenkommunikations-Prozesse

Neben der im Bild dargestellten synchronen Kommunikation, bei der auf jede Anfrage oder Mitteilung des Maklers eine Antwort von Seiten des Versicherungsunternehmens folgt, gibt es diverse Geschäftsprozesse, bei denen das Versicherungsunternehmen die Kommuni-kation mit dem Makler initiiert oder aufgrund manueller Bearbeitungen die Beantwortung durch das Versicherungsunternehmen asynchron erfolgt. Darüber hinaus gibt es auch di-verse Geschäftsprozesse, bei denen das Versicherungsunternehmen dem Makler seiner-seits Informationen zu Bestandsversicherungen mitteilt. Auch im Rahmen des eVB-Verfahrens gibt es schon heute Geschäftsvorfälle, bei denen die GDV DL initiativ an den Makler herantritt, um diesen beispielsweise über eine erfolgte Zulassung mit einer von ihm ausgegebenen elektronischen Versicherungsbestätigung zu informieren.

Um im Rahmen dieser Geschäftsvorfälle den Makler zu informieren, stehen seitens der GDV DL zwei Möglichkeiten zu Verfügung: Größere Makler und Maklerorganisationen, die eine permanent erreichbare IT-Infrastruktur betreiben, können beispielsweise einen Web-Service bereitstellen, über den sie initiative Nachrichten von der GDV DL entgegenneh-men.

Für Makler die keine permanent erreichbare IT-Infrastruktur betreiben, muss ein anderer Weg gefunden werden, um Nachrichten, die jederzeit eintreffen können, einem Makler gesichert zukommen lassen zu können. Für diese Makler speichert die GDV DL die asyn-chron eingehenden Nachrichten, bis diese durch den Makler abgerufen werden. Für den Abruf der gespeicherten Nachrichten bietet sich ein Briefkastenmechanismus an, der an das Prinzip eines E-Mail-Kontos angelehnt ist. Der Makler fragt bei der GDV DL an, ob für ihn Nachrichten vorliegen. Sollte dies der Fall sein, so werden ihm die zwischengespeicherten Nachrichten zugestellt. Somit ist sichergestellt, dass alle Nachrichten einen Makler auch dann erreichen, wenn dieser seine Nachrichten einige Tage nicht abruft.

Abbildung 6: Asynchrone Kommunikation mit Maklern

Beide Verfahren zur Zustellung asynchron erzeugter Mitteilungen an einen Makler wurden bereits im Rahmen des eVB-Verfahrens realisiert und werden von zahlreichen Maklern intensiv genutzt.

Mit der technischen Infrastruktur, die für das eVB-Verfahren auf Seiten der Versicherungsunternehmen, der GDV DL und bei den Maklern aufgebaut wurde, steht ein Fundament bereit, um auch weitergehende Anforderungen an die Kommunikation zwischen Maklern und Versicherungsunternehmen schnell und sicher auf elektronischem Wege abbilden zu können.

4 Vision 2 – Ein neues Versicherungskennzeichen

Bei der Ausgabe von Versicherungskennzeichen übernehmen die Versicherer nicht nur den Nachweis des Versicherungsschutzes. Vielmehr stellen die Unternehmen mit Ihren Vermittlern bereits den gesamten Zulassungsprozess sicher, der bei gewöhnlichen Kraftfahrzeugen durch die örtlichen Zulassungsbehörden übernommen wird. Die Versicherer leisten somit einen Beitrag zur Verringerung öffentlicher Aufgaben und können im Gegenzug ein Gesamtprodukt anbieten, um dem Kunden ungeliebte Behördengänge zu ersparen.

Neben Produktion und Ausgabe der Kennzeichen veranlassen die Versicherer über die GDV Dienstleistungs-GmbH & Co. KG auch die Übertragung der Fahrzeug- und Halterdaten an das Kraftfahrt-Bundesamt. Bei den Beteiligten bestehen insofern bereits umfangreiche Erfahrungen über die amtlichen Anforderungen an die Datenqualität öffentlicher Register.

Es wird diskutiert, wie sich öffentliche Aufgaben auf das notwendige Maß der staatlichen Daseinsvorsorge reduzieren lassen. In diesem Umfeld könnten auch die Versicherer weitere geeignete Aufgaben übernehmen und das Dienstleistungsangebot um zusätzliche Mehrwerte ergänzen.

Die Ausgabe von Kurzzeitkennzeichen unterscheidet sich beispielsweise nur in wenigen Details von den Versicherungskennzeichen. Kurzzeitkennzeichen werden ausgegeben, um den Anforderungen zeitlich beschränkter Mobilitätswünsche gerecht zu werden. Bei der Ausgabe eines Kurzzeitkennzeichens muss stets auch Versicherungsschutz nachgewiesen werden. Aus Verbrauchersicht könnte die Ausgabe von Kurzzeitkennzeichen deutlich optimiert werden, wenn der Besuch einer Zulassungsbehörde nicht mehr erforderlich wäre.

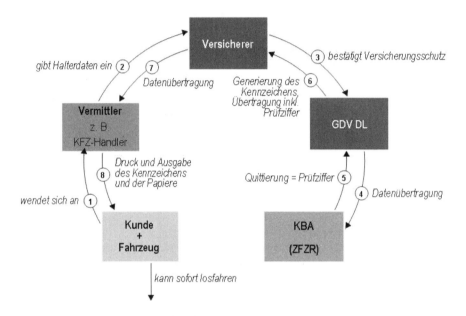

Abbildung 7: Verfahren für Kurzzeitkennzeichen

Der Versicherer könnte also – ganz ähnlich zum Versicherungskennzeichen – Versicherungsschutz und Zuteilung eines Kennzeichens aus einer Hand anbieten. Über vielfältige Vertriebskanäle und Partnerschaften im Kfz-Gewerbe kann die Versicherungswirtschaft zudem ein dichtes Servicenetz garantieren; lange Wege zur nächsten Behörde könnten entfallen.

Mit dem eVB-Verfahren steht bereits eine zuverlässige und bewährte Infrastruktur bereit, um eindeutige Ziffernkombinationen für die Kennzeichenvergabe zu generieren und Mitteilungen zahlreicher Partner an zentrale amtliche Register zu übertragen. Die Versicherungswirtschaft ist also bereits optimal vorbereitet, um die Chancen derartiger Veränderungen als sinnvolle Ergänzungen des bisherigen Produktangebots wahrzunehmen.

Das Prometheus-Projekt: Versuch einer ganzheitlichen Lösung

„Mut steht am Anfang des Handelns, Glück am Ende.“

Demokrit

Prometheus - wir kennen ihn aus der Antike. Der gefesselte Prometheus ist die Hauptperson in einer griechischen Tragödie, die bereits in der Antike einem Verfasser namens Aischylos zugeschrieben wurde. Besonders glücklich durfte er dort nicht agieren. Des angeblichen Feuerraubes angeklagt, wurde der Titan Prometheus in skythische Eisenketten gelegt. Wie wir uns dieses bildhaft vorstellen können, veranschaulicht ein Gemälde des Antwerpener Malers Jacob Jordaens (1593-1678). Die Szene wird in Wikipedia wie folgt beschrieben: "Ein alternder, aber immer noch herkulischer Prometheus mit zum Todesschrei weit aufgerissenem Mund und Auge scheint rücklings in das große schwarze Loch des Hades hinabzustürzen. Um Hand- und Fußgelenke trägt er Eisenketten, deren eine noch mit dem Felsen verbunden ist. Ein Adler von übergroßer Flügelspannweite, mit seinem Schnabel auf die Leber des Opfers einhackend,... ". Prometheus wollte eigentlich nur den Menschen das Feuer bringen und musste dafür büßen.

Auch die Macher des Prometheus-Projektes möchten den Menschen den Fortschritt bringen, in diesem Fall der Versicherungswirtschaft vor allem die Möglichkeit, ihre nichtkundenbezogenen Prozesse drastisch zu optimieren und damit den Rücken frei zu haben, um sich mehr um die Kundenbeziehungen zu kümmern. Die Diskussion um dieses Projekt dauert bereits seit geraumer Zeit an. In dieser Zeitspanne wurden die Ziele und die Inhalte, die geplanten Vorgehensweisen in vielen Diskussionen mit unterschiedlichen Beteiligten immer wieder neu justiert. Der hier veröffentlichte Text stellt den Stand der Diskussionen zum Zeitpunkt Mai 2009 dar. Eine umfangreiche Vorstudie bildet die inhaltliche Basis.

Die Kritik aus unterschiedlichen Richtungen indessen hält weiterhin an; vielleicht wäre hier ein weiteres Zitat angebracht: „Viel Feind, viel Ehr“. Die Softwarehersteller fühlen sich nicht eingebunden, befürchten sogar Nachteile oder eine Gefahr für ihre Geschäftsmodelle. Die Versicherer von dem Projekt zu überzeugen, stellt eine Herkules-Aufgabe dar. Somit kann, um auf das antike Bild zurückzukommen, Prometheus froh sein, von athletischer Statur zu sein. Wir wissen nicht, wie es um Prometheus bestellt sein wird, wenn dieses Buch veröffentlicht wird und sie es in Händen halten und lesen. Wir sind selbst gespannt.

Die Herausgeber

Das Prometheus-Projekt

Hartmut Goebel

Im Rahmen des Projekts Prometheus Foundation wollen Versicherungsunternehmen, Maklerverbünde und IT-Unternehmen gemeinsam einen technischen Standard entwickeln, über den die Datenkommunikation zwischen Maklern und Versicherungsgesellschaften auf einer gemeinsamen Plattform abgewickelt werden kann. Die Prometheus-Software als gemeinsam zu entwickelnde bracheneinheitliche Basistechnologie soll die Nachteile und Ineffizienz der derzeitigen Datenkommunikation beseitigen und insbesondere den papierbasierten Austausch geschäftsprozessbezogener Daten vermeiden. Den organisatorischen Rahmen für die Projektentwicklung soll ein Verein bilden, der über gewinnorientierte Tochtergesellschaften Infrastruktur- und Supportdienstleistungen für die Prometheus-Software erbringen soll. Mittel- und langfristige ist eine Erweiterung des Kreises der bereits am Projekt beteiligten angestrebt.

1 Die Ausgangssituation

Die Abwicklung von Geschäftsprozessen aller Art zwischen Versicherungsmakler und Versicherern ist derzeit geprägt durch papierbasierte Übermittlung der erforderlichen Informationen, einen hohen Grad an manueller Erfassungsarbeit und Mehrfacheingaben der erforderlichen persistenten Informationen auf beiden Seiten.

An diesem branchenweiten Missstand ändern letztlich auch mehr oder minder erfolgreiche Einzelprojekte nichts, die sich regelmäßig auf die (teil-)automatisierte Abwicklung einzelner Lösungen auf Maklerseite, auf der Seite von Versicherern und deren Anwendern oder auf einzelnen Geschäftsprozesse zwischen Versicherern und Maklern beschränken.

Der Grund für dieses Phänomen liegt einerseits in dem Bestreben von Versicherern, sich über die schlanke Abwicklung von Geschäftsprozessen im Wettbewerb um die Vermittlerschaft über reine Produkteigenschaften hinaus zu differenzieren und eigene operative Vorteile zu erarbeiten. Der Grund liegt andererseits in der heillosen Zersplitterung der technischen Landschaft auf Seiten der Versicherungsmakler. Hier hat der Markt rund 70 Maklerverwaltungssysteme hervorgebracht, die lediglich in der Sammlung der elementaren und zwangsläufigen Funktionen übereinstimmen, jedoch hinsichtlich Daten(modell)umfang, technischer Plattform und auch technischer Qualität nur wenig gemeinsam haben.

Durch die Heterogenität der technischen Infrastruktur auf beiden Seiten wird eine umfassende, zuverlässige und in der Breite nutzbare technische Unterstützung der Standard-Geschäftsprozesse dauerhaft verhindert. Der dadurch entstehende Zwang zur manuellen, personalintensiven Abwicklung eben dieser Vorgänge verursacht jährlich immense Kosten für Personal und die Folgen der hiermit einhergehenden Fehlerquote.

Die Voraussetzungen für eine weit reichende technische Abbildung der Standard-Geschäftsprozesse sind zunächst und zuvorderst politischer Natur, da die technisch-handwerkliche Umsetzung in Zeiten allseits und praktisch ständig verfügbarer, hochperformanter Zugänge zu einem gemeinsamen technische Netzwerk (dem Internet) zweifellos machbar ist.

Genau in diese Richtung wirken die in der Prometheus-Initiative versammelten Marktteil-nehmer. Es gilt ein neues Verständnis von Wettbewerb zu schaffen, als Voraussetzung für dieses kooperative Projekt.

1.1 Die Perspektive der Makler

Aktuell sind Makler und andere ungebundene Vermittler – wie oben ausgeführt – angewie-sen auf die Bereitstellung von Software durch die Versicherer, wollen sie Geschäftspro-zesse wenigstens ansatzweise verbessern. Daraus ergibt sich ein uneinheitliches Bild: Je nach Versicherer kommen unterschiedliche Verfahren zum Einsatz (lokal zu installierende Software vs. Internetportale), unterschiedliche Benutzeroberflächen, differierende Autori-sierungsverfahren, unabgestimmte Updatezyklen und vieles andere mehr.

Ein Software-as-a-Service (SaaS)-Konzept lässt dem Makler wieder Freiraum, sich mehr um Verkaufs-und Beratungsprozesse, also um die wertschöpfenden Tätigkeiten, zu küm-mern, anstatt sich um das Einspielen von neuen Software-Releases zu kümmern. Ein flexibles und dynamisches zentrales System ermöglicht es den Maklern, mit minimalem Lernaufwand sich in neuen Softwareversionen zurechtzufinden.

Der Hauptnutzen für einen Vermittler beim Einsatz einer branchenweit einheitlichen tech-nischen Infrastruktur liegt jedoch in der Möglichkeit der technischen Abbildung seiner all-täglichen Geschäftsprozesse und des Austauschs der Prozessdaten mit der jeweiligen Gesellschaft. Der Schwerpunkt liegt hierbei nicht nur auf dem simplen Transport von Neu-geschäftsdaten zwischen Vermittler und Versicherer, sondern vielmehr auch auf denjeni-gen Prozessen, die weniger oder gar nicht unmittelbar wertschöpfend sind, aber dennoch einen großen Teil der personellen Ressourcen verbrauchen – und zwar auf beiden Seiten des Prozesses.

Die Durchführung einer simplen Adressenänderung beispielsweise führt auf beiden Seiten zu erheblichem manuellen Aufwand, dem keinerlei unmittelbarer Ertrag gegenübersteht. Gleichwohl kann ein solcher Prozess in hohem Maße standardisiert und automatisiert werden.

Die personellen Ressourcen, die sich bislang zu einem wesentlichen Teil mit der Aufberei-tung von individuellen Transaktionen und der manuellen Aktualisierung der eigenen Da-tenhaltung befassen müssen, können nutzbringend in den fachlichen Prozessen einge-setzt werden.

1.2 Die Perspektive der Versicherer

Versicherungsunternehmen versuchen sich von Mitbewerbern abzugrenzen. Ein Weg dorthin ist die Einführung von neuen spezialisierten Versicherungsprodukten, was über die angestrebte SaaS-Architektur und sich daraus ergebender kürzerer Time-to-Market für neue Produkte realisiert wird. Klar definierte flexible Schnittstellen zum Datenaustausch und frühzeitige Konsistenzprüfungen auf Seiten des Maklers führen zu einer höheren Datenqualität, geringeren Durchlaufzeiten, einer höheren Dunkelverarbeitungsquote und insgesamt zu geringeren Prozesskosten, da ein höherer Automatisierungsgrad erreicht werden kann. Durch eine weitestgehende Anlehnung an bestehende Standards in der Versicherungsindustrie werden Synergien auch innerhalb von Versicherungsunternehmen nutzbar.

Prometheus kann als Marketinginstrument dienen: 'Here is the product of the day'. Die Integration einer Produkt-Schnittstelle ermöglicht die Abbildung dezidierter, eigener Produkte innerhalb des maklerseitigen Anwendungsteils. Sie ermöglicht die Implementierung spezifischer Produkte in produktgesteuerten Eingabemasken und Dialogen, ohne jedoch die Mächtigkeit von Tarifrechnern zu erreichen.

Schließlich werden es sich die teilnehmenden Versicherer wieder leisten können, den Makler als das zu betrachten, was er per Definition immer schon war: Ein Gelegenheitsvermittler im engeren Sinne des Wortes. Die fixen Kosten für das Unterhalten eines Makler-Accounts werden durch die gemeinsame Technologie merklich und nachhaltig sinken, so dass unter Ertragsgesichtspunkten auch Vermittler mit geringeren Umsätzen angebunden werden bzw. bleiben können.

1.3 Perspektive von Maklerpools und -verbünden

Maklerpools und -verbünde haben sich im Laufe der letzten Jahre als neue Intermediäre im deutschen Versicherungs- und Finanzdienstleistungsmarkt fest etabliert. Sie bündeln die Nachfragemacht der ihnen angeschlossenen Vermittler und können auf diesem Wege Verbesserungen sowohl bei den Versichererprodukten als auch bei deren Einkaufsbedingungen für die angeschlossenen Partner durchsetzen. Sie unterstützen insbesondere den Makler in seinem Pflichtenkatalog; gerade bei dem Thema Marktbeobachtung und -analyse liefern Sie oftmals wertvolle Hilfen und tragen damit erheblich zur Qualitätssteigerung des vom Makler angebotenen Informationsproduktes bei. In einem deregulierten Marktumfeld reduzieren sie somit deutlich sowohl die Transaktionskosten auf Seiten des unabhängigen Vermittlers als auch auf Seiten der Versicherer.

Dabei gelingt es gerade größeren Einheiten mit einem nicht unerheblichen Kapital- und Technologieeinsatz die Kommunikation zwischen Vermittler und Produktgeber auf eine neue und deutlich leistungsstärkere Basis zu stellen. Oftmals werden in dem Zusammenhang auch eigenentwickelte Verwaltungsprogramme dem Makler zu Vorzugskonditionen angeboten, um so Bindungseffekte zu erzielen. Der hier geforderte Mitteleinsatz übersteigt oftmals die eigenen Möglichleiten und zwingt in vielen Fällen dazu, externes Kapital hereinzunehmen, das, je nach Herkunft der Mittel, Einfluss auf die Unabhängigkeit des Dienstleisters haben kann. Um diesen Entwicklungen entgegen zu treten, setzt sich immer mehr die Erkenntnis durch, auf ein eigenes Maklerverwaltungsprogramm als Wettbewerbsargument zu verzichten und zumindest im Rahmen einer „Basistechnologie" zu einer konsortialen Entwicklung zu kommen, die gleichwohl auch in Zukunft die Basis bietet, sich über ein eigenes Branding und die Integration eigener Funktionalitäten im Markt weiter hinreichend zu differenzieren.

1.4 Perspektive für IT-Dienstleister

Es ist nahe liegend, dass zumindest die Hersteller von Maklerverwaltungsprogrammen das Entstehen einer Prometheus-Software zunächst als unmittelbare Bedrohung ihres Geschäftsmodells begreifen. Unabhängig davon können einzelne Hersteller jedoch, auch in Abhängigkeit von der individuellen Lebenszyklusstellung ihres Produktes zu der Einschätzung kommen, dass die konsortiale Entwicklung einer Basistechnologie ganz neue Perspektiven für die eigene Produktweiterentwicklung bietet. Letztendlich könnte das eigene Investitionsrisiko erheblich reduziert werden, ohne gleichzeitig Individualität und das „eigene Gesicht" im Marktauftritt zu verlieren.

Aufbauend auf einem einheitlichen System ergeben sich für Hersteller von Maklerverwaltungsprogrammen (MVP) zahlreiche Möglichkeiten zur Differenzierung von Mitbewerbern und zum Angebot von erweiterten Servicedienstleistungen. Die Unterhaltung eines eigenen Systems enthält nämlich nur teilweise Merkmale, die als USP im Markt eingesetzt werden können. Zu einem erheblichen Teil besteht der Maintenance-Aufwand in rein technischen Erfordernissen, etwa dem Folgen von Kompatibilitätsvorgaben neuer Betriebssystem- oder Datenbankserver-Versionen und anderem mehr.

Gleichwohl müssten sich die Hersteller von Maklerverwaltungsprogrammen auf die technologische Basis, die das Prometheus-System etabliert, einlassen. So schreibt beispielsweise die Automation von Geschäftsprozessen eine übereinstimmende Datenhaltung vor, will man nicht in genau diejenige Zersplitterungsproblematik geraten, die ein Teil der Gründe für das Scheitern zurückliegender Projekte war.

Ein Technologielieferant hätte also die Möglichkeit, die exemplarische Anwendung, die wir im Rahmen der Implementierung realisieren werden, auf die spezifischen Bedürfnisse seiner Kunden anzupassen und mit Add-Ons zu ergänzen, die tatsächlich Teil seiner Expertise sind. Auch der Austausch bestimmter Anwendungsteile, von denen ein Hersteller glaubt, sie besser realisieren zu können, ist ohne weiteres denkbar und möglich. So ist etwa vorstellbar, Buchhaltungssysteme, Dokumenten-Managementsysteme oder Werkzeuge für die Recherche des Datenbestandes zuzuliefern und seinen eigenen Lizenznehmern zugänglich zu machen. Der in Open Source-Systemen gängigen Praxis folgend wird das Gesamtsystem auch davon leben, dass Technologielieferanten vorhandene Schwächen und Mängel aufdecken, beheben und dass die Änderungen in die Entwickler-Community zurück fließen. Die Produktdifferenzierung könnte sich insofern konzentrieren auf diejenigen Teile des Front-Ends und der Business-Logik, die tatsächlich die fachliche Expertise des jeweiligen Softwarehauses transportieren.

Darüber hinaus ergibt sich vor dem Hintergrund einer einheitlichen Plattform eine ganze Reihe weiterer Betätigungsfelder, die aktuell vor dem Hintergrund der derzeitigen Zersplitterung kaum denkbar wären: Training, Consulting, Customizing, Branding, und, vor allem zu Beginn, die Durchführung der Migrationen aus den verschiedenen Vorgängersystemen.

Die Kooperation in einem Projekt für Prometheus wäre jedoch nicht nur für die Hersteller von Maklerverwaltungsprogrammen interessant, sondern auch für die Hersteller von Analyse-und Expertensystemen. Wegen der hohen Bedeutung von Analyse- und Vergleichsprogrammen in der täglichen Praxis eines Versicherungsmaklers bietet es sich an, die Funktionalität und das Know-how, das in der technischen Realisierung dieser System steckt, auch im Rahmen von Prometheus den Anwendern zugänglich zu machen. Durch moderne Technologien, wie beispielsweise Webservices, ist es möglich, diese Anwendungen ideal in die Workflows eines Vermittlers einzubetten.

Das Architekturkonzept sieht vor, dass die Beheimatung des Prometheus-Clients nicht zwangsläufig an zentraler Stelle geschehen muss. Vielmehr ist es möglich, die Datenhaltung für den einzelnen Anwender dezentral zu organisieren. Aus dieser Vorgehensweise ergibt sich die Möglichkeit für Dienstleister, einen Service zu realisieren, der das Hosting der Datenbank-Infrastruktur einschließlich angegliederter Dienstleistungen, wie etwa Datensicherung, beinhaltet. Gleichwohl ist beabsichtigt, durch einen von der Prometheus Foundation initial aufgesetzten Dienst einen frühen Start der Gesamt-Dienstleistung zu ermöglichen, gegebenenfalls auch bevor sich weitere externe Dienstleister mit diesem Angebot gefunden haben

2 Projektbeschreibung

Die Prometheus-Software soll als webbasierte Plattform mit Standardschnittstellen für die Datenkommunikation zwischen Versicherungsgesellschaften und Maklern bzw. Maklerverbünden etabliert werden. Durch die Standardisierung der Schnittstellen wird die einheitliche Beschreibung der Produkte der Versicherungsunternehmen ermöglicht und damit die Prozessautomation bei der Datenvalidierung und beim Datenaustausch zwischen Versicherungsunternehmen und Maklern unterstützt. Die Prometheus-Software soll dabei nicht zu einer Vereinheitlichung der von den Versicherungsunternehmen angebotenen Produkte selbst führen, sondern lediglich eine Plattform zur Verfügung stellen, die mit den flexiblen Produktdefinitionen der Versicherungsunternehmen umgehen kann.

Die Prometheus-Software besteht aus zwei Komponenten:

- Aus der Anwendung, auf die der Makler webbasiert zugreift,

- aus einer Software, die einen zentralen Verzeichnisdienst („Produkt-Bus") ermöglicht, der Informationen verwaltet, wie auf die Beschreibungen der einzelnen Produkte der

Versicherungsunternehmen (nicht aber auf die Produktinformationen selbst) zugegriffen werden kann.

Im laufenden Betrieb des Gesamtsystems stellt der Produkt-Bus diese Informationen der webbasierten Anwendung zur Verfügung. Das Angebot eines Produkt-Bus wird diskriminierungsfrei gegen ein angemessenes Entgelt allen interessierten Maklern offen stehen.

Die Prometheus-Software soll eine technologische Basis darstellen, an die Dritte eigene Erweiterungen bzw. Ergänzungen oder Sekundäranwendungen andocken können (sog. Motortechnologie). Dies kann in der Form von sogenannten „Plugs" geschehen, oder in Form von unabhängiger Software, die über die Schnittstellen mit der Prometheus-Software kommuniziert. Da die Prometheus-Software unter der „Open-Source"-Lizenz veröffentlicht werden wird, werden Dritte auf den Quellcode frei zugreifen und diesen modifizieren und die Software ohne weitere Kosten nutzen können. Das Projekt Prometheus Foundation orientiert sich insoweit an der Entwicklung der Eclipse Foundation aus den USA (siehe www.eclipse.org).

Es kann zum gegenwärtigen Zeitpunkt nicht ausgeschlossen werden, dass die Prometheus-Software auf Anwendungen aufbauen wird, die durch geistige Eigentumsrechte Dritter geschützt sind. Sollten durch geistige Eigentumsrechte Dritter geschützte Anwendungen Bestandteil der Prometheus-Software werden, so wird durch entsprechende Vereinbarungen sichergestellt, dass die Inhaber der geistigen Eigentumsrechte auf die Geltendmachung einer Lizenzgebühr sowohl gegenüber den Vereinsmitgliedern als auch gegenüber Dritten verzichten.

Die Produktivitätsvorteile der Prometheus-Software ergeben sich vor allem aus den Kostenvorteilen der konsortialen Entwicklung der Software und der Verringerung des Pflege- und Implementierungsaufwandes in Folge der Verwendung eines einheitlichen Standards. Überdies ermöglicht der standardisierte Einsatz von Software die Konzentration auf ein Datenübermittlungsmedium und führt zu Produktivitätssteigerung beim Maklervertrieb, ohne dabei die Produktdifferenzierung aufgeben zu müssen. Nicht zuletzt ermöglicht die Prometheus-Software dem Makler eine bessere Vergleichbarkeit der verschiedenen Versicherungsprodukte und verbessert damit die Markttransparenz zum Vorteil der Kunden.

2.1 IT-Konzept

Die Prometheus-Architektur basiert auf einem komponenten-orientierten Ansatz auf Basis des OSGi-1-Standards, dem Datenaustausch auf Basis von Webservices und der Verwendung des Eclipse-UI-Frameworks. Wichtige Ziele bei der Definition der Prometheus-Architektur sind die Nutzung etablierter Standards und, wenn möglich, deren Open Source (Referenz-) Implementierungen, die Vermeidung einer zentralistischen Instanz zur Verarbeitung von Vertragsdaten, sowie die Möglichkeit, Prometheus-basierte Lösungen als Software-Service anbieten zu können.

Eine Herausforderung bei der Konzeption von Prometheus liegt in der benötigten dynamischen Definition von Produkten und der damit einhergehenden dynamischen Persistenz, Datenkommunikation und Benutzerschnittstelle. Gleichzeitig soll eine große Anzahl an Marktteilnehmern mit möglichst geringem Aufwand und hohem Automatisierungsgrad Geschäftsprozesse miteinander abwickeln können.

Ein möglicher Ansatz zur Lösung dieser Herausforderung ist die Zentralisierung der Maklerseite mit einem DATEV-ähnlichen Ansatz. Nachteil dieser Vorgehensweise wäre eine starke Abhängigkeit von Maklern und Versicherungsunternehmen von dieser zentralen Instanz, welche den erzielbaren Nutzen durch die Prozessautomation in vielen Fällen überkompensieren würde. Vor diesem Hintergrund wurde ein Ansatz gewählt, der ein zentrales Verzeichnis für Produkte und Services vorsieht, aber nicht in die Kommunikation zwischen Makler und Versicherungsunternehmen eingreift.

Die Anpassbarkeit und Erweiterbarkeit der Prometheus-Plattform ist ein weiterer wichtiger Erfolgsfaktor für die Architektur. Daher wurde das unter anderem bei der Eclipse-Plattform bewährte OSGi-Modulkonzept als architekturelle Basis für die gesamte Plattform gewählt. OSGi definiert einen Java-Standard für ein dynamisches Modulsystem. Anwendungen können, auf Wunsch dynamisch, aus wiederverwendbaren Modulen komponiert werden. Es liegen heute kommerziell einsetzbare OSGi-Komponenten für alle benötigten funktionalen Anforderungen von Prometheus vor. Die OSGi Alliance ist das für die OSGi-Spezifikation verantwortliche Gremium, und neben dem Java Community Process (JCP) das einzige Gremium, das offizielle Standards für Java spezifizieren darf. Die Abbildung der Fachlichkeit erfolgt auf Basis der BiPRO-Spezifikationen, welche die "internetbasierten Prozesse zwischen Versicherungsunternehmen, Vermittlern und Dienstleistern der Assekuranz standardisieren". Die technische Grundlage aller BiPRO-Standards ist eine Service-orientierte Architektur mit Definition der Domänenmodelle in XML-Schema und der Kommunikation über Webservices.

An die Persistenz und Transaktionsschicht der Prometheus-Plattform gibt es eine Vielzahl von Anforderungen. Neben der Persistierung von standardisierten BiPRO-Objektinstanzen soll die Persistenzschicht auch mit individuellen (VU- bzw. produktspezifischen) Definitionen oder Erweiterungen umgehen können, multi-dimensionale Historisierung sowie lang laufende fachliche Transaktionen unterstützen.

Die Benutzerschnittstelle muss neben den für alle Anwendungen üblichen Kriterien wie einfache Benutzbarkeit und hoher Bedienkomfort auch mit der dynamischen Struktur von Domänendaten umgehen können und sowohl auf dem Desktop als auch im Web (mit Browser-Technologie) nutzbar sein.

Zentrale Komponente Produktbus

Der Produktbus, die zentrale Komponente von Prometheus, erlaubt die Verwaltung von Produkt-und Servicedefinitionen durch alle beteiligten Versicherungsunternehmen, sowie den lesenden Zugriff auf diese Informationen von allen dezentralen Komponenten bzw. Prometheus-Clients. Die Definition von Produkten erfolgt gemäß BiPRO und nach VAA-Standard in XML-Schema. BiPRO definiert spartenspezifische Standards (siehe den Beitrag von Markus Heussen in diesem Buch), welche durch die Versicherungsunternehmen individualisiert werden, um ihre Produkte abzubilden. Jedes Versicherungsunternehmen speichert die Datenstrukturen seiner Produkte in diesem zentralen Verzeichnis ab und benennt die Services, über welche die Prozesse für die entsprechenden Produkte abgewickelt werden können. Die Prozesse sind für die jeweiligen Sparten ebenfalls durch die BiPRO standardisiert. Beispiele für solche Prozesse sind Tarifierung, Angebot und Antrag, aber auch elektronische Versicherungsbestätigung oder in Zukunft auch Schadensprozesse.

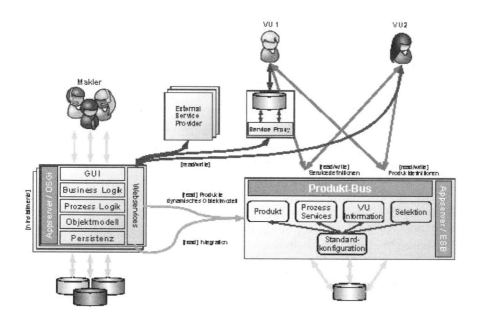

Abbildung 1: Prometheus-Architektur-Diagramm

Dezentrale Komponente Prometheus Client / MVP System

Die Client-Komponente der Prometheus-Plattform kann beliebig oft vorhanden sein. In dieser Komponente wird die maklerseitige Verwaltung aller Domänendaten realisiert. Die Benutzerschnittstelle soll sowohl auf dem Desktop als auch im Browser funktionieren. Die Definition der Benutzeroberfläche erfolgt teilweise programmatisch auf Basis der spartenspezifischen BiPRO-Standards, teils dynamisch auf Basis der vom Produktbus abgerufenen Informationen.

Dezentrale Komponente Webservices-Schnittstellen für VU

Die Service-Proxy-Komponente implementiert beispielhaft die versicherungsunternehmensseitigen Services zur Kommunikation zwischen Makler und Versicherungsunternehmen und kann mit minimalem Aufwand auf der Seite der Versicherungen eingesetzt werden. Mit ihrer Hilfe ist es einem Produktanbieter möglich, sofort und ohne bzw. mit nur geringer Anpassung der eigenen Systeme die Dienste des Produktbusses zu nutzen. Die von Prometheus bereitgestellte Implementierung der Basisdienste stellt die Daten der Serviceanfragen in einer Datenbank bereit. Von dort können sie mit vorhandenen Standardmitteln gelesen und weiterverarbeitet werden.

2.2 Business-Case

In einer umfangreichen Wirtschaftlichkeitsstudie wurde speziell der Investitionsnutzen aus Versichererperspektive untersucht. Wie nachstehend grafisch dargestellt, wurde den auf den jeweiligen Versicherer entfallenden Entwicklungskosten ein quantitativer und qualitativer Nutzen gegenübergestellt, und zwar auf Basis durchschnittlicher Prozessdeterminanten, die von einer externen auf die Branche spezialisierten Unternehmensberatung zugeliefert wurden. In dem Prozess wurden darüber hinaus Tools entwickelt, die es erlauben, auch eine unternehmensindividuelle Auswertung durchzuführen.

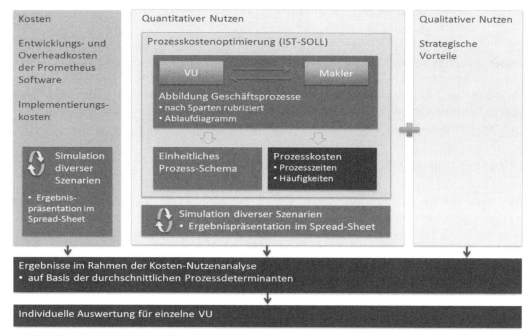

Als direkter monetär messbarer Nutzen konnte eine signifikante Prozesskostenersparnis in Folge eines deutlich gestiegenen Anteils elektronischer Datenkommunikation und einer verbesserten Datenqualität identifiziert werden. Der indirekte monetäre Nutzen liegt in einer besseren Erreichbarkeit der Absatzmärkte für Versicherer, optimierter Serviceverfügbarkeit durch den Produktbus und Stärkung des Maklervertriebs. Darüber hinaus ergeben sich strategische Vorteile unter anderem aus der Bereitschaft der Makler verstärkt auf die über Prometheus vertriebenen Produkte der dort angebundenen Versicherer zurückzugreifen.

Im Ergebnis konnten allerdings für keinen Versicherer signifikante Einsparungen ermittelt werden, die die nach Anzahl, der an der konsortialen Entwicklung beteiligten Versicherer und Maklerverbünde variierenden Investitionskosten kurzfristig überkompensieren.

2.3 Organisationsform

Den rechtlichen Rahmen für das Konsortium bildet die Prometheus Foundation e.V. Die Wahl der Rechtsform orientiert sich eng an den Zielen und der Zusammensetzung des Konsortiums. Eine Körperschaft als Verein im Sinne von §§ 21ff. BGB erlaubt eine flexible Erweiterung der Konsortialunternehmen und ist nicht an eine Integration in Dachverbänden gebunden. Versicherer, Maklerverbünde und weitere Marktteilnehmer können damit ohne großen bürokratischen Aufwand zu späteren Zeitpunkten der Entwicklungsgemeinschaft beitreten. Im Fall einer möglichen alternativen Konzeption als eingetragene Genossenschaft (e.G.) wäre dies mit hohen Verwaltungsakten, Anpassungen der Genossen-schaftsregelungen und Reportingpflichten gegenüber einem Dachverband verbunden.

Der Verein Prometheus Foundation e.V. gibt sich bei seiner Gründung eine Satzung, in denen die Organe des Vereins und grundlegende Aspekte einer Zusammenarbeit definiert sind. Organe des Vereins sind demnach die Mitgliederversammlung und der Vorstand. Der Vorstand mandatiert eine Geschäftsführung, die das Zusammenspiel der Softwaregesell-schaften im Entwicklungsprozess koordiniert, eine Roadmap erarbeitet sowie die techni-schen und kaufmännischen Aufgaben dirigiert. Die Mitgliederversammlung bildet die Ge-samtheit aller in Prometheus vertretenen Unternehmen ab. Entsprechend der drei vorge-sehenen Mitgliedskategorien stellen die Mitglieder den Vorstand der Prometheus Foundation:

- **Partner-Mitglied**: Ziel des beitretenden Unternehmens ist es, eine strategische Ent-wicklungspartnerschaft mit allen anderen Partner-Mitgliedern einzugehen. Jedes Un-ternehmen, welches Partner-Mitglied ist, wählt einen Vertreter in den Vorstand des Vereins und ist mit einer Stimme an den Entscheidungen beteiligt.

- **Support-Mitglied**: Ziel des beitretenden Unternehmens ist es, auf Basis des konsortial entwickelten Software-Standards ergänzende Produkte und/oder Servicedienstleistun-gen zeitnah am Markt anzubieten und sich durch die Mitgliedschaft für qualifizierte Wartung (Maintenance) und Support (auf Basis von Service Level Agreements) zu qualifizieren. Eine Mitgliedschaft dieser Kategorie berechtigt dazu, pro 10 und begin-nend mit 3 Support-Mitgliedern, je eine Person zu wählen, die einen Sitz mit einer Stimme im Vorstand des Vereins erhält.

- **Fördermitglied**: mit seinem Beitritt als Fördermitglied befürwortet das Unternehmen die Ziele und Inhalte der Prometheus Foundation öffentlich und trägt in Branchenkrei-sen zur Reputation des Vereins bei. Ein Fördermitglied ist nicht an den Entscheidun-gen des Vereins beteiligt und stellt dementsprechend keinen Vorstand.

Für Versicherungsgesellschaften und Maklerverbünde ist die Partner-Mitgliedschaft vorge-sehen. Die Möglichkeit, Support-Mitglied der Prometheus Foundation zu sein, ist für Dienstleister im Bereich von Versicherungs-IT- und MVP-Hersteller interessant. Unter den Fördermitgliedern fassen wir einzelne Makler und Interessensverbände zusammen, die sich ideell dem Verein verpflichten.

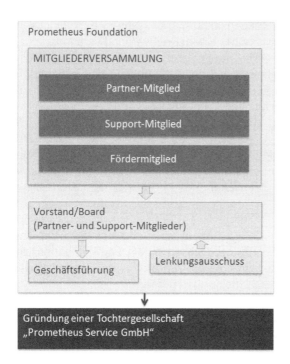

Abbildung 3: Organisationsstruktur der Prometheus-Foundation

Die Beiträge der Mitglieder variieren je nach Mitgliedsklasse und sind abhängig von der Anzahl der finanzierenden Konsorten. Zum einen werden dadurch die Software-Entwicklung finanziert, zum anderen die laufenden Kosten für die Organisation des Konsortiums gedeckt. Die nach einem Verteilungsschlüssel ermittelte Übernahme der Kosten für die Software-Entwicklung und das Management der Prometheus Foundation je Partner-Mitglied ist über die Entwicklungsdauer von zwei Jahren zu entrichten. Danach reduzieren sich die Kosten zur Weiterentwicklung und Management des Konsortiums, können jedoch zum jetzigen Zeitpunkt nicht näher spezifiziert werden. Die Einnahmen einer Betreibergesellschaft, die den Betrieb und das Hosting der Komponenten von Prometheus (MVP, Produktbus) übernimmt, können nach derzeitiger Konzeption die Kosten decken. Eine Betreibergesellschaft wird von der Prometheus Foundation e.V. nach (teilweiser) Fertigstellung der Software, beispielsweise nach dem ersten Release, gegründet.

Unternehmen, die zu einem späteren Zeitpunkt als dem der Gründung des Konsortiums der Prometheus Foundation e.V. beitreten, leisten entsprechend dem Verteilungsschlüssel einen Beitrag in Höhe der Mitgliedsbeiträge der Gründerunternehmen, der ebenfalls zur Weiterentwicklung der Software verwendet wird. Auf Basis dieser Regelung profitieren die Gründungsgesellschaften zum einen, den Prozessstandard von Beginn an inhaltlich mitgestalten zu können, und zum anderen, die Kosten für Weiterentwicklung und spätere Releases durch die Beiträge später beitretender Konsortialunternehmen zu verringern.

3   Projektstatus

Nach über zweijähriger Vorbereitung wurde im ersten Quartal 2009 eine Pilotstudie beauftragt und umgesetzt, finanziert von den beteiligten Versicherern, Maklerverbünden und IT-Dienstleistern. Die Ergebnisse wurden Anfang April 2009 den Verantwortlichen vorgestellt. Im Mittelpunkt stand dabei natürlich das IT-Konzept, ergänzt um Überlegungen zum Investitionsnutzen und der geeigneten Organisationsform. Zusätzlich wurden intensiv mögliche kartellrechtliche Einwände geprüft und die Frage nach geeigneter Open-Source-Softwarelizenz geklärt. Darauf aufbauend schließt sich nun die finale Diskussion in den Häusern der beteiligten Unternehmen an. Ziel ist es, dann zeitnah zur Gründung der Foundation zu kommen. Für die Entwicklung der Software selbst bis hin zu deren Markteinführung wird ein Zeitraum von insgesamt zwei Jahren veranschlagt.

4   Die Promotoren

Prometheus begreift sich als eine Zweckgemeinschaft, deren Aufgabe in der konsortialen Entwicklung einer branchenspezifischen Software besteht. Um dieses Ziel zu erreichen, ist die Partizipation zahlreicher Marktteilnehmer, insbesondere Makler und Versicherer, erforderlich.

Die Initiative zum Projekt ging im Jahr 2006 von den beiden Maklerverbünden **CHARTA Börse für Versicherungen AG** sowie **germanBroker.net AG** aus. Nach ersten Gesprächen konnten bereits sechs weitere Maklerverbünde und -pools für das Projekt gewonnen werden. Die Zahl der erreichten Vermittler belief sich somit rasch auf über 10.000, die zu den Befürworten einer Standardisierung mit Prometheus zählen. Die Basis der unterstützenden und aktiv mitwirkenden Maklerschaft wird derzeit in weiteren Gesprächen mit Maklerdienstleistern und Verbünden kontinuierlich erweitert.

Die **Open Source Business Foundation** mit Sitz in Nürnberg betreut die Entwicklung der Prometheus-Software. Mit einem Team von Open-Source-Spezialisten unter dem Vorsitz von Richard Seibt, einem erfahrenen Software Manager (u.a. IBM, Suse Novell), verfügt die OSBF über Know-how im Bereich der Entwicklung und Implementierung von Open-Source-Lösungen. Mit dem Software-Entwickler Innoopract GmbH ist ein Mitglied der OSBF gleichzeitig Mitglied der Entwicklergemeinschaft Eclipse Foundation (USA).

Als impulsgebende, neutrale Instanz betreut das **Bayerische Finanz Zentrum (BFZ)** das Prometheus-Projekt. Professor Elmar Hellten, der die Branche als langjähriger Inhaber des Lehrstuhls für Versicherungswirtschaft der LMU München und durch die enge Zusammenarbeit mit Versicherungsunternehmen kennt, hat sich zur Aufgabe gemacht, Makler, Versicherer und IT-Dienstleister zusammenzubringen, um gemeinsam eine Verbesserung der Prozesskommunikation zu erzielen. Das BFZ fungiert für Prometheus auch als Schnittstelle zu staatlichen Fördermitteln zur Entwicklung innovativer IT.

5 Zusammenfassung

Das Prometheus-Projekt bietet die historisch seltene Chance für das Zusammenwirken aller relevanten Marktteilnehmer in einem fairen, offenen und auf Interessenausgleich ausgerichteten Projekt. Ziel ist es, die wirtschaftliche Grundlage für eine fortdauernde rechtliche und wirtschaftliche Unabhängigkeit des Versicherungsmaklers in Deutschland zu gewährleisten. Auch zur Wahrung eines weiterhin konstruktiven Wettbewerbs, bei dem der Kundennutzen dauerhaft im Vordergrund steht. Alle an einer Stabilisierung und Wahrung des Maklermarktes interessierten Versicherer, sind daher dazu aufgerufen, sich konstruktiv mit diesem Projektansatz zu beschäftigen und zeitnah über ein eigenes Engagement zu entscheiden.

Conclusio

„Alea iacta est."

(unbekannt)

Volker P. Andelfinger, Till Hänisch, Hans Jürgen Ott

„Alea iacta est" wird gewöhnlich mit „die Würfel sind gefallen" übersetzt. Sinngemäß ist das richtig. Viele von uns wissen das schon aus ihrer Jugend und vielleicht aus den Asterix-Heften, die wir zur Vorbereitung des kleinen oder großen Latinums gelesen haben. Bei unserem Thema sind die Würfel noch nicht gefallen; sie rollen oder purzeln noch.

Wir haben Themen eingefangen, die natürlich nicht statisch sind. Die Beiträge in diesem Buch sind Momentaufnahmen. Nehmen wir Prometheus als Beispiel. Sobald das Buch gedruckt ist, kann sich der Projektstand schon wieder ganz anders darstellen, als er zum Zeitpunkt der Buchherausgabe geplant war. BiPRO hat inzwischen vielleicht schon wieder neue Projekte angekündigt, die DKM 2009 wartet mit Überraschungen auf, die sich Versicherer für ihre Extranets ausgedacht haben, und vieles mehr.

Wörtlich übersetzt, trifft der Ausspruch des „alten Römers" jedoch zu: „Der Speer ist geworfen". Wir haben quasi einen Themen-Speer geworfen und nun sucht er sich sein Ziel. Welches Ziel er erreicht, hängt auch von Ihnen ab, der oder die Sie gerade am Ende dieses Buches angelangt sind. Geben Sie ihm mit Ihrer Arbeit, Ihrer Meinung, Ihrem Einfluss oder sogar Ihren Projekten noch etwas Rückenwind! Wollen Sie ihn noch ein wenig lenken, indem Sie ihn im Flug beeinflussen?

Die Grundideen, die wir mit diesem Buch vermitteln wollen, sind jedoch aus unserer Sicht klar und deutlich. Die IT-Integration wird grundsätzlich voranschreiten und speziell im Maklerumfeld wird sich die Arbeit auf und rund um das MVP konzentrieren müssen, das in den unterschiedlichen Beiträgen auch ganz unterschiedliche Bezeichnungen hat: Financial Services Management System, vertriebsunterstützendes IT-System, Maklersystem, Maklerverwaltungsprogramm, Makler- und Agentursoftware, … Die Herausgeber wollten ausdrücklich diesen Begriff nicht standardisieren, um Sie mehr über den Zweck solcher Systeme nachdenken zu lassen.

Das MVP der Zukunft – bleiben wir mal einstweilen bei dieser Bezeichnung – wird also tatsächlich dem Zustand sehr ähnlich sein, den wir in unserem kleinen Science-Fiction-Artikel vorausahnen. Ein Kernsystem mit klaren Kernkompetenzen wird es sein, das sich der verschiedensten Funktionen bei Bedarf bedient. Und diese werden von ganz unterschiedlichen Anbietern bereitgestellt, im Idealfall nach Normen, die wir gemeinsam als Marktteilnehmer entwickeln. Jeder steuert seine Kernkompetenz bei, was das bestmögliche Ergebnis erzeugen wird. Denn der Input bedingt den Output. Was wir hinein geben, kommt auch heraus. Versuchen wir es mit mangelnder Kompetenz, wird keine Qualität entstehen. Wollen wir bei dieser gemeinsamen Arbeit Eigeninteressen in den Vordergrund stellen, wird ein fauler Kompromiss herauskommen.

Technisch spricht derzeit alles für eine Integration über Webservices, serviceorientierte Architekturen und qualifizierten Datenaustausch. Eine wie auch immer geartete Nachfolge-technologie ist jedenfalls aus unserer Sicht derzeit nicht erkennbar. Aber glauben Sie jetzt bloß nicht, dass es diese nie geben wird.

Die Technik alleine wird aber nicht zum Ziel führen. Sie ist Mittel zum Zweck, „Diener". Da kommt ja auch das Wort „Dienstleister" her. Die Werte, die wir mit unserem Geschäftsfeld verbinden, spielen eine ebenso wichtige Rolle. Sie beeinflussen unsere Geschäftspolitik, unsere Ziele und wie wir sie umsetzen. Sie spielen eine Rolle bei der Projektplanung, bei der Priorisierung der Vorhaben. Was tun wir für wen und mit welchem Ziel und Zweck? Wollen wir als Versicherer nur das letzte Quäntchen Workflowoptimierung herausholen, um die Kosten zu senken, oder wollen wir mit dem Partner Makler eine qualitativ hochwer-tige Zusammenarbeit erreichen, die den Begriff „Partner" nicht nur plakativ und vorder-gründig einsetzt? Ist Industrialisierung in der Versicherungsbranche unser Ein und Alles? Sicher wird es leider im Zuge dieser viel diskutierten Industrialisierung in der Versiche-rungsbranche zu weiterem Stellenabbau kommen. Echte Dienstleistung, Service, kann nicht von Maschinen erledigt werden. Und die Liste der Services, die z.B. von einem Mak-ler erbracht werden müssen, ist sehr lang. Die IT ist da nur der Dienstleister für den Dienstleister. Und dafür wollen wir sie optimieren und unseren Beitrag mit diesem Buch leisten.

In diesem Sinne wollen wir das Buch abschließen, wie es beginnt: Mit einem Zitat:

„Nobody has to change – survival is optional!"

(unbekannt)

Über die Autoren

Volker P. Andelfinger ist freiberuflicher Unternehmensberater. Der gelernte Versicherungskaufmann hat die klassischen Stationen Betrieb, Schaden und Vertrieb in fast 30 Jahren Berufsleben bei Nordstern, TRANS und R+V Allgemeine Versicherung AG durchlaufen. Die Jahre bei R+V waren geprägt von Vertriebstätigkeiten im Außendienst und über 15 Jahren konzeptioneller und strategischer Tätigkeit im Vertriebsressort des Direktionsbetriebes und der Vertriebsdirektion Makler. Schwerpunkte bilden die EDV-Unterstützung und Geschäftsprozesse in diesem dynamischen Vertriebsweg. Er arbeitet freiberuflich mit der deutsche-versicherungsboerse.de, als Fachjournalist, für MORGEN & MORGEN und ist Mitglied im Berliner Arbeitskreis Maklerprozesse. Er ist weiterhin Lehrbeauftragter an der DHBW Heidenheim.

Martina Bär ist Vorstand der businessforce Unternehmensberatung AG (http://www.businessforce.eu). Ihre Themenschwerpunkte sind Management-Beratung, Organisationsentwicklung, Aufbau von Geschäftsmodellen und Governance, Change Management. Sie ist Lehrbeauftragte im Studiengang "BWL-Versicherung" an der Dualen Hochschule Baden-Württemberg Heidenheim.

Haiko Buchholz ist Diplomingenieur für Fernmeldetechnik. Seit 1990 ist er in der IT Branche tätig. Seit 1994 ist er Geschäftsführer eines IT Systemhauses in Tangermünde (Sachsen-Anhalt) und seit 2004 Geschäftsführer der "Buchholz Software GmbH", einem führenden Hersteller von Verwaltungssoftware für Versicherungsmakler.

Dr. rer. pol. Sabine Freund ist Senior Consultant in der businessforce Unternehmensbeartung AG (http://www.businessforce.eu). Ihre Themenschwerpunkte sind Management-Beratung, Organisationsentwicklung, Change Management und CRM

Nicola Füllgraf studierte Agrarwissenschaften mit Schwerpunkt Ökonomie an der Georg-August-Universität Göttingen. Es folgten: Traineeprogramm, Tätigkeiten im Unternehmscontrolling/-planung sowie Leitung von Transformationsprojekten im Vertrieb für die Versicherungsgruppe Hannover, Leitung der Abteilung Vertriebscontrolling ebenda, Unternehmensberaterin im Strategy and Change Bereich der IBM für die Finanzdienstleistungsbranche, Associate Partner und Leiterin einer Consulting Practice für strategische Beratung in Vertrieb und Marketing für Finanzdienstleister ebenda, Global Solution Manager im weltweiten Versicherungsteam der IBM mit Fokus auf den europäischen Versicherungsmarkt, Associate Partner im deutschen IBM Business Development Team für Versicherungen mit Schwerpunkt Vertriebsstrategien. Derzeit ist sie Geschäftsfeldmanagerin Core Insurance Komposit bei IBM Global Business Services.

Hartmut Goebel studierte nach Abitur und Ausbildung zum Bankkaufmann BWL an der Westf. Wilhelms Universität Münster, Abschluss "Diplom-Kaufmann". Seit 1987 ist er Versicherungs- und Finanzmakler im eigenen Unternehmen und seit 2001 Vorstand der germanBroker.net AG. Er ist Mitbegründer des Dortmunder Kreis e.V. und Mitinitiator im "Arbeitskreis-EU-Vermittlerrichtlinie Dokumentation". Seit 1996 ist er Vorsitzender des VVV e. V. Nach dessen Fusion mit dem IVM e. V. ist er seit dem 01.01.2009 stellvertretender Vorsitzender des Bundesverbandes mittelständischer Versicherungs- und Finanzmakler (BMVF e. V.).

Claus-Dieter Gorr, geboren 1961, machte sich 1983 während des BWL-Studiums in der Versicherungsbranche selbständig und ließ sich 1985 als Versicherungsmakler nieder. GVM Gorr und Partner GmbH fokussierte die Beratungsschwerpunkte von Anfang an auf die PKV, Berufsunfähigkeitsversicherung und Altersvorsorge. Bis 2002 führte Gorr die GVM Gorr und Partner GmbH operativ als Geschäftsführer und hat in dieser Zeit weit über 4000 Kunden persönlich akquiriert, beraten und versichert. 2002 initiierte Gorr unter dem Label PremiumCircle die Interessengemeinschaft qualitätsorientierter Versicherungsmakler, 2005 gründete er die Beratungsgesellschaft PremiumCircle Deutschland GmbH.

Prof. Till Hänisch lehrt an der DHBW Heidenheim im Studiengang Wirtschaftsinformatik. Er ist dort u.a. für den Aufbau der Vertiefung IT-Sicherheit zuständig. Weitere Schwerpunkte in Forschung und Lehre sind flexible Datenmodelle und hochverfügbare Datenbanksysteme.

Markus Heussen ist Gründer und Geschäftsführer der b-tix GmbH, einem Unternehmen mit Kernkompetenz BiPRO. Als Experten-Netzwerk bündelt das Unternehmen Know-how rund um die Normen des BiPRO e. V., erbringt spezialisierte Service- und Supportdienstleistungen und entwickelt Software für BiPRO-Normen. Heussen ist Mitbegründer des "DüsseldorferKreis", der Vorläuferorganisation des heutigen BiPRO e. V. Im Jahr 2005 leitete er das erste BiPRO-Projekt "Tarifierung, Angebot und Antrag SHU", in dem weite Teile der heutigen fachlichen und technischen Normen entwickelt wurden. Bis zu Konstituierung des Vereins im Jahr 2006 leitete er zusätzlich den Bereich Technik der BiPRO und wechselte anschließend in den Normungsausschuss, dem er bis heute stellvertretend vorsitzt. Seit 2008 berät er den BiPRO e. V. als freier Unternehmensberater bei der Normbildung.

André Köhler ist Geschäftsführer der 2008 gegründeten Software-foren Leipzig GmbH, einem Spin-Off aus der Universität Leipzig. Zuvor studierte er Wirtschaftsinformatik an den Universitäten in Leipzig und Marseille (Frankreich) sowie am Fraunhofer Institut für Software- und Systemtechnik (ISST) in Berlin. Von 2003 an war er als wissenschaftlicher Mitarbeiter an der Professur für Angewandte Telematik/e-Business an der Universität Leipzig tätig, wo er ab 2007 die Abteilung Prozesse leitete. In dieser Funktion war er verantwortlich für zahlreiche IT-Forschungs- und Industrieprojekte, insbesondere aus den Branchen Telekommunikation, Versicherungen, Energieversorger und Automotive. André Köhler ist Autor und Co-Autor von zahlreichen nationalen und internationalen Veröffentlichungen und Konferenzbeiträgen..

Christian Lubos ist bei der GDV Dienstleistungs-GmbH & Co. KG in Hamburg als Produktmanager für das Produktfeld der elektronischen Versicherungsbestätigung (eVB) tätig. Seit seinem Unternehmenseintritt in Jahre 2006 hat er die Entwicklung des eVB-Verfahrens im Bereich Organisation & Entwicklung begleitet. Der Diplom-Betriebswirt (BA) war zuvor bei verschiedenen Unternehmen der Logistikbranche tätig. Als Produktmanager verantwortet Lubos den wirtschaftlichen Betrieb des eVB-Verfahrens sowie die Erweiterung des Produktfeldes um vergleichbare und weitere Dienstleistungen als Clearing-Stelle der Versicherer.

Birgit Luge-Ehrhardt ist seit 2001 bei der GDV Dienstleistungs-GmbH & Co. KG in Hamburg tätig und dort seit 2007 verantwortlich für den Bereich Öffentlichkeitsarbeit & Interne Kommunikation. Studium der Ethnologie und Volkskunde an den Universitäten Freiburg, Basel und Hamburg.

Andreas Mateika ist Leiter der Softwareentwicklung der GDV Dienstleistungs-GmbH & Co. KG in Hamburg. Nach dem Studium der Elektrotechnik war er mehrere Jahre beim IT-Dienstleister gedas in verschiedenen Projekten im Automobilbereich tätig. Seit 2002 ist er bei der GDV Dienstleistungs-GmbH & Co. KG beschäftigt und hat dort unter anderem den Notruf der Autoversicherer und das eVB-Verfahren realisiert.

Prof. Dr. Hans Jürgen Ott leitet den BWL-Studiengang Versicherung mit dem Schwerpunkt Versicherungsvertrieb und Finanzberatung an der Dualen Hochschule (DHBW) Heidenheim. Seine Schwerpunkte in Lehre und Forschung sind CRM, e-Business, Marketing, Organisation und Projektmanagement. Im Rahmen von Projekten berät er mittelständische Unternehmen aus der Versicherungs- und Finanzbranche und auch anderen Branchen in strategischen und operativen Fragen des IT-Einsatzes in Marketing und Vertrieb.

Friedel Rohde, Versicherungsfachwirt, war nach seinen Tätigkeiten bei der Concordia Versicherung und beim HDI rund 20 Jahre als Versicherungsmakler tätig (Gründer von Friedels Fairsicherungsbüro, Berlin). Heute ist er Geschäftsführer der www.deutsche-versicherungsboerse.de und Vorstand im Verband der Fairsicherungsmakler und berät Versicherungsunternehmen u.a. bei der Erstellung ihrer Makler-Extranets. Rohde ist ferner Projektkoordinator des "Arbeitskreis EU-Vermittlerrichtlinie Dokumentation", der von mehreren Berufsverbänden und -verbünden gegründet wurde, und Mitglied im Berliner Arbeitskreis Maklerprozesse.

Fritz Rieger absolvierte sein wirtschafts- und sozialwissenschaftliches Studium an der Universität Erlangen-Nürnberg. Von 2006 bis 2008 arbeitete er in den USA bei einer Öl- und Gasgesellschaft im Bereich Investment und Hedging. Seit 2008 ist er bei der bbg Betriebsberatungs GmbH als Projektmanager angestellt und betreut diverse IT-Projekte, unter anderem die Brancheninitiative Single Sign-On.

Michael Salzburg, Versicherungskaufmann, war tätig bei der Victoria und der Albingia VAG, zuletzt als Abteilungsleiter für das Privatkundengeschäft. Danach Geschäftsführer bei der Mehrfachagentur Otto Jass Versicherungen GmbH. Inzwischen ist er geschäftsführender Gesellschafter der Maklerfirma Friedels Fairsicherungsbüro Langer & Salzburg GmbH, Berlin. Salzburg gehört dem "Arbeitskreis EU-Vermittlerrichtlinie Dokumentation" an und ist dort unter anderem für die Zertifizierung von Softwareumsetzungen verantwortlich. Er ist ferner Mitglied im Berliner Arbeitskreis Maklerprozesse

Petra Schiedeck, geboren 1966, hat als Versicherungskauffrau und Betriebswirtin über 20 Jahre Berufserfahrung in der PKV - von der Risikoprüfung über die Leistungsbearbeitung bis hin zur Tätigkeit als Versicherungsmaklerin in der Spezialisierung auf die PKV, BU- und Pflegeversicherung sowie als Referentin in zahlreichen Seminaren und Fachvorträgen. Sie wechselte 2005 in die operative Geschäftsführung der PremiumCircle Deutschland GmbH.

Matthias Schwake ist seit 1996 in der deutschen Versicherungs-branche tätig. Nach einer Ausbildung zum Versicherungskaufmann bei der Allianz absolvierte er ein Studium der Betriebswirtschaftsleh-re an der Universität Hamburg. Seit 2001 arbeitet er für die Unter-nehmensberatung IBM Global Business Services. Als Managing Consultant hat er in dieser Zeit zahlreiche Versicherungskunden rund um die Themenfelder Versicherungsvertrieb, Vertriebssysteme und Multikanalvertrieb beraten und entsprechende Projekte beglei-tet.

Marek Ullrich absolvierte sein Studium der Betriebswirtschaft in Bayreuth. Seit April 2005 ist er bei der bbg Betriebsberatungs GmbH im Bereich Marketing & Vertrieb angestellt. Aktuell leitet er die Pro-jektkoordination der Bracheninitiative Single Sign-On.

Georg Wiora studierte Mathematik und theoretische Physik an der Heinrich Heine Universität Düsseldorf. Er war Technischer Mitarbei-ter bei Control Data Institute im Bereich Optimierung und Konstruk-tionslehre und entwickelte Materialwirtschaftsysteme und Optimie-rungsverfahren bei Mannesmann Anlagenbau. Er trat 1985 in den Bereich Versicherung bei IBM als Systemingenieur ein. Er besitzt Expertise in der Entwicklung bzw. Umsetzung von Anwendungssys-temen wie z.B. Bestand-, Schaden,- und Vertriebssystemen im deutschen Versicherungsmarkt. Derzeit ist er tätig als Executive IT Architect im deutschen IBM Business Development Team für Versi-cherungen mit Schwerpunkt Vertrieb und Strategieentwicklung.